高等职业教育新形态精品教材

U0711050

大学生职业发展与就业指导

主　编　盛立军　刘春博　李　娜

副主编　赵雪梅　石晓岩　张丽兰

　　　　高　娜　张笔觅　郝　雷

参　编　杨　飞　于　迪　陈　雪

　　　　郝志楠　刘　岩　张凌羽

　　　　钱　鑫　杜思逸　卢　智

　　　　王一淇　马丽娜　郝　明

北京理工大学出版社

BEIJING INSTITUTE OF TECHNOLOGY PRESS

内 容 提 要

本书根据高等职业院校人才培养方案和课程建设目标，针对高职高专院校学生的特点而编写，以培养大学生职业生涯规划和就业能力为目标，是高职高专院校通识课程教材之一。全书分为大学生职业发展与生涯规划篇和大学生就业指导篇，共十一章。上篇为大学生职业发展与生涯规划篇，包括如何管理好大学生涯、开启职业世界探索之旅、大学生的自我认知、职业生涯理论概述、大学生职业生涯规划等，意在引导大学生规划好大学阶段的学习与生活，培养良好习惯，提升综合素质。下篇为大学生就业指导篇，包括就业形势与择业定位、就业心理调适、就业信息获取与求职材料制作、求职应聘技巧与礼仪、就业程序与权益维护、实现从校园到职场的完美蜕变等，意在增强大学生的就业意识，掌握求职技巧，提高就业能力。

本书可作为高职高专院校各类专业的教学用书，也可作为从事就业指导相关人员的参考用书。

图书在版编目（CIP）数据

大学生职业发展与就业指导 / 盛立军，刘春博，李娜主编. -- 北京：北京理工大学出版社，2023.9

ISBN 978-7-5763-2875-2

Ⅰ.①大… Ⅱ.①盛… ②刘… ③李… Ⅲ.①大学生－职业选择－高等学校－教材 Ⅳ.①G647.38

中国国家版本馆CIP数据核字（2023）第175427号

责任编辑：李　薇		文案编辑：李　薇	
责任校对：周瑞红		责任印制：王美丽	

出版发行 / 北京理工大学出版社有限责任公司

社　　址 / 北京市丰台区四合庄路 6 号

邮　　编 / 100070

电　　话 / （010）68914026（教材售后服务热线）

　　　　　（010）68944437（课件资源服务热线）

网　　址 / http：//www.bitpress.com.cn

版 印 次 / 2023 年 9 月第 1 版第 1 次印刷

印　　刷 / 河北鑫彩博图印刷有限公司

开　　本 / 787 mm×1092 mm　1/16

印　　张 / 17

字　　数 / 349 千字

定　　价 / 51.00 元

FOREWORD 前言

大学生职业规划与就业指导旨在提升高校大学生职业生涯规划能力，引导大学生以科学的态度和方法探索未来职业发展方向，树立正确的就业观和择业观，增强个人综合素质，变被动就业为主动就业，让大学生成为自己职业生涯的塑造者，帮助其发现自身的独特价值，实现职业理想。

当代大学生是民族的希望、国家的未来，肩负着推进中国特色社会主义建设、实现中华民族伟大复兴的历史重任。本书以习近平新时代中国特色社会主义思想为指导，有机融入习近平新时代中国特色社会主义思想和党的二十大精神，引导大学生将个人职业理想与国家和民族的发展需要紧密结合。

党的二十大报告指出"就业是最基本的民生"。大学生要了解国家的就业政策，了解社会的就业形势，顺应时代和社会的要求。书中采用了大量的案例，理论联系实际，深入浅出。每章的课堂活动实践性较强，且贴近学生生活，意在强化学生的行动力和执行力，提升其职业规划能力与就业能力。

针对当代大学生的特点，结合实际教学的需要，本书参考国内诸多职业生涯规划、就业指导的理论和成熟经验，将内容分为大学生职业发展与生涯规划篇和大学生就业指导篇两个部分。第一部分大学生职业发展与生涯规划篇，包括如何管理好大学生涯、开启职业世界探索之旅、大学生的自我认知、职业生涯理论概述、大学生职业生涯规划等，意在引导大学生规划好大学阶段的学习与生活，培养良好的习惯，提升综合素质。第二部分大学生就业指导篇，包括就业形势与择业定位、就业心理调适、就业信息获取与求职材料制作、求职应聘技巧与礼仪、就业程序与权益维护、实现从校园到职场的完美蜕变等，意在增强大学生的就业意识，掌握求职技巧，提高就业能力。

本书由吉林省经济管理干部学院多年从事职业规划与就业指导工作的教师共同编写：盛立军、刘春博、李娜担任主编，赵雪梅、石晓岩、张丽兰、高娜、张笔觅、郝雷担任副主编。具体编写分工如下：第一章由盛立军、石晓岩编写；第二章由石晓岩、马丽娜编写；第三章由张丽兰、钱鑫、郝明编写；第四章由盛立军、高娜、卢智编写；第五章由李娜、郝志楠、王一淇编写；第六章由张丽兰、李娜编写；第七章由张笔觅、陈雪、杜思逸编写；第八章由赵雪梅、刘春博编写；第九章由赵雪梅、刘岩编写；第十章由郝雷、杨飞编写；第十一章由刘春博、于迪、张凌羽编写。

本书在编写过程中，参考了众多专家、学者的研究成果，在此表示衷心的感谢。由于编写组水平有限，不足之处在所难免，敬请广大读者批评指正。

编　者

CONTENTS 目录

上　篇

大学生职业发展与生涯规划篇

第一章
扬帆起航：如何规划好大学生涯

📝 **学习目标**

知识目标：

1. 了解生涯的概念。
2. 熟悉大学教育的基本内涵。
3. 掌握生涯发展的基本理论知识。

能力目标：

1. 能够明确大学阶段的主要任务。
2. 能够进行合理的大学学业规划，安排好大学的学习和生活。

素养目标：

1. 养成主动积极的学习生活态度。
2. 主动适应大学的学习和生活。

👤 **知识链接**

第一章数字资源库　　　　第一章知识链接

　　"生涯"一词最早出现在我国古代《庄子·养生主》的"吾生也有涯，而知也无涯"中。庄子把生涯看成是人生的极限，他认为人生是短暂的，生命是有限度的，但探索知识是没有极限和边界的。生涯的英文是"career"，从字源上看，来自罗马字"via carraria"及拉丁字"carrus"，两者的意义均指古代的战车。在希腊，"career"这个词有疯狂竞赛的意思，最早常被用作动词，如驾驭赛马（to career a horse）。在西方人的概念中，使用"生涯"一词就如同在马场上驰骋竞技，隐含着未知、冒险等精神。

著名职业生涯规划大师舒伯认为："生涯是生活各种事态的连续演进方向，它统合了人一生中依次发展的各种职业和生活的角色，由个人对工作的投入而流露出独特的自我发展形势。它也是人生从青春期到退休之后，一连串有酬或无酬职位的综合，除职业外，还包括任何与工作有关的角色，如学生、受雇者、领退休金者，甚至也包括了副业、家庭、公民的角色。生涯是以人为中心的，只有个人寻求它的时候，它才存在。"

在中国古人眼里，生涯就是一个生命意义实践的过程，不断地发现自己、了解自己的处境，做到"知己、知彼"。儒家的"知己"就是指"吾日三省吾身：为人谋而不忠乎？与朋友交而不信乎？传不习乎？"《易经》中也讲到"天行健，君子以自强不息"。就是指人需自立自强。"知彼"就是指环境对人的影响，人要全面地了解自己，调整心态，提高自己对于环境的应变能力。道家的无为思想也同样提倡的是自己不受尘世利欲的熏染，保持自身的高洁。生涯之学其实就是应变之学。《周易》中讲究"君子藏器于身，待时而动"。孔子也曾说过："吾十有五而志于学，三十而立，四十而不惑，五十而知天命，六十而耳顺，七十而从心所欲，不逾矩。"就是指人生的思想境界会随着年龄的变化而变化，需要不断地去探索，逐步提高。

生涯规划对于大学生来说非常重要，因为它可以帮助大学生更好地理解自己的兴趣、能力和价值观，并为未来做出明智的决策。这有助于他们更清晰地认识自己和自己的职业目标，从而更好地面对未来。生涯规划可以帮助大学生了解不同职业类型和行业的优缺点，有助于大学生选择正确的职业方向，从而提高就业竞争力。通过生涯规划，大学生可以为自己的未来规划奠定坚实的基础，制订长期和短期目标，并做好自我准备。这有助于提高就业竞争力，更好地适应就业市场。

生涯规划还可以帮助大学生了解职业发展的路径和要求，制订个人发展计划，提高职业技能和能力，从而更好地突出自己，快速发展职业。孔茨说过："计划工作是一座桥梁，它把我们所处的这岸和我们要去的那岸连接起来，以克服这一天堑。"大学里没有了父母的约束，没有了教师的管理，学生们拥有了此前从未有过的自由。习惯了高中时期的循规蹈矩，过多的自由时光会让很多大学生感到迷茫，很多大学生的自我规划管理出现了迷茫甚至是混乱，找不到生活的重点、学习的重点，没有学习目标、学习计划，花费大量时间在游戏上，到了学期末的时候才悔恨自己当初为什么没有好好学习。党的二十大报告指出："广大青年要坚定不移听党话、跟党走，怀抱梦想又脚踏实地，敢想敢为又善作善成，立志做有理想、敢担当、能吃苦、肯奋斗的新时代好青年，让青春在全面建设社会主义现代化国家的火热实践中绽放绚丽之花。"因此，生涯规划对于大学生就显得尤为重要，它可以帮助大学生更好地认识自己和未来职业的发展方向，为职场生涯打好坚实的基础，并成功地适应职场的挑战。做好生涯规划，大学生首先需要做的就是适应好大学生活。

生涯轶事：新生活是从选定方向开始的

第一节　适应大学生活

引导案例

每一所大学，每一处独特"风景"

有一位女生，高考分数不是特别理想，抱憾来到某市一所专科学院就读于旅游管理专业。在第一次班会课上，她用"又小又差"来描述自己身处的大学。然而不满归不满，女孩始终明白一点，高考已成定局，与其自怨自艾，不如尽其所能不虚度大学的光阴。渐渐地，她发现了学校的"独特风景"。事实上，她所在学校虽办学规模不大，但其所在的旅游管理专业的学习氛围却很浓厚，每天的晚自习，她和她的同学们积极准备考导游证和1+X证书，教师们的耐心指导让她在导游服务技能大赛、多个讲解员大赛、网络微视频大赛中都崭露头角。同时，她也发现自己的学院拥有专业的导游技术技能工作室、东北民俗服饰博物馆、会展综合实训室、会展展位实训教学区、形体室、化妆室等，另外，学院还与北京环球影城、上海迪士尼、伪满皇宫博物院等多家企业进行校企合作办学，为旅游管理专业学生的认知实习、顶岗实习和毕业实习提供了稳定、可靠的支持。发现这些"风景"后，她不再美慕其他人的大学，而是充分利用这所学校的资源与机会。通过自己的努力，她现在已经是国内知名企业的部门经理。

案例思考

你如何评价自己所在的大学？你希望自己毕业那天，回首这几年，如何评价这所大学及自己的大学生活？

案例启示

每所大学都有它的优势和劣势，没有绝对的好与不好，关键在于大学生自己。美国诗人罗伯特·弗罗斯特（Robert Frost）说过，林中有两条路，你永远只能走一条路，怀念着另一条。既然如此，请你慢慢走，走好当下每一步，用心欣赏这条路上独有的风景。

在开始课程之前，请思考以下几个问题：
什么是大学？
大学与高中有什么不同？
你为什么来到大学？
你希望在大学获得什么？
你打算如何度过大学生活？

你未来要成为什么样的人？

你的职业目标是什么？

你是否规划过自己的学习、职业或生活？

你是如何规划的？

你对本课程有何期待？

每年都会有无数高考学子拿到属于自己的录取通知书，带着对未来美好的憧憬踏入大学校园，开始大学生活。在人生的旅途中，大学生活不过只有几年的时间，但这几年确是人生旅途最为重要的转折阶段，需要好好珍惜。很多人认为，大学不过是相对高级的教育阶段，是进入社会职场之前最后的轻松时光。于是，一些在高中阶段勤奋学习、通过了高考独木桥的年轻人，在进入大学校门之后，就开始"马放南山，刀枪入库"了，认为上了大学就可以放松了。

大学生活与高中生活不同，不仅在于空间更加宏大，设施更加精良，还在于大学会更加开放、自由、多元和包容，能够为胸怀梦想的人探究真理提供无尽的可能，也为各有特长的人相互学习提供了充分的机会，让人充满梦想和期待。丰富多彩的大学生活和高中生活是不一样的，在学习上，大学教师不会再像中学教师那样一节一节地讲课，而是一次课程就有可能讲一章的内容，这就需要大学生有足够的自学能力才能够适应；在时间安排上，不再是所有时间都有教师和家长安排好学习内容，而是有一定的时间自由支配，就需要大学生有较强的时间管理能力；在目标设定上，不再是教师和家长帮助学生设定下一步的目标，而是大学生要为自己设定目标。大学生必须尽快设立这种自我教育、自我管理、自我服务、自我成长的要求，明确职业目标，并利用在校的各种机会进行针对性的训练，切实提高自己的职业发展能力，为今后的事业发展奠定良好的基础。

生涯轶事：我与大学的关系

课堂活动

活动一　涂鸦大学生活

步骤 1：分别画出三幅有关大学的画。

每个人心目中都有自己理想的大学生活，分别画出三幅有关大学的画。画出你想要的大学生活的样子；画出开学一个月后你的大学生活的样子；画出一个学期后你的大学生活的样子。无须画得很好，只要自己看懂就可以，任何图形、人物形象、文字等都可以。

步骤 2：讨论与分享。

（1）看着你所画的三幅画，相同的是什么？变化的又是什么？

（2）看着这三幅画，谈谈你特别想要的大学目标是什么？

（3）为了你想要的大学生活，你会有哪些行动？

活动二　你眼中的时间

在生活中，时间会悄悄地溜走，当人们不去利用的时候，时间流逝得就更容易了。下面这个测验是有名的罗沙哈测验。通过这个测验，可以检验你的时间观念，以增强你的时间观念。

一、时间的隐喻（比喻）

你喜欢哪一种象征时间的形象？_____

1. 风平浪静的海面

2. 飞驰中的骑士

3. 逃跑中的贼

4. 月夜中漫长的小道

二、时间的描述

你认为下面哪几个形容词最适合描述你对时间的观念？（可选 3～5 个）_____

尖锐　活泼　空虚　缓和　阴郁　开朗　寒冷　深厚

三、了解时间

请你找一名助手，在一间不受人干扰的安静房间（目的是保证不为任何外界干扰与暗示），把所有的钟表都拿出去，不看书报杂志，可以收听轻音乐之类的节目，但是不能听有时间暗示的收音节目。测试开始时间由助手决定。

当助手决定开始后，你摒弃一切杂念，保持心情沉寂。

当助手决定结束时，在他报出时间之前，判断你自己坐在房间里过了多久？记下后填入下表：

你的判断 _____ 分。

实际时间 _____ 分，正确 _____ 分，超过 _____ 分，缺少 _____ 分。

测验解释：

行动、方向与价值常常反映对时间的态度。

在"时间的隐喻（比喻）"测验中，珍惜时间的人，倾向于选择"飞驰中的骑士"或者"逃跑中的贼"这些迅速行动的形象，而不选择"风平浪静的海面"或者"月夜中漫长的小道"之类恬静的形象来代表时间。

在"时间的描述"测验中，珍惜时间的人通常愿意使用"开朗、尖锐、活泼、紧张"等词来描写自己对时间的观念，不珍惜时间的人可能使用"空虚、缓和、阴郁、寒冷、深厚"等词来描述时间。

在"了解时间"测试中，大多数珍惜时间的人会将在房间里所经过的时间判断得比较准确或稍微长一些，大多数不珍惜时间的人会判断得过于短暂——原因也许是他们平时较不性急，较不担心失去时间。

💠 导师点拨

　　每位同学一路走来都经历过学习、复习、考试、再学习，"成绩是否优异"曾经是考核学生的手段和标签。现在拥挤的书桌不见了，每天督促早晚自习的教师不见了，父母的耳提面命不见了，取而代之的是学生合理分配自己的学习时间，安排自己的学习生活，知识获取的方式也由被动接受变成了主动探究。大学的学习不再是按部就班地完成学习任务，而是自主探究世界的快乐。大学是知识探究、能力建设和人格养成的场所，大学的目的不是追逐功名、趋利避害，而是学会分辨和体察，探索事物的本源，在更高层面上追求自我价值的实现。

　　如果高中阶段是人生进行基础知识的全面学习和积累，那么大学阶段则是人们根据自身的条件有选择地进行专业学习和未来职业准备的阶段。在这个阶段，强调的是主动地学习、有选择地学习、理论与实践相结合地学习。大学阶段的学习与以往学习阶段最大的不同应该是它的实践性。要找到自己真正的兴趣点，才能发现更广阔的天地，不断追求与探索，才能给自己心灵带来最大的满足，才能有意义地度过这段人生获取能量、积累资源最重要的时期。

生涯轶事：黄金紫的
大学阶段

第二节　生活管理

👤 引导案例

　　雷军，小米创始人及董事长兼CEO，曾在南京大学读书，在大学时已经开始了自己的创业之路。他在大学期间就十分注重自己的生活管理，努力提高学习成绩，为今后的创业打下了坚实的基础。精打细算：在大学期间，雷军的经济条件并不富裕，需要对自己的生活开支精打细算。他会制订详细的预算计划，定期对自己的支出进行核对，确保自己能够理财有方。高效学习：雷军在大学期间就展现了出色的学习能力，他采取了一系列措施来优化自己的学习效率，如制订学习计划、定时复习、用多种方法记忆等，从而使自己成为学霸。积极参与校园活动：雷军在校期间积极参加各种校园活动，如参加学生会、社团和志愿服务等，通过这些活动锻炼自己的组织能力和领导才能，增加自己的社交圈，为将来的创业打下了基础。培养良好生活习惯：雷军在大学期间注重锻炼身体，保持健康的饮食习惯、定时作息等，这些良好的生活习惯为他未来的创业成功打下了基础。

　　雷军通过自己的努力和生活管理，不仅在大学取得了优异成绩，还为自己的创业之路积累了宝贵的经验。他的成功为年轻人树立了榜样，提醒年轻人应该注重自我管理，做到精打细算、高效学习、积极参与活动和培养良好的生活习惯。

案例思考

大学生该如何管理好自己的大学生活？尤其是生活管理方面的规划。

案例启示

通过这个案例，可以看到雷军如何通过精打细算、高效学习、积极参与校园活动和培养良好的生活习惯，为将来的创业打下智力、人脉和组织等方面的基础。年轻人也应该在创业前后学习他的成功经验。

龙应台写给儿子安德烈的一段话：
"孩子，我要求你读书用功，
不是因为我要你跟别人比成绩，
而是因为，我希望你将来拥有选择的权利。
选择有意义、有时间的工作，而不是被迫谋生。
当你的工作在你心中有意义，你就有成就感。
当你的工作给你时间，不剥夺你的生活，你就有尊严。
成就感和尊严，才能带给你真正的快乐。"
大学生进行自我管理不仅是指学习方面的管理，还应该包括时间管理、生活管理、财务管理、人际关系管理、情绪管理和健康管理，充分运用自身的时间、身体、资源、价值观等，实现自我认识、自我计划、自我激励、自我约束、自我控制，以促进自我发展的一系列管理过程。

一、生活管理

大学生活和高中生活相比，第一个变化就体现在生活方式上。大学生都是离开父母，独立在校园作为一个个体安排自己的生活，生活的自主性明显加强，衣、食、住、行都要自己安排和处理。大部分大学生是独生子女或没有住过校缺乏独立生活，来自不同的地方，有着不同的生活习惯和饮食习惯，特别是异地求学的学生通常会有一点不适应。高中时期，大部分学生的生活是"三点一线"，生活的重心都在学习上，没有业余时间。进入大学，除课程设置中安排的课堂教学外，其余时间都是学生自行安排，大学的生活方式就是自主、自立和自律。

二、时间管理

德国著名作家歌德说过："善于利用时间的人，永远有充裕的时间。"大学生要管理好自己的时间，不让无意义的琐事占用自己重要事情的时间，要统筹好自己的时间，充分合理利用时间，才能事半功倍，为自己赢得未来。

很多大学生怀揣着雄心壮志进入校园，但是有些人在学习和工作中不按计划利用时间，使学习效率低下，还有一部分人时间规划得不合理，将时间大量用在了上网、打游戏。有人曾经对大学生做过研究，大学生平均每天的课余时间为5～7小时，在周一到周五的时间安排中，大一、大二、大三的学生表现出了明显的不同，大一新生相对来说更具有时间管理的倾向性，随着年级的增长，学习压力的增大和娱乐活动的增多，对于时间管理的倾向性呈下降趋势，但是到了大三，面临就业和升学的压力，学生的时间价值观念和时间管理倾向明显提高。

凡事预则立，大学生如果想利用好自己的时间，就要制订并执行一定的时间计划，找到适合自己的时间管理方式。时间是有限的，所以大学生制订好时间管理的方式后，还要提高生活和学习的效率，在适合的时间做适合的事情，适当转换学习和生活内容，让身体在休息和活动中交替进行，可以延长时间的高效性。美国科学家富兰克林曾经说过："忽视当前一刹那的人，等于虚掷了他所有的一切。"人们常常认为，一天的时间并不短，浪费几分钟何足道哉？但是，很多人忙了一天，一直忙到熄灯，发现自己白忙一场。其中的原因就在于能否善于"挤"时间，不要忽视那些零碎时间，积少成多，最终会实现量变到质变的飞跃。

三、财务管理

踏入大学校门，意味着大学生开始独立自主地处理和安排个人资金，掌管自己的"财富"。尽管大学生的资金大多是来源于家庭，数额有限并且固定，但是由于远离了家长的监督，如何合理有效地管理好自己的财务，是大学生进入大学生活面对的非常重要的一个问题。大学生应该掌握一些基本的财务管理技巧，确定自己每个月应该花多少钱，学会每天记账，要避免铺张浪费，不能随便挥霍，一旦过度追求物质享受，就会在金钱的使用上缺乏个人约束力。学会财务管理不仅是对金钱进行合理分配，更是对个人规划能力的培养。

大学生有效进行财务管理可以分以下几步进行：首先要了解自己常用的开支项目，同时进行分类，如基本生活开支：一日三餐、日用品、衣服添置等；学习拓展开支：书籍、学习用品、报名考证、培训拓展等；交际娱乐开支：同学聚餐、娱乐活动等。对自己的消费进行分类后，就需要采取预算的方式大致给出预算，然后预留一些灵活资金，以备不时之需。最基本的要求就是"好钢要用在刀刃上"，个人财务一定是理性消费，在保证自己正常生活和学习的基础上，再进行娱乐性消费。可以利用记账的方法，在月末的时候对各项开支进行分析，也可以选择手写记账，还可以使用电子记账本。

四、人际关系管理

大学时期的人际交往是迈向社会的关键期，这个时期会遇到很多不同的人际关系，如果不懂得处理，会造成很多困扰。良好的人际关系是大学生真正成长的重要组成部分。在人际关系有冲突的时候，不要把精力放在争论谁对谁错上，应该从中观察问题所在，不断地自我认识，自我完善，学会换位思考，学会体谅他人。

在与他人沟通过程中，学会赞美他人。赞美是一种有效的交往技巧，它能有效地缩短人与人之间的心理距离。美国心理学家威廉·詹姆士说过："渴望被人赏识是人最基本的天性。"适时的赞美可以增进彼此的吸引力。真诚地赞美对方，但是不要夸大，要真诚。正所谓"赠人玫瑰，手有余香"。赞美不是虚伪，而是以事实为基础的欣赏，学会尊重他人，以真诚对待他人。

积极、主动、良好的交往观是大学生健康交往的基础。大学生应培养主动交往的勇气，坦诚自律，互相关心，互相帮助，平等交往，达到团结同学、自我发展的目标。大学生也要加强自我训练，提高心理素质，积极提高交往能力，提升自己的个人魅力，塑造良好的个人形象。

五、情绪管理

情绪是人们对客观事物或对象所持的态度的身心体验，是人们各种感觉、思想和行为的一种综合的心理和生理状态，如喜、怒、哀、乐等。人的情绪有正面情绪和负面情绪之分。正面情绪可以提高一个人的自信，促进他们创造性地学习，养成良好习惯；负面情绪能使人意志消沉、兴致低落，阻碍人们的健康成长和生活学习。情绪管理即懂得调节情绪，对于生活中遇到的矛盾和事件引起的不良反应能适度地排解，能以乐观的态度、幽默的情趣及时缓解紧张的心理状态。

在日常生活中，大学生经常采用忍耐、逃避和爆发的方式进行情绪管理，虽然这些方式可以在一定程度上缓解不良情绪的负面作用，但是无法根治情绪问题，甚至会造成严重的社会后果。有效的情绪管理是大学生学业成功的关键，能够保证大学生认知过程的顺利开展；有效的情绪管理有利于大学生建立良好的人际关系，促进大学生的人际沟通；有效的情绪管理有利于大学生的身心健康，有助于大学生更好地投入学习、工作和生活中。

六、健康管理

俗话说得好："身体是革命的本钱。"大学生正处于青春期，要保护好自己的身体。在饮食方面，一日三餐要吃得好，吃得均衡，记住一句话："早上吃好，上午吃饱，下午吃少。"吃饭要有规律，时间要把握好，吃饭吃七分饱，吃健康的食物，多吃水果和蔬菜。早上是锻

生涯轶事：奥巴马职业生涯规划的 10 项启示

炼的好时机，给自己制定一个锻炼计划，应该每天坚持锻炼，不能半途而废。

生涯手册

行动一：访谈高年级学长学姐、教研室主任或专业教师。制作一份访谈提纲并进行访谈，写一份访谈报告。

行动二：寻找一位榜样人物，可以是身边的学长或教师，或其他你心目中的榜样人物。

拓展阅读：
杨澜的故事

拓展阅读：
《大学的意义》节选

第三节 专业认知

引导案例

小王是一名来自浙江的大一学生，他报考了化学工程专业。在高中时，他的成绩很不错，尤其是在化学科目上表现突出。因此，他对化学这个领域非常感兴趣，并决定将来从事与化学相关的工作，在选择专业时他毫不犹豫地选择了化学工程这个专业。在进入大学后，小王逐渐发现，化学工程专业不仅是纯粹的化学知识，还需要掌握数学、物理等相关领域的知识，以及相关工程实践技能等，这让小王感到有些挑战。

为了适应大学生活，小王主动寻求帮助并积极调整自己的学习方式。他不仅在课上认真听讲和做笔记，还利用课余时间通过各种途径深入学习相关知识。同时，他也积极参加各种实践项目，锻炼自己的工程实践能力。经过不断努力，小王在大学期间发展出了较为全面的专业认知。他不仅掌握了化学等基础学科的知识，还深入学习了相关领域的数学和物理知识，以及工程实践技能和试验操作技能。在这个过程中，小王意识到专业认知不是一蹴而就的，需要不断地学习、实践和调整。最终，小王顺利完成了本科学业，取得了优秀的成绩，进入了一家知名化工企业工作，从事相关化学工程项目的研发工作。他深刻理解了专业认知对于成功的重要性，并通过自己实际的经历，在学习和工作中不断提升自己的专业素养与实践能力。

案例思考

对于大学生而言，选择专业是一个非常重要的决策。因此，在作出选择之前，应该充分了解所报考专业的课程设置、未来就业前景等，并认真考虑自己的兴趣爱好和优势。大学生应该如何提升自己的专业认知呢？

📖 案例启示

专业认知是学生在大学期间需要逐步发展的能力之一。要想取得好成绩和未来职业的成功发展，就需要掌握所学专业的基本知识、理论和实践技能，并不断深入钻研。学习和实践是发展专业认知的两大基础。大学生应该积极参加各种形式的实践项目，通过实际操作进一步巩固、拓展和应用所学知识。专业认知不仅是一项学术任务，还是提高个人职业竞争力和生活品质的重要因素。只有不断完善和提高自己的专业认知，才能更好地适应未来的职业和生活挑战。最后，这个案例也说明，专业认知的培养需要长时间的努力和坚持。

大学生的专业认知是指在大学学习期间，学生对所学专业的理解、认识、掌握程度，以及对未来职业发展的规划和认知。这种认知包括对专业知识、技能、方法、实践经验和应用能力的理解与掌握程度，以及对专业领域的深入思考和理解。另外，大学生的专业认知还包括对自己的个人兴趣、特长和职业发展方向的认知与规划。专业认知的不断提高能够帮助大学生更好地应对未来的学习和工作挑战。

大学生的专业认知包括如下几个方面：①专业知识的掌握：大学生应该对所学专业的核心理论、基本知识框架和前沿动态有较为全面的掌握；②实践经验的积累：通过实践活动、实习实训等方式，深化对专业知识和技能的理解与掌握；③独立思考能力的提升：大学生应该在学习过程中逐渐培养出独立思考问题、发现问题和解决问题的能力，从而更好地将所学知识应用于实践；④职业规划的建立：了解所学专业的发展趋势，确定自己的职业发展方向和目标，并通过系统规划和实践活动逐步实现。总之，大学生的专业认知是一个逐步深化和完善的过程，需要通过不断的学习、思考和实践活动来提升自己的专业素养与能力。

提升专业认知的具体方法有以下几种：

（1）认真听讲和做笔记：大学期间的课堂教学是提高专业认知的重要途径之一，因此，学生需要认真听讲并记录教师所讲内容。同时，要对所学知识进行理解和分析，不断提出问题，与教师和同学进行交流。

（2）深入学习相关领域的基础知识：在掌握本专业基础知识的同时，学生还需要深入了解相关领域的基础知识，以加深对本专业知识的理解和运用。

（3）积极参与实践项目：通过参与实践项目，可以了解专业知识在实际应用中的作用，拓宽专业视野，并提高实践能力。

（4）加强自主学习：大学生应该重视自主学习，积极利用图书馆、网络等资源，深入了解专业知识，进一步拓展知识面。

（5）参加学术活动：参加学术会议、研讨会和讲座等，可以了解最新的相关研究成果和学术前沿动态，提高专业认知水平。

（6）寻求帮助：在学习专业知识的过程中，遇到困难时可以向教师、同学寻求帮助，也可以参加辅导班等形式的培训来弥补自己的不足。

总之，大学生要想提升专业认知，除充分利用好课堂时间外，还需要注重拓展知识面、加强实践项目和自主学习，并寻求专家的指导和帮助。

课堂活动

生涯轶事：李政道的故事

你有哪些知识技能？

对下面的经历进行分析，尽可能全面地列出你所掌握的知识技能，再从中分别挑选出你自己感觉比较精通的和你在工作中应用或希望应用的知识技能，最后排列出对你来说最重要的五项知识技能：

在学校课程中学到的：如英语、地理等；

在工作（包括兼职和暑期工作）中学到的：如计算机制图等；

从课外培训、辅导班、研讨班学到的：如绘画等；

从专业会议中学到的：如心理学在现代生活中的应用等；

从志愿者工作中学到的：如小动物饲养等；

从爱好、娱乐休闲、社团活动、家庭职责中学到的：如摄影、缝纫等；

通过阅读、看电视、上网等方式学到的：如PPT制作等；

请家人和同学帮助回忆你在校内外都学习过一些什么专业知识（无论程度如何）。

【讨论】

1. 在小组中，每人轮流说出一样自己具备而其他人还没有说过的知识技能。

2. 在盘点了自己现有的知识技能以后，思考有哪些知识技能你目前还不具备但希望自己拥有。可以通过何种途径来获得这些知识。

导师点拨

大学生掌握专业知识对于其所面临的学习、生活和职业发展等都具有重要的意义与作用。学习方面：掌握专业知识是学生顺利完成各门学科的前提。只有在深入理解并掌握了所学专业领域相关知识后，才能够更好地应对考试、完成学术任务，并将知识转化为自己的技能和能力。生活方面：拥有专业知识可以更好地理解和认识周围的事物，并更好地适应社会环境。例如，在做出一些决策时，了解相关的专业知识可以帮助大学生更好地分析和评估风险。职业发展方面：在就业市场上，拥有深厚的专业知识是一个竞争优势。雇主经常要求员工具备与其工作相关的专业知识和技能，以保证其工作质量和效率，同时，拥有深厚的专业知识也说明员工的价值和其职业发展前景。社会责任方面：现代社会对于各个领域的专业性要求越来越高，拥有深入专业知识和能力的人才可以在各自的领域中为社会做出贡献，推动领域发展和进步。综上所述，大学生掌握专业知识对于其未来的学习、生活、职业发展和社会责任方面都具有极为重要的意义及作用，因此，在大学期间大学生应该努力学习并深化自己的专业认知，打好坚实的专业基础，以便未来更好地适应各自的领域。

第四节　大学学业规划

引导案例

案例一：

赵文是软件专业大二的学生，回首近两年的大学时光，他感觉一无所获，好像自己什么都没学到。大一刚入学的时候，他感觉到大学是那么的自由，高中压迫的神经终于得到完全放松，他除了上课，其余的时间全用于上网和同学到处游玩。甚至到了大一下学期，对于不喜欢的课程，干脆就逃课或在宿舍睡觉。他感觉自己就是没人管的孩子，自己的生活完全没有规律，整天不知道自己在做什么。

案例二：

小冯是一名大三学生，学习会计专业。由于自己填报专业的时候是自己选择的，所以刚进大学的时候对会计专业有特别大的兴趣。大一的课程不多，但小冯学得很认真，学习成绩位于班级前十名。后来，随着课程的增多，难度的加大，还有生活作息不合理，以及参加社会活动等很多因素的影响，小冯的学习成绩一落千丈。到了大三，专业课程要求更严格，小冯感觉相当吃力，曾经一度对学习失去信心。临近毕业，为了自己的未来，小冯认识到必须调整自己的学习状态，提高学习能力，却不知道如何下手，十分迷茫。

案例三：

张悦是大学中文系的学生。从进校起就有自己的学业目标，她想要在大学四年级时被保送上本校中文系的研究生。被选为保送研究生的条件很严格，优秀的成绩是最基本要求。因此她平时认真刻苦学习，可是学习成绩却不理想。身边有的同学平时好像课余时间基本都是在社团参加活动，可是成绩却很好。在和其他同学沟通后，张悦意识到自己的学习方法有问题，她积极和有经验的同学请教学习方法与体会，如记笔记不要把教师说的每句话都记下来，要选择重点来记；针对考前的复习不需要大量反复地看教材，而是需要在自己的脑海中串联一条知识线，并对重点知识进行重点把握等。慢慢地，张悦逐渐掌握了一些高效的学习方法，并主动探索适合自己的学习方法。在半年的时间内，成绩突飞猛进，张悦对于自己能够以优秀的成绩保送研究生充满了信心。

案例思考

对于赵文等同学的经历你有什么感受，也请你思考大学的学习是否重要，以及大学究竟应该学什么、怎么学。其实有许多人像他们这样对于自己的学习感到迷茫，已经意识到了正在虚度光阴，但是又不知道如何改正，不知道怎样在大学中对自己的学业进行规划，怎样达到自己的学习目标。

案例启示

　　大学生无论是在学校还是在未来的职场里，都要对自己的学业进行管理，通过深入分析与正确认识自身特点和学习环境，来确立自身的学习目标，并运用一定的方法来实现学习目标。

　　进入大学后，大学生拥有了宽松的学习环境和自主权，可以自由安排自己的生活。但是，无论在什么地方，学习在大学生生活中永远是第一位的。

　　观念是一切行动的引导，要完成好大学学业首先就要树立正确的学业观，就是对所学专业、课程的态度和认知。

　　大学一年级：探索期。适应大学生活，树立规划意识。要对大学三（四）年的学习生活有一个初步的认识和合理的规划，对未来的职业发展方向做好定位，树立新的奋斗目标。如果之前的努力是为了考上大学，那么现在的任务就是为了以后的就业和职业发展做好充分的准备。观念上从高中时代的"要我学"变成"我要学"，脚踏实地学好基础课程，完成从中学生到大学生的角色转变。积极参加集体活动，建立新的人际关系圈。熟读学生手册，关注辅修专业和第二学位的申请条件，保证较好的学习成绩。开始自我和职业的探索，树立职业规划意识。通过职业测评等工具全面客观地认识自己，思考有哪些职业与自己所读的课程、专业相吻合，通过互联网、报纸杂志和访谈等渠道进一步了解这些职业。

　　大学二年级：提升期。这一阶段要承前启后，要做好由基础课向专业课过渡的准备，确定主攻方向，注重夯实基础，培养综合素质，分析自我优势和局限性，进行自我完善和塑造。虚心请教师长和校友，根据自己的发展意愿选定专业或主攻方向。建立合理知识结构，注重专业能力的培养，参加英语、计算机等工具性证书的考试，并适当选读其他专业的课程，使自己的知识多元化。积极参加学生会或社团活动，培养自己的组织协调能力和团队合作精神，提升自己的综合素质。参加有意义的社会实践，如下乡、义工等，也可以尝试到与自己专业相关的单位兼职，增加不同层次的生活体验，培养吃苦精神和社会责任感。

　　大学三年级：冲刺期。这个阶段根据职业目标和社会需求，学习与实践各种职业发展技能，做好求职择业的准备。加强专业知识学习的同时，取得与职业目标相关的职业资格证书。扩大校内外交际圈，加强与校友、职场人士的交往，提前参加校园招聘会，与用人单位招聘人员进行沟通。学习求职技巧，学会制作简历、求职信，了解面试技巧和职场礼仪。留意学校就业指导中心和其他重要的招聘渠道，不要遗漏关键的招聘信息。登录招聘单位网站或通过咨询、访谈等方式，了解招聘单位的相关信息，为面试做好准备。选择实用性高的毕业设计（论文）题目，证明自己的应用研究能力。

生涯轶事：《李开复：给中国大学生的第四封信》（节选）

课堂活动

学业规划

活动一：根据你的专业特点与职业规划，拟订大学三年的学业计划。

大一：_____

大二：_____

大三：_____

活动二：他人眼中的大学生活

步骤1：展示几位优秀毕业生的事迹材料或讲述他们的故事。

步骤2：讨论与分享。

（1）此刻，如果这位校友就站在你面前，对专业学习，他（她）会给你怎样的建议？

（2）你的家长希望你怎样度过三（四）年的大学生活？

（3）想象在职场上奋斗了十年的你会怎样赞美在大学里努力的你？

（4）对于过好大学生活，你的好朋友会提出怎样的建议？

活动三：理想之旅

经过高考，我们来到了大学。高中时期"考上大学"——这个目标曾经激励着我们为之刻苦努力。而今，这个目标已经成为过去，面对未来，我们需要有新的目标来指引我们的行动。以下这个清单可以帮助我们重新探索自己的人生目标。

很小很小的时候，我的理想是：_____

天真烂漫的小学，我的理想是：_____

初中的花季雨季里，我的理想是：_____

高中的激情岁月里，我的理想是：_____

现在，来到大学，我的理想是：_____

以上这些理想的共同之处是：_____

通过这样的探索，我发现：_____

基于现实，我想到实现自己理想的具体计划有：_____

在理想实现的过程中，我渴望获得的支持是：_____

导师点拨

大学生的学习是在教师的指导下进行的、以接受学习为主要的学习方式，同时也具有非学校教育的一般成人教育的特点。大学生的学习特点主要概括为以下几点：

①自主性是大学生能够调控自己的学习活动，主动获取知识，培养能力，形成专业必需的各种品质。大学生的自主性学习主要表现在自我调整学习目标，自学知识，自我选择学习方法等。

②开放性是指大学生突破教师、教材、专业、课堂、学校的限制，以灵活的方式在更广阔的领域中开展学习活动。在现代社会中，大学学习不仅局限于课堂，科研和生产相结合是当今大学教学的一大特点，社会实践活动对于巩固和强化所学知识具有十分重要的作用。另外，图书馆、实验室也是大学生学习的重要场所。

③创造性。大学的主要任务是为社会培养人才。现代社会需要的是具有创新精神的人才，这种人才不仅要具备广博的知识，还要具有独特的眼光和创新的精神。大学生身心条件基本成熟，对新事物具有强烈的好奇和探究精神，因此，大学生要注意这一时期培养自己的发现精神，不断学习，学会用创造性的方法解决问题，积极锻炼自己的创造性思维。

④专业性。大学的专业设置是根据社会的需求而设置的，是为了适应社会对于人才的需要而进行的划分。大学生从被录取的那一刻开始，专业方向就基本确定了，接下来的学习基本围绕这个方向开展。大学生要通过各种途径了解自己的专业，并围绕专业学习做出计划并实施。

⑤广泛性。大学学习的知识是多层面、多角度的，不仅包括课内知识还包括课外知识，不仅包括书本知识学习，还包括各种学习活动。复合型人才是时代发展的需要，大学生要把握时代的机遇，不断丰富和调整自己的学习内容，建构合理的知识结构。

为了更好地度过大学时光，不荒废学业，大学生可以按照一些方法进行自我学习管理：

①合理分配时间。要学会合理安排自己的时间，在实践中尽可能地按学习计划贯彻执行。在完成计划时可以把计划按主次分成等级，把重要的事情放在前面，重点去完成，再做其他事情，可以参考四象限法。

②提高学习效率。在学习每一科目之前想想采用什么方法学习效果最好，效果好在哪里。如什么方法记单词最快、最牢，学习新的概念该如何理解。

③有效利用工具。有效利用身边一切资源，如图书馆、自习室，养成自学能力，认真学好每一门课程。

④遵守学习纪律。作为大学生要做到遵守学校的纪律，严格要求自己，不迟到早退，上课认真听讲，按时完成作业，做到课内、课外相结合，校内、校外相结合，经常进行反思总结，学好专业课。

大学生进行学业管理，能够培养自身良好的学习习惯，同时，在学业中养成的良好习惯还会延续到生活的其他方面，使自己成为一个自律的人。制订计划能够使自己有目标、有动力地去做某件事情。大学生在校园生活中，一定要养成善于管理自己的好习惯，每件事情都要有所规划，不仅是为了更好地完成学业和找到工作，也是为了成为一个更好的自己。

🧑 生涯手册

1. **实践拓展**：参加生涯规划大赛。

2. **课后作业**：你也许以前试过给过去的自己写信，向年轻时的自己传授一些人生的智慧和观点，你希望那时的自己就能知道这些。现在换个角度看问题，如果让你给未来的自己写封信，你会写点什么？想象给三年后的自己写一封信，当三年后你打开那封信时，你会产生多少共鸣。也许当你给未来的自己写信时，你会慢慢清楚希望自己在人生旅途的那个特定时刻变成什么样子。

拓展阅读：
我是如何从专科生
逆袭成医学博士的

第二章
职业初探：开启职业世界探索之旅

学习目标

知识目标：

1. 了解职业的概念和分类。

2. 理解专业和职业的关系。

能力目标：

1. 能够掌握职业分类和职业功能。

2. 能够对职业环境进行分析。

3. 能够掌握人物访谈等探索职业世界的方法。

素养目标：

1. 认识探索职业世界的意义。

2. 树立职业世界探索的积极态度。

知识链接

第二章数字资源库   第二章知识链接

第一节　认识职业世界

引导案例

案例一：

刚上大三的周鹏面对自己的未来很迷茫，对所学的管理科学专业没太多感觉。其他人都说这个专业一方面是"万金油"，另一方面没什么竞争优势，所以他想利用业余时间再学习一些其他专业的知识或技能。但社会上都有哪些工作岗位，这些工作岗位的用人要求是什么，周鹏一点也不了解，况且他也不清楚自己喜欢哪种工作。周鹏该如何准备呢？

案例二：

吕林到校就业指导中心寻求帮助，他读的是健康管理专业，比较喜欢自己的专业，但是不知道就业后除做健康管理师、健康顾问外，还有什么工作可以选择。这些相关职业的具体情况如何？需要什么技能？他对此也不是很清楚，希望老师能够告诉他。

案例三：

徐飞一直以来都过着"不被定义"的人生，高考填报志愿的时候，父母建议他报考医学专业，父母的看法是医学专业虽然开始辛苦点，但越学越吃香，经得起时间的考验，最重要的是懂医的人对健康更敏感，能把自己照顾得更好。没想到父母的反复渗透并没有打动徐飞，他选了一个理工院校的计算机专业。初进大学时徐飞没少受到师兄师姐们的言传身教，"咱们这个专业就业率高，找工作不成问题""咱们专业的毕业生能进入不错的企业做程序工程师""深圳某某知名公司，一半的员工都是出自咱们学校""用人单位对咱们毕业生的评价是踏实、有责任心，技术专业"，徐飞听来听去，都是些中规中矩的评价，难道学计算机就只能做程序员吗？徐飞内心一直有个声音在说着"不是这样的"，就是内心的这个声音引领着他"要多尝试"。他一入学就积极加入了学生会，参加了摄影、航模、话剧等好几个社团，但是，对于将来会从事什么职业，徐飞觉得自己还没有确定的答案。

案例启示

看了以上案例，请认真思考：职业的世界是怎样的？人们对于工作世界是怎样看待的？在职业探索中会有怎样的行动？

案例启示

对于职业的认知和思考，是徐飞等人要面临的现实问题，也是每个大学生需要询问自己，并在实践中不断验证的人生大事。因此需要了解职业的概念及分类，掌握职业探索的方法和内容，进而进行职业聚焦。

党的二十大报告强调青年是民族的未来和希望，是国家的宝贵财富。在这个历史时期，青年学生要做到支持中国特色社会主义，坚定理想信念。要牢记初心使命，树立远大志向和崇高理想，勇于担当使命，在奋斗中实现自己的人生价值。提高综合素质，增强核心竞争力。要全面发展，注重知识和技能的结合，努力提高自身素质和文化水平，在获得专业技能的同时，也要具备人文素养、创新思维和高尚道德品质。树立辩证思维，发扬科学精神。要学会运用辩证思维的方法，善于分析问题，在实践中不断完善自己的思维方式。同时，要遵循科学真理，尊重科学规律，勇于探索创新，在科技创新中发挥自己的作用。关爱社会，积极参与公益事业。要树立社会责任意识，关注社会热点问题，积极参与公益事业和志愿者活动，为社会进步和人民福祉做出积极贡献。要发扬民族精神，提升文化自信，热爱中华文化，传承中华优秀传统文化，推广中华文化走向世界。

青年学生要时刻牢记使命，注重个人素质的提高，培养多元化的能力和远大的理想志向，不断完善自己的思维方式，在发展中也要关注社会，积极参与公共事务。首选就是学好专业知识，规划好自己的职业生涯。职业与每个人密切相关，是每个人工作和生活的重要部分，它不仅决定了人们经济收入的多少、社会声望的高低、生活质量的好坏，还直接影响了人们的思维方式、生活方式和社交范围。在当今社会，职业的分工多种多样，职业的性质千变万化。这些相互渗透又千差万别的职业组合在一起，形成了一个纷繁复杂的职业体系。大学生若要获得未来工作所需的各种职业素质和职业能力，找到理想职业，实现人生价值，必须把握职业的概念、特点、功能及分类等内容，还要理解专业和职业之间的关系。

一、职业的概念

所谓职业，就是人们为了谋生和发展而从事的相对稳定的、能获得一定收入或报酬的、专门类别的社会劳动。职业的产生和发展是人类文明的标志，是社会进步发展的表现，是社会劳动分工的结果，并随着社会劳动分工的深化而不断地变化。不同的职业通常意味着不同的职业发展机会和空间，决定着不同的生活方式、经济状况、文化水平、行为模式，同时，也反映一个人的权利和义务。不同的职业对从业人员的素质、能力和行为规范有不同的要求。

每种职业都独立存在于行业或组织中，如会计是一种职业，几乎任何行业和组织都有会计岗位，一般可分为总会计师、会计主管、出纳、稽核、工资核算、成本费用核算、总账、对外财务会计报告编制及档案管理等岗位。工作对象相同、操作流程和方法相似的若干工作种类或岗位可以看成一种职业。构成职业的要素包括以下几项：

（1）工作岗位，就是人们从事工作的地方或位置称谓，它是构成职业的最基本要素，职业的其他要素都建立在这个基础上，没有岗位就没有职业。

（2）工作职责，就是组织规定的或约定俗成的工作任务，它是构成职业的内容要素，决定着职业的性质和种类。一般来说，组织是由岗位组成的，岗位是由组织设定的，至少是社会认可的，并以组织或社会的名义给这个岗位规定相应的工作任务，称为岗位职责。

（3）职业能力，是从事职业活动的必备条件，是人们所具备的知识、技术和技能素质的外化与体现，它构成职业的技术要素。职业能力不仅是指操作技能或动手能力，而且是指综合的、称职的就业能力，包括知识、技能、经验和态度等为完成职业任务所需的全部内容。

二、职业的特点

职业特性反映了职业主体在长期的工作实践活动中所形成的与其他形式的活动相区别的本质属性。

1. 社会性

职业是社会分工的产物，每种职业都体现了社会分工的细化。社会成员在一定的社会职业岗位上为社会整体做贡献。职业的形式与内容都离不开社会的存在，受社会政治、经济、文化等因素的影响，还与社会制度和社会政策相关。不同的职业承担着不同的社会责任，不同的职业人应当了解自己承担的职业角色，完成自己的使命。

2. 经济性

职业活动最基本的目的是获得谋生的经济来源。获取经济收入、取得劳动报酬是职业活动区别于其他活动的重要标志之一。没有报酬的工作，不能称为职业。

3. 技术性

任何一个职业岗位都有相应的职责要求。要完成特定的职责，从业人员必须具有相应的专业知识和技能，如职业岗位要求任职者具有的一定的学历、职业资格、专业技术技能、上岗培训经历和专业工作年限等。

4. 稳定性

职业的稳定性是相对的，即在职业的生命周期内是稳定的，但是随着社会的发展，会不断诞生新的职业，淘汰老的职业。

5. 群体性

职业的群体性表现在要有一定数量的从业人员共同工作，并且在共同工作中体现出协作关系，在共同工作中产生人际关系。这也是为什么在求职面试的时候，人力资源部经理要考察应聘者的团队合作精神和人际沟通能力。群体性是任何职业的基本特性。

三、职业的功能

职业的功能主要体现在以下两个方面：

（1）对个人的功能，人们通过职业生活进入一种社会环境，获得经济收入，借助职业平台使自己的才能得以施展，为社会做出贡献。因此，职业是个人和家庭生存的基础，可以满足个人多方面的需要，具备促进个人多方面的发展、满足个人的社会性需要、实现个人的社会价值等功能。

（2）职业对社会的功能。首先，体现社会分工：作为一种社会存在，职业的社会运动，包括个人改善职业的向上流动、与社会经济结构相联系的职业结构变动、不同职业阶层间的矛盾冲突及其解决等，构成人类社会存在和发展的丰富内容。其次，创造社会财富：人类的职业活动，创造出各种社会财富，为社会的存在和发展既提供了物质基础，也提供了精神食粮和精神动力。人们为了追求未来的"好职业"而进行各种投资，也成为推动社会发展的巨大动力。最后，维护社会稳定：职业是社会调控的手段，职业活动是人类活动的重要方式，"安居乐业"是人类的共同愿望。政府调控社会的重要目标之一，就是通过扩大就业规模，提高就业质量，促进充分就业。各国政府控制失业率，提高就业率，也是要维护社会稳定，促进社会发展。

四、职业的分类

职业分类是指国家采取一定的标准和方法，依据一定的分类原则，对从业人员所从事的各种专门化的社会职业所进行的全面、系统的划分与归类。职业分类是以工作性质的同一性为基本原则，对社会职业进行系统划分与归类。所谓工作性质，即一种职业区别于另一种职业的根本属性，一般通过职业活动的对象、从业方式等的不同予以体现。职业分类的目的是要将社会上纷繁复杂、数以万计的现行工作类型，划分成类系有别、规范统一、井然有序的层次或类别。

以两种代表示例：其一是国际标准职业分类。国际标准职业分类把职业由粗至细分为4个层次，即8个大类，83个小类，284个细类，1 506个职业项目，总共列出职业1 881个。其中8个大类是专家、技术人员及有关工作者；政府官员和企业经理；事务工作者和有关工作者；销售工作者；服务工作者；农业、牧业、林业工作者及渔民、猎人；生产和有关工作者、运输设备操作者和劳动者；不能按职业分类的劳动者。这种分类方法便于提高国际职业统计资料的可比性和国际交流。其二是《加拿大职业分类词典》（Canadian Classification and Dictionary of Occupations，CCDO）的分类。它把分属于国民经济中主要行业的职业划分为23个主类，主类下分81个子类，489个细类，7 200多个职业。此种分类对每种职业都有定义，逐一说明了各种职业的内容及从业人员在普通教育程度、职业培训、能力倾向、兴趣、性格及体质等方面的要求，有较大的参考价值。

参照国际标准和方法，1986年，中国国家统计局和国家标准局首次颁布了中华人民共和国国家标准《职业分类与代码》（GB 6565—1986），并启动了编制国家统一职业分类标准的宏大工程。这次颁布的《职业分类与代码》将全国职业分为8个大类、63个中类、303个小类。1992年，原国家劳动部会同国务院各行业部委组织编制了《中华人民共和国工种分类目录》，这个目录根据管理工作的需要，按照生产劳动的性质和工艺技术的特点，将当时我国近万个工种归并为分属46个大类的4 700多个工种，初步建立起行业齐全、层次分明、内容比较完整、结构比较合理的工种分类体系，为进一步做好职业分类工作奠定了坚实基础。

《中华人民共和国职业分类大典》是我国第一部对职业进行科学分类的权威性文献。由于它的编制与国家标准《职业分类与代码》的修订同步进行，相互完全兼容，因此，它本身也就代表了国家标准。《中华人民共和国职业分类大典（2022年版）》把我国职业由大到小、由粗到细划分为四个层次：大类（8个）、中类（79个）、小类（449个）、细类（1 636个）。细类为最小类别，即职业。8个大类分别如下：

第一大类：党的机关、国家机关、群众团体和社会组织、企事业单位负责人，其中包括6个中类。

第二大类：专业技术人员，其中包括11个中类。

第三大类：办事人员和有关人员，其中包括4个中类。

第四大类：社会生产服务和生活服务人员，其中包括15个中类。

第五大类：农、林、牧、渔生产及辅助人员，其中包括6个中类。

第六大类：生产制造及有关人员，其中包括32个中类。

第七大类：军队人员，其中包括4个中类。

第八大类：不便分类的其他从业人员，其中包括1个中类，1个小类，1个细类。

这种分类方法符合我国国情，简明扼要，具有实用性，也符合我国的职业现状。高校毕业生与用人单位在就业市场进行双向选择，实际上是求职者选择职业和职业选择求职者的过程。对高校毕业生来说，不了解职业的种类和分类的依据，不了解职业对劳动者素质的不同要求，就很难做出正确的择业决策。

五、专业与职业的关系

在社会经济的各行各业中，有成千上万种职业。由于社会分工的不同，人们从事着不同的职业。很多大学生认为，现在所学的专业和以后找到的工作基本不对口。从某种程度上来说，专业对未来从事的工作的影响还是很大的。大学生在找工作时，最好还是以所学专业为基础，毕竟在学校里学到的知识技能都是和自身专业有关的，这在应聘与专业相关岗位时能增强自身的竞争力。即使不喜欢所学专业，在学校也要努力学好专业知识技能，不能完全放弃该专业，毕竟在毕业时，在没有任何工作经验的情况下，所学的专业就是社会与用人单位识别应聘者的标志。在学习专业知识的同时，要积极地培养与提高自身兴趣所在方面的知识和技能，规划好自己的职业生涯发展道路。

许多成功者现在所从事的职业并不是原来所学的专业，但要看他毕业后从事的第一份正式职业。因为学以致用是最符合经济效益的个人发展原则。大学生从事的第一份正式职业如果就是原来所学的专业，对提高个人发展效率有着非常重要的战略意义。

因此，可以总结出专业与职业一般是对应关系，但这并不代表学习某一专业就必须要从事对应的职业。专业是指专门从事某种学业或职业，是一种专门的学问，是高等学校或中等专业学校所分的学业门类，是产业部门的各业务部分，也是一种物质或某种作业的作用范围；职业是指个人所从事的服务于社会并作为主要生活来源的工作。专业与职业之间互相包容，在职业中有各专业对应的岗位，在专业中学习的知识也能为对应职业提供专业知识。如果个人的职业发展在所学专业的领域中，专业与职业是对应的，所学知识往往能够对工作有一定的帮助。

📋 课堂活动

1. 画出你眼中的工作世界

请用彩笔在白纸上画出自己眼中的工作世界。这里不强调画的水平，只要能表达自己对工作世界的想法就好。

2. 有关工作世界的一些基本事实

请用头脑风暴法列举出与手机相关的尽可能多的职业，并将所有联想到的职业都记录到黑板上，并讨论你从这个活动中得到了什么启发。

通过这个活动，可以了解到一件物品的制造涉及许多的人和职业，如从管理到制造，从研发到市场。这说明有很多专业和技能是可以变通的。因此，同一个专业可以从事多种职业，如机械设计专业毕业的学生，可以从事助理、售前工程师等与人打交道的工作，也可以做研发等与概念相关的工作。因此，在探索工作世界时，应了解和自己专业相关的职业有哪些，学习专业知识的目的是帮助人更好地发展自己，而不是限制人的发展。

📖 导师点拨

目前，工作世界中有超过 20 000 种的职业，对大多数人来说，都有数种职业适合他们。没有哪一种工作能够完全满足你所有的需要。所有工作都有其局限性和令人失望之处。你需要通过其他活动来平衡你的生活，才有可能感觉到完满。工作市场和经济形势都时常发生变化，甚至是急剧的变化。有的行业在目前可能充满了机会，但却会在数年内饱和。

所以在工作世界中，每个人都有可能找到属于自己的那份工作，只是需要做好心理准备：这是一个过程，对不同的人，过程也会有长短，变化是其中必然要面对的，一个决定可能不会持续一生，也常常伴随着风险，因此需要个人不断调整和变化才能保持满意度。面对工作世界，需要学会如何应对工作的变动，而不是一味地去回避它。

生涯手册

1. 选择自己感兴趣的职业，进行职业描述。
2. 小组讨论出一个感兴趣的职业方向。

拓展阅读：马云的职业发展之路

第二节　职业探索的内容

引导案例

莉莉是一位商业摄影师，最近刚被公司解雇。不过，她努力安定自己的情绪。莉莉承认，想要"找个临时工作挣点钱花"的诱惑确实很大。不过幸运的是，最后重新设计个人生涯模式，实现自我反省的念头占了上风。她说："在丢掉工作之前，我每天就像行尸走肉一样生活，现在是个难得的机会，我可以重新思考自己的职业道路了。"

莉莉的生活中有两件非常热衷的事情——养狗和跑步。因为爱狗，她从小就喜欢养狗。至于跑步，虽然这个爱好刚形成不久，但莉莉非常投入，经常进行5千米或马拉松长跑。就在被公司解雇前几个月，她刚刚养成了新的爱好——带着狗儿茉莉一起跑步。有时候，她也帮助朋友遛狗，她们一起跑步的身影经常出现在西雅图的街头。

丢掉工作后，莉莉每天都带茉莉去跑步。现在时间更多了，她开始帮着朋友一起遛狗。莉莉说："遛狗让我感觉回到了正常生活，更重要的是它让我感到开心，我不再担心什么，只要和狗儿奔跑起来就觉得非常放松。"

有一天在翻开杂志时，莉莉读到了一个改变她命运的故事。她回忆道："杂志上有个人把遛狗当作了全职工作，竟然可以靠这个生活。"一开始，莉莉有些怀疑，在网上一查发现，原来那人确实是个全职遛狗师。

莉莉马上给朋友们打电话，告诉他们这件事，然后问他们愿不愿意付费请她遛狗。出人意料的是，这些朋友爽快地答应了。她是这样介绍当时的情况的："他们都说，自从我帮助他们遛狗之后，小狗们都出现了积极的变化。他们认为这样对宠物的健康有利，因此很乐意花钱让我遛狗。"这件事情让莉莉高兴坏了。

一开始，遛狗的收入根本谈不上什么稳定收入，充其量就是挣点零花钱。没过多久朋友们便开始四处推广莉莉的服务。很快，莉莉开始接到陌生人的服务请求了，这让她欣喜若狂。她说："老实说我真没想过把这当作一份工作，答应别人只不过是多带一只狗而已。但是我喜欢这样做，而且发现小狗们也喜欢接触自然。"

随着询问服务的人越来越多，莉莉发现遛狗挣的钱可以支付房租了。几个月后，她的收入又增加了。有一天，莉莉突然意识到，原来只是作为一项消遣的活动竟然变成了自己的职业，她开始考虑采用商业模式经营了。为此，莉莉增加了宠物保险服务，考起宠物急救资格证，甚至推出了网站。

如今，莉莉是一位全职遛狗师。她有 50 多位客户，因为忙不过来还需要请其他的遛狗师来帮忙。在她看来，这是一项很有意义的工作。莉莉说："我的工作不仅仅是实现自己的梦想，还帮助其他遛狗师实现了梦想，对我来说这种满足感是无法替代的。"

◈ 案例思考

有哪些工作形式是我们可以选择的？这些选择带给我们的思考是什么？

◈ 案例启示

工作的形式有很多种，最常见的就是全职工作，即连续为同一雇主工作，每周工作 40 或 40 个小时以上的工作。学生在求职时希望能够找到一份全职工作，因为具有相对的保障和稳定性。但是长期为别人工作也会增加自身的职业风险。兼职工作是近些年增长很快的工作形式之一。兼职工作者每周为同一雇主工作的时间不足 40 小时，他们通常没有将工作报酬作为生活费的主要来源，不是为了赚取额外的收入而考虑工作。兼职工作虽然收入不一定高，也不够稳定，但对学生尤其是那些希望继续读书，但又受限于经济条件的学生来说，是很好的增长社会经验的途径。其实有多种工作形式，如何对它们进行分类并不重要，关键是随着社会的进步和发展，提供给个人的机会越来越多，学生在进行生涯规划时要注意到这些可能性，给自己更大的选择空间。

生涯轶事：
斯皮尔伯格的故事

一、社会环境

每个人的生活、工作都在社会这个大环境中，因此人们的任何行为都会受到社会环境的影响。只有对社会环境进行分析并有了大体的把握后，个体才能更好地寻求自身的发展机会。社会环境分析是指对当前社会中的政治环境、经济环境、科技环境和文化环境等宏观因素进行分析。

（1）政治环境：包括政治制度和政策方针。首先，需要熟悉与职业生活有关的法律法规，如《中华人民共和国劳动合同法》《中华人民共和国就业促进法》等，若自身想要从事的行业、职业有特殊的法律法规，则更需要进行研究和理解；其次，需要了解国家和地方的政策方针，不同省、市对于人才引进和就业培养的政策方针都不同，因此，在进行政治环境分析时需要有侧重地对政策方针进行认真研究。

（2）经济环境：包括国家经济发展的水平和阶段、经济制度、国家财政收支情况、收入水平和国际贸易等宏观经济环境。随着全球经济一体化进程的加快和我国市场经济的高速发展，国家对人才有了更高、更严格的要求。因此，大学生要紧跟经济环境的变化，了解经济社会对于人才的具体新要求，并以此作为自己日常生活的学习目标，努力提升自身的知识和技能水平，以适应经济社会发展的需要。

（3）科技环境：科学技术的发展日新月异，对职业的发展有着非常重要的作用。历史上三次科技革命的发生，都为职业结构带来了巨大的变化和发展。随着我国科学技术水平的不断提高，许多新兴职业不断产生，同时，也使一些职业逐渐消亡。因此，大学生需要时刻关注科学技术的变化，尤其是那些与自身想要从事的行业有关的科学技术。

（4）文化环境：是一个国家从历史上传承下来并经过长期沉淀形成的环境，对人们的道德观念、价值观和行为习惯等有较大的影响。提及文化环境，很多人会觉得很抽象，但它却实实在在影响着人们日常的点点滴滴，包括人们的职业生涯。因此，大学生在规划职业生涯时，要认清文化环境对自身的影响，对自己的价值观要有清晰的认识，做出符合自身状况的、科学合理的职业规划。

二、行业环境

对行业环境进行分析，也就是要分析行业的发展阶段和未来的发展趋势，以及该行业在国民经济发展中所占的地位，从而对行业有个全方位的了解。一般来说，可以通过以下七个方面来对行业环境进行分析：

（1）该行业的定义：想要从事某个行业，首先需要全面地了解该行业的定义。不同的人或行业组织对同一个行业的定义不尽相同，因此在了解行业定义时，应集"各家所长"，加深对该行业的了解。

（2）该行业目前的发展阶段与前景趋势：要明确该行业现在是处于萌芽期、快速上升发展期、平稳期，还是衰落期。一个行业的兴衰是有客观规律的，并不因人的意志而转移。对于那些处于衰落期的行业，大学生要考虑是否还值得入行及之后的转行问题。对于那些正处于萌芽或快速上升发展期的行业，则要对其前景及发展趋势做分析，结合其未来的发展以确立自身的未来发展目标和方向。

（3）该行业包括的领域：可以根据政府或行业协会对该行业的分类，明确该行业包含的具体领域范围，如房地产业包括房地产经营、房地产中介服务和物业管理等。

（4）该行业对人才的需求条件：了解该行业对人才的需求，如对哪些类型的人才需求量大，对哪些类型的人才需求已经达到饱和。这样，大学生才能更好地进行自己的职业选择。

（5）该行业具有代表性的企业和人物：对该行业领先的企业和杰出人物进行详细了解。这些企业和个人往往具有该行业突出的特点与优势，通过对他们的了解，进一步加深对该行业的总体把握。

（6）该行业的入行条件：入行条件是指一个职业在发展过程中总结出的对新人的入门要求，如具体的职业能力、相应的从业资格证书、某项特定的专业技能等。

（7）权威人士对该行业的分析和评估：可以查阅该行业所属领域权威人士对该行业的分析与评估报告，这类人士往往对该行业了解得比较透彻，看待行业的发展问题比普通人更具前瞻性，因此可以借鉴这些人士的分析，来完善自己对该行业环境的认识。

三、职业环境

职业环境和行业环境不同，行业是所有同种类型企业的集合，职业则指具体的工作岗位。一种行业可以有不同的职业划分。职业环境分析需要落实到求职者想要从事的某一个具体职业岗位上。职业环境分析通常包括以下两个步骤：

（1）分析该职业的社会需求、岗位竞争压力、薪资水平和未来职业发展道路等因素。如机动车驾驶员这一职业，由于社会的发展和生活水平的提高，开车几乎已经成为人人都会的技能，这两年虽然物流行业的迅猛发展带动了机动车驾驶员这一岗位的需求增多，但是其岗位增加的数量仍然赶不上求职者增加的数量，所以，对于机动车驾驶员这一职业来说，目前是处于供小于求的局面。

（2）具体落实到大学生求职者有意向的企业。例如，该企业的整体实力、企业文化、企业发展状况、企业对该职业的用人需求、薪资福利待遇等方面的内容。这样，才能明确自己是否适合该企业，了解如果进入该企业能获得多大的职业发展和提升空间，以及自己在该企业是否能够实现自我价值。

四、学校环境

学校环境指的是大学生在求学过程中的学校教育资源特点，以及自身专业的特点。简单来说，学校环境可分为校园文化和专业环境两个方面。

（1）校园文化：指的是校园整体的文化熏陶氛围，包括学校提倡的价值导向、宣扬的校风校纪和大学生之间自主形成的学习风气等。校园文化是一个学校的灵魂核心，它对外能展示学校形象，对内能塑造和培养学生的价值观。每个学校都有自己的培养侧重点，有其自身的发展特点，因此，对校园文化进行梳理，可以了解学校教育资源的侧重点，并充分利用这些师资、软硬件的优势，努力提高大学生自身的能力，将校园文化优势转为自身优势。

（2）专业环境：指的是所学专业对大学生职业发展的制约和影响。社会上对不同专业的人才需求量不同，目前随着我国经济水平和科学技术水平的快速发展，优秀的科学技术人才变得十分抢手，因此，诸如航天工程、机械、电子、自动化等专业的学生就很受欢迎。

五、家庭环境

家庭环境的内容包括家人的职业、家庭经济情况及家庭人脉等。家庭环境对一个人的成长有着重大的影响，其产生的影响早于学校环境对个人的影响。因此，在做职业规划时，需要结合家庭的实际情况，考虑家庭成员提供的意见。对家庭环境的分析一般从以下四个方面来进行：

（1）家庭教育：俗话说，"父母是孩子的第一位老师。"家庭教育的方式和内容能影响孩子的性格与家庭的关系。如民主的教育方式，会让孩子从小得到充分的尊重，有很好的思考能力，并且家庭关系和睦，这类孩子长大后在做职业决策时，能较好地结合自身条件，并会充分考虑家人的意见。从小在溺爱中长大的孩子，会盲目自大，做出不切实际的职业生涯规划，并且很少考虑家人对自己职业发展的意见。

（2）家庭资源：家庭成员的人际关系网或社会资本，如就业机会、社会关系资源等，在一定程度上能影响大学生就业的心态和择业取向。如果家庭资源丰富，则能增强大学生的就业信心，减少就业前期的择业成本，还可能增加就业机会和提高就业待遇。若一个家庭的资源较差，则会让大学生在前期的择业和工作搜寻上成本增多，使大学生就业时承担的压力相对较大。

（3）家庭经济状况：家庭经济状况在一定程度上影响着个人的职业决策行为。一个经济条件较好的家庭，可以减轻子女的家庭经济压力，子女可以选择继续读书深造或自由选择工作范围；而经济状况不好的家庭，其子女需要考虑现实需要来调整自己的职业发展路线，暂时选择一份收益较高的职业，来减轻家庭经济负担。

（4）家庭就业观念：家里长辈的择业观在一定程度上会影响着子女的择业观，如父母希望子女从事稳定的职业，子女往往会选择当教师、考公务员等。

课堂活动

活动一 你能说出一个其他同学都不知道的新兴职业吗？

步骤1：你是通过什么途径知道这个信息的呢？

步骤2：探索工作世界的方法有哪些？

活动二 你能说出一个其他同学都不知道的新兴职业吗？

步骤1：你是通过什么途径知道这个信息的呢？

步骤2：探索工作世界的方法有哪些？

导师点拨

职业世界信息涉及的范围很广，从不同的角度看有不同的划分方式。例如，从空间角度来讲，可分为国际环境、国内环境。国内环境又包括国内市场的大环境和所在区域的小环境；从时间角度来讲，可分为历史环境、现状和未来的发展趋势；从内容角度来讲，可分为社会环境、行业环境、职业环境、学校环境和家庭环境等。

📋 生涯手册

其他探索工作世界的方法

步骤1：请学生分组讨论：从小到大，你是用什么方法去了解令你好奇的事物的？至少举出一个事例。这些方法对了解工作信息有什么样的帮助？

步骤2：每个小组根据刚才的讨论再进行头脑风暴：探索工作世界有哪些好方法？

步骤3：小组间以竞争的方式轮流讲述讨论出的方法，每次讲一种，不能重复，直至某个小组讲不出来为止。将大家所说的方法记录在本子上。

拓展阅读：职场中注意的一些事项

第三节　职业探索的方法

👤 引导案例

李明是一名高三学生，立志要当医生，做了很多探索医生这个职业的尝试。李明最早萌生这个念头是在几年前观看电视剧《心术》的时候，后来，只要有关医生题材的影视作品，他都会特别留意。每次曝出医患矛盾的新闻，他都会觉得特别揪心。平时他也会浏览本地区各大医院的官网，如果遇到生病去医院，他也会特别留意观察医生、护士，有时候甚至想象自己就是穿着白大褂的医生。周末空闲时，他还会专门去医科大学和里面的学生聊天，请他们推荐一些医学类的读物。一次与同学的闲聊中，李明发现班上某同学的家长是医生，他特别崇拜，在征得同意后，他对该家长进行了一次生涯人物访谈，重点了解了医生在工作中需要处理的日常事务、胜任医生岗位需要具备的能力素质、需要学习的专业、医生的晋升空间、与患者之间的故事等。

📚 案例思考

从李明的故事里可以看到几种探索职业的方法，以及每种职业探索方法的优缺点，当然这些方法都是可取的，要根据自己的需要去获取。除案例中的方法外，还有一些常用的方法，第一种方法就是通过招聘网站搜索，主要搜索职业的应聘要求，如学历、专业、经验和职位的职责等，这个过程可以课堂上演示；第二种方法是通过一些论坛，去寻找对自己有用的方式；第三种方式是招聘会现场和一些职业咨询公司。

📖 案例启示

　　职业探索是对你喜欢或要从事的职业进行理论分析和实际调研的过程，目的是对目标职业有充分的了解，并在明确和职业的差距中制定求职策略，从而有效地规划大学生活。同时，也是大学生过渡到社会的最后一个阶段。

　　学习自我探索的相关知识可以帮助大学生达成初步的探索范围，再结合自己所学的专业，大学生就可以获得一个职业清单。值得说明的是，大学生自我探索的结果未必能与个人的专业一致。大学生应该把个人专业放在产业链的大背景下看，不局限于霍兰德兴趣探索和 MBTI 性格分析的少量职业种类。形成职业清单后，要对自己的清单逐一探索。在探索过程中，要抛开固有的想法，保持开放的心态，这样可以获得更客观的信息。

　　大学生进行职业探索通常采用查阅、讨论、参观、实习和访谈的方法。

　　（1）查阅法：主要是探索政治法律政策、经济发展水平、各地区的文化特点、技术更新速度、人才整体需求状况等环境对自己职业发展的宏观影响。在探索宏观职业环境时，要多浏览政府网站信息，尤其是各省市的毕业生就业信息网，这些网站往往包含职业环境分析所需的信息。例如，人才市场公共信息网每个季度都会公布全国部分人才市场供求情况及分析，通过阅读这些资料可以了解不同职业的需求状况。大学生可以尝试分析里面的资料，从中总结出一些最近几年大学生就业市场的总体状况和特征。

　　（2）讨论法：讨论意味着与他人共享对职业的探索结果，可以和周围人群一起讨论，如和同学、朋友，甚至老师、父母进行讨论。讨论法的要点是：不要把个人已经拿定主意不会改变的事情进行讨论，也不要把自鸣得意的结果拿出来炫耀，把正在探索或是已有结果但仍需进一步证实或充实提高的东西拿出来讨论。

　　（3）参观和实习法：是探索行业环境、组织环境及岗位环境常用的方法。参观是到相关职业现场短时间地观察、了解。通过观察，可以了解职业相应工作的性质、内容、职业环境及氛围，获得实实在在的职业感受。参观法的优点是能得到切身的感受；缺点是无法对职业的实质深入了解，易被营造的氛围迷惑。实习是到职业场所进行一定时间的打工、兼职或教学实习、实践。实习是一种比较全面地了解职业的方法。实习可以更真实地对职业的工作任务、工作要求、工作环境及个人的适应情况进行了解，可以了解工作的程序、报酬、奖罚、管理及升迁发展的信息，还可以通过与工作人员的实际接触，感受职业对人的影响及人职和谐情况。

生涯轶事：李开复：做最好的自己

　　（4）访谈法：通过和相关从业人员进行交流，了解职业知识技能需求、待遇和发展前景的方法。访谈法较为客观，对职业了解较为深入。大学生在对职业环境进行分析的时候，不要仅采用一种方法，应该采用多种方法，多角度全面地了解自己。

课堂活动

1. 在小组内进行头脑风暴，写下尽可能多地获取职业信息的渠道，每张便利贴写一个。

2. 在一张大纸上，画两条坐标线，横轴为难度（从易到难），纵轴为精确度（从低到高），把写好的便利贴，贴到坐标内合适的位置上。

3. 小组派代表分享，选出最全面、优秀的一组。

导师点拨

大学生职业探索是一个动态的过程，需要时间和耐心。灵活性和开放心态也是非常重要的，因为职业道路可能会随着你的经验和发展而改变。最重要的是，相信自己的能力和兴趣，并持续努力学习和成长。大学生职业探索的途径有很多种，可以根据个人情况选择适合自己的方法。以下是一些常见的途径：

职业规划课程与咨询服务：许多大学和学院提供职业规划课程与咨询服务，帮助学生了解自己的职业兴趣、目标和发展路径。这些课程通常包括自我评估、职业探索技巧和求职准备等内容。

实习和兼职：通过参加实习和兼职工作，你可以亲身体验不同职业的工作环境，并了解自己在特定领域的兴趣和适应能力。通过实习和兼职，你还可以建立职业网络和获得实践经验。

志愿者工作：志愿者工作可以让你接触到各种不同的领域和组织，同时，也有助于发展个人技能和价值观。通过志愿者工作，你可以了解自己对哪些问题和领域特别感兴趣，并寻求与之相关的职业机会。

参加职业展览和招聘活动：参加职业展览和招聘活动是了解不同行业和企业的好机会。这些活动可以帮助你了解当前的就业趋势、职位要求和就业前景，并与潜在雇主和行业专业人士进行面对面交流。

与行业专业人士交流：寻找与你感兴趣的行业相关的人士进行交流。可以通过社交媒体、专业网络平台、导师或校友网络等渠道建立联系。与行业专业人士交流，可以获得宝贵的职业建议、行业见解和连接职业机会的机会。

参与学生组织和社交活动：参与学生组织、俱乐部和社交活动，这些活动可以提供与他人交流、提升领导力和团队合作的机会。这些经历不仅可以丰富你的履历，还能培养你的人际关系和沟通能力，对职业发展有益。

阅读相关书籍和资源：积极阅读与职业探索相关的书籍、杂志、文章和博客。这些资源可以提供关于职业规划、行业趋势和求职技巧的有用信息，帮助你了解职场和行业动态。

通过结合以上途径，可以更全面地了解自己的兴趣和能力，并找到适合自己的职业方向。大学生掌握职业探索的方法可以为他们提供并找到满意的职业道路和取得职业成功的关键工具。职业探索方法可以帮助大学生明确自己的职业目标和意愿。通过了解自己的兴趣、价值观和技能，他们能够更准确地确定自己想要追求的职业方向，从而为未来的规划和决策提供指导；有助于大学生了解就业市场的需求和趋势。他们可以通过研究就业市场分析、职业调查数据和行业研究等渠道，了解哪些职业领域有就业机会，并了解相关职位的要求和发展前景；职业探索方法鼓励大学生积极参与实习、兼职和志愿者工作等，以积累与自己职业兴趣相关的实践经验。这些实践经验不仅有助于加深对特定职业的理解，还为他们提供了与职业领域相关的技能和背景；职业探索方法提倡大学生主动与行业专业人士、校友和教师等建立联系，培养人际关系和建立有用的职业网络。这些人脉关系可以提供职业导师、就业机会和行业见解等资源，对于职业发展和工作机会的获取非常有帮助；掌握职业探索方法可以帮助大学生进行理性的职业决策。通过研究、咨询和实践经验，他们能够更全面地评估不同职业选择的利弊，并做出符合自己目标和价值观的决策；职业探索方法教会大学生不断学习和适应职业环境的能力。他们将学会如何寻求职业发展机会、不断提升职业技能和知识，并灵活适应职业市场的变化和挑战。

总而言之，掌握职业探索方法对大学生来说非常重要。它们为他们提供了明确目标、了解就业市场、积累实践经验、建立人脉网络、做出决策，并有助于持续发展和适应职业环境。通过掌握这些方法，大学生能够更加有能力和自信地追求自己理想的职业道路，并在职场中取得成功。

生涯手册

1. 分小组进行生涯人物访谈，每个组员都要参加，并形成报告：我的专业未来可从事的职业有哪些？我对感兴趣的职业有多少了解？哪些方面是我需要去努力提高的？

2. 访谈中，学生可能提出的问题如下：

在这个工作岗位上，每天都需要做什么？

你是如何得到这份工作的？

你是如何看待该工作领域将来的变化趋势的？

你的工作是如何为实现组织的总体目标或使命贡献力量的？

你所在领域有"职业生涯道路"吗？

该工作需要什么样的人？

到该领域工作所需的基本前提是什么？

就你的工作而言，你最喜欢什么？最不喜欢什么？

什么样的初级工作最有益于学到尽可能多的知识？

该领域初级职位和略高级别职位的薪水是多少？

工作中采取行动和解决问题的自由度如何？

该领域有发展机会吗?

该工作的哪部分让你最满意,哪部分最有挑战性?

什么样的个人品质或能力对本工作的成功来讲是重要的?

你认为将来该工作领域潜在的不利因素是什么?

依你所见,你在该领域工作遇到了什么样的问题?

对于一个即将进入该工作领域的人,你愿意提出特别建议吗?

该工作需要特别的知识、技能和经验吗?

这种工作需要什么样的教育或培训背景?

公司对刚进入该工作领域的员工提供哪些培训?

还有哪些方法能帮助我深入了解该工作领域?

你的熟人中有谁能做我下次的采访对象吗? 当我打电话给他(她)的时候,可以用你的名字吗?

根据你对我的教育背景、技能和工作经验的了解,你认为我在作出最终决定之前还应在哪个领域、什么样的工作上进行深入的调查研究呢?

拓展阅读:
《教育部关于做好
2023 届全国普通高
校毕业生就业创业
工作的通知》

第三章
知己者明：大学生的自我认知

学习目标

知识目标：

1. 了解自我认知的内涵、性格的特征、职业兴趣的含义、能力与职业的关系及价值的特点。

2. 熟悉自我认知的过程、性格的分析、兴趣探索的方法、职业能力的分类、价值观对职业的影响。

3. 掌握自我认知的方法、性格的自我评定、职业兴趣的评估、职业能力的提高及价值观的探索方法。

能力目标：

能够熟练运用所学方法，初步判断自我职业兴趣和性格特点，会进行自我职业能力判断，能够对自我价值观进行客观分析。

素养目标：

通过对性格、兴趣、能力与职业关系的正确理解，培养提升自我认知的意识，能够将性格、兴趣探索渗透到日常生活中，从而具备符合职业要求的素质和能力。

知识链接

第三章数字资源库   第三章知识链接

第一节　自我认知概述

引导案例

认知自我，成就"英国侦探小说之父"

柯南·道尔于1876—1881年在爱丁堡大学学习医学，毕业后作为一名随船医生前往西非海岸，1882年回国后开业行医10余年，然而其收入却仅能维持日常生活。在这种情况下，他并没有放弃希望，而是努力尝试着挖掘自己的优势，终于，他找到了"第二职业"——写作。1891年，32岁的道尔弃医从文，开始写侦探小说——福尔摩斯系列作品。结果，柯南·道尔成了"英国侦探小说之父"，成为世界畅销书作家之一。

案例思考

柯南·道尔是一名专业的医生，却没有成为声名远赫的医生，反而在写作的路上大放异彩，被封为"英国侦探小说之父"，他的成功有什么启示呢？

案例启示

柯南·道尔经过一段时间的探索和思考，对自己的兴趣及思维、知识结构等方面的长处和短处有所认识后，开始扬长避短，按自身优势重新进行职业生涯定位，最终成为世界著名小说家，堪称侦探悬疑小说的鼻祖。柯南·道尔自我优势挖掘的过程就是一个自我认知的过程。

一、自我认知的含义

自我认知（self-cognition）也称自我意识或自我，是指个体对自身存在的觉察，即觉察到自己区别于周围其他人与物的一种心理经验和主观意识，主要包括自我认识、自我体验和自我控制三种心理成分。自我认识是主观自我对客观自我的认识与评价，如自我感觉、自我概念、自我观察、自我分析和自我评价；自我体验是主体对自身的认识而引发的内心情感体验，如自爱、自尊、自信、自卑、自满等；自我控制是个体对自己行为、思想和言语等的控制。自我认知具体包括认识自己的生理状况、个性心理及自己与客观世界的关系。生理状况包括个体的身高、体重、耐力、灵敏度、神经系统等身体形态和机能素质。个性心理包括个性心理特征和个性倾向性，其中个性心理特征包括能力、气质、性格；个性倾向性包括需要、动机、兴趣、理想、信念、世界观等。认识自己与客观世界的关系则包括认识到自己与周围现实之间的关系、认识到自己在集体中的地位与作用。

二、自我认知的过程

自我并不是一开始就有的，个体出生时还没有自我的概念，无法将自己与周围的事与物区分开。在个体成长的过程中，随着父母、师长的教育和引导，通过与外界客观世界的互动，在不断加工整合这些信息中，个体自我认知逐渐觉醒并形成。自我认知的形成大致经历生理自我、社会自我和心理自我三个阶段。

（1）生理自我是自我认知的原始形态，这一阶段大致从个体出生第八个月开始，持续到三岁左右基本成熟。生理自我阶段的主要任务是个体对自己躯体的认知，即个体认识到自己是区别于周围事物的存在。出现占有欲、支配感、羞愧感与嫉妒感，实现主体和客体的分化，学会用"我"来表达自己。

（2）社会自我是自我认知形成的第二阶段，从三岁到十三四岁，这一阶段是个体社会化程度最深的时期，个体通过学习、模仿等方式逐渐对自己在社会生活中所承担的各种社会角色有了认知，角色观念开始形成，包括对各种角色关系、角色地位、角色技能和角色体验的认知与评价，如性别角色、家庭角色等。

（3）心理自我是自我认知发展的第三阶段，从青春期持续到成年期。这一阶段是个体根据社会需要和自身发展调控自己的心理与行为的阶段，发展到这一阶段的个体能知觉和调节自己的心理活动、状态和特征，确立起自我意识，表现出主动性和追求独立感的特点，强调自我价值与自我理想的实现。

生涯轶事：亮一相

三、自我认知的作用

自我认知是人类特有的反映形式，在个体一生的发展中具有十分重要的作用。它不仅是人脑对主体自身的意识与反映，也是人与周围现实之间的关系的反映，是人的心理区别于动物心理的一大特征。

（1）自我认知是个体认识外界客观事物的首要条件。如果个体不能意识到自己是一个独立的存在，也就无法区分自己与周围的客观世界，犹如刚出生的婴儿，更不可能认识外界客观事物。

（2）自我认知是个体保持内在一致性的前提，对指导个体行为有导向和激励作用。自我认知使个体意识到自己的独一无二性，人只有意识到自己是谁，确立了自我，才能维持内在一致性，以此引导自己的行动，自觉自律地完成预定目标。

（3）自我认知是改造自身主观因素、进行自我教育的途径，它使个体不断地对自己的行为、活动和态度进行调控，不断地进行自我监督、自我修养和自我完善，使个体行为符合社会规范，避免个体游离于社会之外。

四、自我认知的方法

对自我进行认知和探索，可通过自省、他评、测评工具三种途径实现，相应地自我认知的方法可分为自我评价法、他人评估法和职业测评法。

（一）自我评价法

自我评价法一般是以实践经验为依据，实施过程比较灵活，主观性也比较强。

1. 内省法

心理学研究中，通常要求被试者把自己的心理活动以报告的形式写出来，然后通过分析报告资料得出某种心理学结论，这就是内省法。它是心理学的一种基本研究方法，又称自我观察法。在自我认知中，通过回答"我是谁"内向检视，对自己的精神状态和活动进行观察、描述、分析和反省，进而认识、了解自己。具体操作过程是将"我是……"补充成一句完整的话，并尽可能多地写，原则上不少于七句。

2. 橱窗分析法

橱窗分析法是一种借助直角坐标系中不同象限来表示人的不同部分的分析方法。美国心理学家乔瑟夫·勒夫（Joseph Luft）和哈里·英格拉姆（Harry Ingram）提出了"乔哈里视窗"，他们把对个人的了解比作橱窗。为便于理解，把橱窗放进直角坐标系中，坐标横轴正向表示别人知道的部分，坐标横轴负向表示别人不知道的部分；纵轴正向表示自己知道的部分，负向表示自己不知道的部分。这样就形成了四个橱窗，如图 3-1 所示。

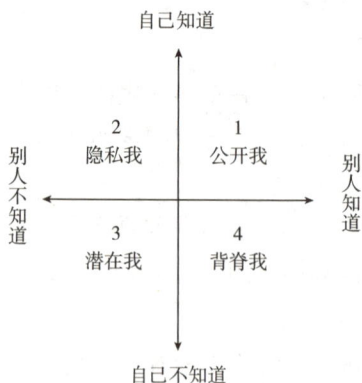

图 3-1　橱窗分析法

橱窗 1 是"公开我"，即自己知道、别人也知道的部分，属于个人展现在外、无所隐藏的部分；橱窗 2 是"隐私我"，即自己知道、别人不知道的部分，属于个人内在的私有秘密部分；橱窗 3 是"潜在我"，即自己不知道、别人也不知道的部分，是有待开发的部分。人的潜能是巨大的，了解"潜在我"是自我认知的重点之一；橱窗 4 是"背脊我"，即自己不知道而别人知道的部分，犹如一个人的背部，自己看不到，别人却看得很清楚。

显然，在进行自我认知与探索的时候，自己不知道的这一部分即橱窗 3 和橱窗 4 是需要重点认知与探索的部分。

（二）他人评估法

他人评估法即通过别人的评价、反映来认识和了解自己的方法。俗话说"当局者迷，旁观者清"，要对自我进行认知和探索，除自我评价外，还需要借助他人对自己的客观评价来了解自己。可通过设计问卷，让家人、教师、朋友、同学及其他社会关系来填写，通过他们的反馈清楚地知道自己的不足、长处与发展定位，提高对自我的认知。当然，对他人的评价需要进行客观地分析，不能全盘接受或全盘否定。

（三）职业测评法

职业测评法主要是通过正式的心理测评工具对自我进行多方面的评价，是一种简便易行的自我认知方式。一般是以相关理论为依据，严格按照固定的程序实施，并对结果进行标准化分析，具有一定的客观性、科学性和准确性。通常包括以下几个方面：

（1）人格测试。常用的人格测试工具有迈尔斯－布里格斯人格类型指标测评（Myers Briggs Type Indicator，MBTI）、卡特尔 16 人格测验（16PF）、艾森克人格问卷、大五人格模型、明尼苏达多项人格测验（Minnesota Multiphasic Personality Inventory，MMPI）和瑟斯顿量表等。

（2）智力测试。目前，比较常用的智力测试工具有斯坦福－比奈智力量表、韦克斯勒智力量表和瑞文推理测验量表等。

（3）职业能力测试。职业能力测试的内容较多，如语言、数学、逻辑推理、分析、机械推理、空间关系、手指协调、创新思维能力等。相应的职业能力测试工具也比较多，如一般能力倾向测验、区分性能力倾向测验、明尼苏达办事员能力测验、托兰斯创造思维测验和明尼苏达集合测验等。

（4）职业兴趣测试。职业兴趣测试常用的工具有霍兰德职业兴趣问卷、斯特朗兴趣量表（Strong Interesting Inventory，SII）、爱丁堡职业倾向问卷、明尼苏达职业兴趣问卷等。

其他的自我认知方法还有生涯人物访谈、分类卡等。这些方法各有特点，在实际应用中往往需要将几种方法结合起来使用，以实现自我认知与探索。通过这些方法，充分了解自己的性格、兴趣、能力和价值观之后，才能根据自己的特点，有针对性地规划职业、选择职业。可以说，自我认知和探索是确定职业生涯规划的前提和首要步骤。

生涯轶事：我不拿

五、自我认知的步骤

作为一名大学生，只有正确地认知自我，才能对自己的职业做出正确的选择，才能选定适合自己的职业生涯路线。职业生涯规划不是追求最好的职业，而是选择最适合自己的职业，学会用优势去工作，未来成功的概率就大，职业体验也就越好。

在做出职业选择之前，要先回答以下几个问题。

（一）我的长处是什么

通常人们更多地了解自己的短处，而不清楚自己的长处。只有了解自己的长处，集中精力发挥优势，才能创造出优异成绩。美国知名行为心理学家罗伯特·安东尼说："将自己的每一条优点都列出来，以赞赏的眼光看看它们。经常看，最好背下来。将注意力集中于自己的优点，在心里树立信心：我是一个有价值、有能力、与众不同的人。"

（二）我做事的方式是什么

一个人做事的方式由性格决定，是个人的特性，在进入职场前就已经形成，虽然无法彻底改变，但可以进行修正完善。生活、环境、实践是改变性格的最好雕塑师。只要有良好的心态，了解自我，对自己不断反省，不断完善，持续进行性格锻炼，就能不断完善自己的工作方式，更好地做自己擅长的事情，不断提高工作成效。

（三）我的价值观是什么

性格模式影响人们做事的方式，价值观决定人们的想法和看法。通过分析自己的职业价值观，弄清楚自己究竟要从工作中获得什么。

（四）我该去哪个行业工作

要想在工作中获得幸福，首先要选对职业。选择到什么行业就业，需要通过对自己兴趣、性格、能力的了解，分析自己的价值观是否与所选择的工作价值观相一致，只有二者相匹配，才能发挥个人优势，实现价值最大化。

（五）我是否胜任这份工作

兴趣是人们认识和从事活动的巨大动力，不同的职业需要不同的兴趣特征。凡是符合自己兴趣和能力的活动，都能提高积极性。要想胜任工作，获得成功，需要注意发现自己的职业兴趣，检测自己的学识水平和职业能力，选择与兴趣、能力相匹配的职业。

六、自我认知与职业生涯规划的关系

职业是个体在社会网络中存在与发展的载体，是个体实现自身价值的重要手段，不仅决定了个体在社会分工中承担的角色和作用，也决定了个体的社会关系和在社会中所处的地位。职业之于人，犹如翅膀之于飞鸟，职业生涯规划则为个体插上飞翔的翅膀，使个体在人生的旅程中逐梦飞翔。

要合理地进行职业生涯规划和职业选择，必须先要充分了解自己。正确地认识自己是通向成功的起点，职业心理学的研究证明：一个面临求职择业的人，只有对自己的性格、兴趣、能力、价值观、心理素质及优缺点等有一个正确的认识和评估，才能从自己的实际出发，最终实现职业理想。

对大学生来说，根据自身特点来规划、选择职业显得尤为重要。自我认知是大学生做好职业生涯规划、实现职业理想的首要前提。如果自我认知出现偏差，就会对职业生涯规划产生消极的影响。步入大学之后，每个学生的出身和成长环境的不同，会造成学生之间的差距。例如，一些学生中学时代教育条件或经济条件较差，他们会觉得自己在很多方面都不如其他同学，学习成绩不如别人，文艺特长比不过别人，甚至在风度、气质等方面都有一些差距，慢慢产生自我认知的失衡。尤其是面临就业时，一些家庭条件较好又有社会资源的学生轻易获得一份工作，而自己过关斩将历经数轮面试却还不一定能拿到录取通知，由此对自己、对社会产生不良的认知。这种认知必然会导致其对职业生涯规划丧失信心，进而影响职业选择与人生理想的实现。

就大学生择业而言，自我认知与探索是大学生从"学生"身份向"工作者"角色顺利转换的前提，是大学生走向工作岗位，实现人生价值的必经步骤和重要环节。所以要想成功地实现自己的择业目标，首先必须进行自我认知与探索。了解自我有很多维度，其中性格、兴趣、能力和价值观是最重要与最为核心的部分。在择业之前，大学生对自己的职业性格、职业兴趣、职业能力、职业价值观等有一个全面的了解和清醒的认识，才能扬长避短，充分调动和挖掘自身各种潜能，减少在求职过程中的盲目和被动，顺利实现就业乃至职业生涯和人生的成功。

如果一个人不能正确地认识自我，看不到自我的优点，觉得处处不如别人，就会产生自卑，丧失信心，做事畏缩不前……相反，如果一个人过高地估计自己，也会骄傲自大、盲目乐观，导致工作的失误。因此，恰当地认知自己能够克服这些不切实际的想法，能够全面地认识自己，在生活中寻找到适合自己的方面。

生涯轶事：1 毫米

🧑‍🏫 课堂活动

我是谁？

1. 请根据自我认知的含义为你自己画像。

2. 你可以选择以下内容进行描述：

你的性格和兴趣分别是什么？

你是基于什么原因选择目前的专业的？

你的理想是什么？

你的专业是你的理想吗？

你会从哪些方面了解你身边的同学？

你如何看待你对周围人的价值？

生涯手册

露一手

小王进入这家公司的时候，一开始是接手公司橱窗板报的工作。这板报可不是剪剪贴贴，从报上剪些画、找些照片贴上去就了事，而是要写毛笔字。幸亏小王一直坚持练习书法，有一定功底，不然这任务真接不了。忙了两天，当小王把板报贴上去的时候，就有同事边看边说："这字写得真好！你写的？"小王说："是"。第一期板报贴出去，得到的反馈就是"公司新来的小伙子写得一手好字"，虽然许多人还不知道小王的名字，但大部分同事都通过板报而互相打听，知道了小王这个人。

启示：如果你有什么特长，找个机会露一手，同事们马上就对你印象深刻或刮目相看。

第二节 大学生职业性格

引导案例

选择

小石毕业于物流专业。他性格外向，喜欢和人打交道，和朋友聚会、聊天是他的最大乐趣；喜欢关注细节，考虑问题周到；喜欢友好、人际冲突小的工作环境，希望自己的工作能够给别人带来帮助。班上的同学有什么问题，基本上都是他帮忙解决，同学们也愿意让他帮忙。小石刚毕业时应聘的是物流岗位，主要负责公司产品的物流售后工作，偏重计算机制作表格方面。对于这份工作内容他还是比较喜欢的，和他大学期间学到的专业知识相关，在面对一些棘手的问题也能较好地解决，公司对他很满意。

案例思考

小石刚开始工作，就能够做得得心应手，得到用人单位的好评，是什么原因让他刚入职场就能有这样好的表现呢？

案例启示

小石选择物流岗位和他在校学习的专业匹配度高，所学的知识对他的职业岗位支撑作用大；小石的性格外向，善于交往，乐于助人，这种性格符合物流管理工作的特点；在工作过程中，他表现出了很强的学习能力，经过不断的经验积累，会发展得越来越好。

一、性格与职业

性格也可称为个性，是人与人区别的典型特点，是一个人主要的、稳定而长久的个性特征。就像世界上没有两片完全相同的雪花，世界上也没有两个性格完全相同的人，无论是现实生活中、影视作品中，抑或是作家书中所塑造的角色，每个人都性格各异。

性格也称为人格特质，是一个人在生活中对人、对事、对自己、对外在环境所表现出来的一致性反应方式。近年来，用人单位在选人时出现一种新理念——性格比能力重要，其原因是：如一个人能力不足，可以通过培训提高；但一个人的性格与职业不匹配，改变起来就困难多了。因此，在选择职业时，应根据自己的性格，选择适合个人性格特点的职业和工作，才有可能取得职业的成功。

生涯轶事：
你开错了窗户

二、性格的特征

性格反映了一个人的独特性，其具有以下特征。

（一）性格的态度特征

人对现实的态度是性格最重要的组成部分。性格的现实态度特征主要是指一个人看待和处理各种社会关系的性格特征，主要包括对待自己的态度，如自尊或自卑、谦虚或骄傲、自律或放任等；对待他人和社会的态度，如正直或虚伪、尊重或轻蔑、公正无利或唯利是图、诚心诚意或三心二意、热爱集体或愤世嫉俗、热情或冷漠等；对待学习和工作的态度，如勤劳或无所事事、认真负责或马虎、创新或墨守成规等。性格的态度特征与每个人的日常生活息息相关，它直接决定了一个人对自己人生的选择。

（二）性格的理智特征

性格的理智特征主要是指人们在认知事物的过程中表现出来的心理特征。

1. 感知方面

有的人在观察客观事物的时候非常专注，不易受外界刺激物的干扰，能高效地完成观察，属于主动观察型；有的人则非常容易受外界刺激物的干扰，一点风吹草动都可能让其无法专心致志，属于被动观察型；有的人在观察时喜欢把所观察和感知到的都一一罗列出来，属于罗列型；有的人则会对观察的客观事物进行一个整体的概括性描述，属于概括型。

2. 记忆方面

有的人是在不经意间记忆的，属于主动记忆型；有的人则需要刻意记忆，属于被动记忆型；有的人擅长记忆直观形象的内容，属于直观形象记忆型；有的人则更擅长记忆抽象的内容，属于逻辑思维记忆型。

3. 想象方面

有的人想象天马行空，有的人想象更加贴合实际；有的人在想象时敢于大胆创新，而有的人在想象时比较保守。此外，每个人想象的深度与广度也有区别。

4. 思维方面

有的人喜欢独立思考，属于独立型；有的人只想抄袭别人的思考结果，属于依赖型；有的人喜欢分析问题的原因，属于分析型；有的人喜欢综合考虑多方面的事情，属于综合型。

（三）性格的情绪特征

性格的情绪特征表现在以下四个方面。

1. 情绪强度

情绪强度是指情绪对一个人行为活动的感染程度和情绪受意志的控制程度。有的人情绪高涨，精力旺盛，富于激情；而有的人情绪体验比较微弱，如安宁、冷漠等。

2. 情绪持久性

有的人遇到一件事情，虽然当时有情绪，但事后很快恢复平静；有的人情绪则能持续很久。例如，遇到一件开心的事情，有的人只是事情发生的时候开心，而有的人会开心很长一段时间。

3. 情绪稳定性

有的人成功或失败时，情绪都比较平静，无太大波澜，保持平常心；有的人有一点成功就沾沾自喜，有一点失败则闷闷不乐、垂头丧气。

4. 主导心境

有的人经常欢乐愉快，有的人经常抑郁低沉，有的人经常心情平静，有的人却经常不安和躁动。

（四）性格的意志特征

意志是指一个人决定达到某种目的而产生的心理状态，常以语言或行动表现出来。意志可以促进强化或抑制削弱人的独立性、自律性、自主性、主动性、毅力等。每个人的意志有强有弱、有好有坏，通常从做一件事情的自觉程度上就可以体现出来。独立自主、有理想、有目标、有计划、果断、自信、勇敢、自律、毅力强等都是优秀意志的表现，而优柔寡断、无组织、无计划、学习工作不思进取、行为举止简单粗暴、控制不住自己的情绪等都是不良意志的表现。

三、性格的分类

将性格按照一定的原则和标准加以分类，有助于人们更好地了解自己的性格类型，进而把握性格的主要特点和实质，探索性格与职业的关系。

（一）按照心理机能优势分类

英国的培因和法国的李波特根据情绪、理智、意志三种心理机能在一个人的性格结构中所占优势的不同，将人的性格划分为情绪型、理智型、意志型三种。

1. 情绪型

情绪型人外部表露明显，情绪波动大，处事较任性，行为常被情绪所控制和支配。

2. 理智型

理智型人通常有自己理智的思考，从不鲁莽行事，以理智思维控制自己的行为。

3. 意志型

意志型人有目标、有计划，并会为之努力，做事积极主动，自律是其典型特征。

（二）按照心理活动指向性分类

瑞士心理学家荣格将性格分为外倾型和内倾型。外倾型性格的人喜欢社交，乐观开朗、活泼好动、社会适应能力强，喜欢与他人交流；内倾型性格的人不喜欢主动与他人交流，更喜欢独自一人，小心谨慎、深思熟虑后才会做决定，交际圈小、社会适应能力弱，思想和情绪不易外露。这两种性格类型的人从做事风格就能看出明显的区别。

（三）按照个体独立性程度分类

美国心理学家威特金等人将性格分为顺从型和独立型。顺从型性格的人喜欢顺其自然，对上级言听计从，喜欢随波逐流，不喜欢打破常规；独立型性格的人自尊、自信、自立、自强，喜欢独立思考、自主决策。

（四）按照人的社会生活方式分类

德国心理学家斯普兰格将性格分为理论型、经济型、审美型、社会型、权力型、宗教型六种。

（1）理论型性格的人以追求真理为目的，从理论的角度出发看待问题、观察事物，尝试找到事物之间的理论联系从而评价事物的价值。这种性格类型的人不擅长解决生活中的实际问题。

（2）经济型性格的人总是从经济的角度出发看待问题、观察事物，以获取财产为目的，将所有事物赋予经济价值，属于功利主义者。

（3）审美型性格的人以追求美为人生的最高境界，对美有独特的看法，注重自我完善和自我欣赏，但是对实际生活不大关心。

（4）社会型性格的人注重自己的社会价值，有强烈的献身精神，致力于提高社会和他人的福利。

（5）权力型性格的人以追求权力为最高目标，认为拥有了权力就拥有了一切，喜欢支配他人，但不愿意被人支配。

（6）宗教型性格的人信仰宗教神学，相信上帝的存在，宽容大度，以慈悲为怀，如教堂的神父。

四、性格分析

（一）活动一：生命历程的回顾

你之所以成为今天的你，和你的成长经历，对人与事的看法息息相关。因此，请你花些时间仔细回顾自己的成长历程。在每个成长阶段，有哪些人或事对你而言是非常重要的？他们给你带来什么样的影响？请至少列举出三个事件（包括成功或失败的经历），分别简述有关的人、事、时、地、物，并说明这些事件对你个人的意义和影响。

事件 1：＿＿＿＿＿＿＿＿＿＿＿＿＿＿＿＿＿＿＿＿＿＿＿＿＿

事件 2：＿＿＿＿＿＿＿＿＿＿＿＿＿＿＿＿＿＿＿＿＿＿＿＿＿

事件 3：＿＿＿＿＿＿＿＿＿＿＿＿＿＿＿＿＿＿＿＿＿＿＿＿＿

（二）活动二：MBTI 职业性格测试

迈尔斯－布里格斯类型指标（MBTI）。MBTI 是一种迫选型、自我报告式的性格评估工具，用以衡量和描述人们在获取信息、作出决策、对待生活等方面的心理活动规律和性格类型。该测评工具用途非常广泛，目前被用于自我探索、职业发展、人才测评、团队建设、管理培训、婚姻咨询、教育咨询及多元化培训中。

MBTI 根据四组维度八个向度将人的性格分为 16 种类型。这四类偏好向度分别是"外向—内向""感官—直观""思考—感觉"和"判断—觉察"。

1. 外向—内向（E/I）

外向型（E）人的特点：善于表达，常常听、说、想同时进行，朋友圈大，对事能主动参与；但在独自工作时常常感到有压力；内向型（I）人的特点：通常对意见有所保留，情绪和想法不轻易流露，先听后想再说，有固定的朋友，但在需要即时完成的任务与命令时会感到有压力。

2. 感官—直观（S/N）

感官型（S）人的特点：对事物有明确判断，注重现实，对待工作基于事实与经验，但在关注过于复杂的事物时会感到有压力；直观型（N）人的特点：注重灵感和推理，喜欢新奇事物，崇尚想象力和新事物，喜欢学习新技能但掌握之后容易厌倦，在按部就班做事时有压力。

3. 思考—感觉（T/F）

思考型（T）人的特点：对事物客观公正，不感情用事，注重理性分析，但一般缺乏开拓新局面的魄力；感觉型（F）人的特点：易于动感情，喜欢被表扬，善解人意，但在对人对事时感情色彩较浓。

4. 判断—觉察（J/P）

判断型（J）人的特点：做事有计划、有条理，能快速作出判断与决定，但作出行动较慢；觉察型（P）人的特点：喜欢适应新环境，做事注重过程并易于获得满足，组织协调能力不足。

这四个维度的类型综合起来，即形成了自己的人格特征，如 ESTP 型、ISTP 型、INFP 型等。

MBTI 性格对照表见表 3-1。

表 3-1 MBTI 性格对照表

外向（E）	独处很难，喜欢交朋友； 喜欢组织和参加各种集体活动； 喜欢提出问题，能边说边思考； 先行动再说	内向（I）	喜欢独处，喜欢安静，喜欢阅读书籍； 有些事情已经明白了，但只能说出三分； 沉浸于自我内心世界； 三思而后行，有时候想清楚了也不做
感官（S）	品尝食物； 注意交通标志的转变； 记得一场演讲的内容； 按部就班做计划	直观（N）	突发奇想（做事情的新方法）； 思考目前行动对未来的启示； 思考人们所言所行的深刻意义； 观看大幅的图片
思考（T）	仔细研究一项产品，购买同类型中最好的； 做对的事情，无论是否喜欢； 选择不买已经有的类似东西； 遵循指导原则来完成任务	感觉（F）	只因为喜欢就决定购买某种东西； 压抑冲动，不告诉某人一些令他难过的事； 只因为不喜欢工作环境就决定不接受某项工作； 决定搬到距离计自己开心的人较近的地方
判断（J）	富有计划性、程序性、有条理； 到点就睡； 希望职责明确，期望清晰的工作角色和任务； 对变化及模糊不清的东西感到不自在，急于了断，往往只能做好一件事情	觉察（P）	往往最后几天加班加点，遵守时间困难； 累了困了就睡，随意； 对于条条框框、琐碎及需要做出结论的事情感到不耐烦； 喜欢发掘和寻找新的信息，乐意接受变化，可以同时面对几件事情，不急于了断

对照自己的行为，看看符合其中的哪几条。处在同一横排的只能选择其一，如外向和内向只能选择是内向或者外向，而不能两者都选，把所选择的字母写下来，这样就会获得性格类型的四个字母，把这四个字母按顺序写在你的职业生涯规划档案 MBTI 偏好类型一项中。

除这张表格外，还可以通过正式的职业测评来帮助自己更加清楚地了解性格类型。当然，更客观、更有效的方式是通过日常的行为和处理具体事情的方式来判断。

（三）活动三：十六种人格类型命名及生命主题

如果已经在一定程度上了解了自己的性格，接下来分析这样的性格适合什么类型的工作。美国著名心理学家大卫·凯尔西（David Keirsey）将十六种人格类型加以归纳命名，并分别标定该类型的生命主题（表 3-2）。例如，"守护者"致力于寻求安全稳定，"技艺者"致力于寻求感官刺激，"理论者"致力于寻求理性知识，"理想家"则致力于寻求自我认定。

表3-2 十六种人格类型命名及生命主题

守护者（SJ）		技艺者（SP）		理论者（NT）		理想家（NF）	
寻求安全稳定		寻求感官刺激		寻求理性知识		寻求自我认定	
ESTJ	督导者	ESTP	促进者	ENTJ	指挥官	ENFJ	教师
ISTJ	视察者	ISTP	工艺者	INTJ	策划者	INFJ	经商师
ESFJ	提供者	ESFP	表演者	ENTP	发明家	ENFP	得胜者
ISFJ	保护者	ISFP	创作者	INTP	建筑师	INFP	治疗师

将十六种人格类型与职业相联系，发现它们在职业上表现出来的特征，又有许多的相似性，如SJ型常被喻为管家或监护人，请对照下面的描述看看是否符合自己的性格。

1. 守护者（SJ）——忠诚的监护人

"守护者"有很强的责任心与事业心，忠诚，按时完成任务，关注细节，推崇安全、礼仪、规则和服从，被一种服务于社会需要的强烈动机所驱使；坚定、尊重权威和等级制度，持保守的价值观；充当着保护者、管理员、稳压器、监护人的角色。该类型的人大约有50%为政府部门及军事部门的职务所吸引，并且获得了卓越成就。

2. 技艺者（SP）——天才的艺术家

"技艺者"有冒险精神，反应灵敏，在任何要求技巧性强的领域中游刃有余，常常被认为是喜欢活在危险边缘寻找刺激的人。为行动、冲动和享受现在而活着。该类型的人约有60%喜欢艺术、娱乐、体育和文学，多数人常被称赞为天才的艺术家，如麦当娜、莫扎特、周润发、刘德华等。

3. 理论者（NT）——科学家、思想家的摇篮

"理论者"天生有好奇心，喜欢梦想，有独创性、创造力、洞察力，有兴趣获得新知识，有极强的分析问题、解决问题的能力，能产出高质量的新观点，是独立的、理性的、有能力的人。人们称NT是思想家、科学家的摇篮。大多数该类型的人喜欢物理、研究、管理、计算机、法律、金融、工程等理论性和技术性强的工作。如达尔文、牛顿、爱迪生、瓦特等这些发明家、科学家大多是这种特点的人。

4. 理想家（NF）——理想主义者、精神领袖

"理想家"的人在精神上有极强的哲理性，善于言辩、充满活力、有感染力、能影响他人的价值观并鼓舞其激情；能帮助他人成长和进步，具有煽动性，被称为传播者和催化剂。约有一半NF型的人在教育、文学、宗教、咨询及心理学、文学、美术和音乐等行业显示着他们的非凡成就。

据研究证明大部分人在二十岁以后会形成稳定的MBTI类型，此后基本固定。当然，MBTI的类型会随着年龄的增加、经验的丰富而发展完善。

根据 MBTI 理论，每种个性类型均有相应的优点和缺点、适合的工作环境、适合的岗位特质。使用 MBTI 进行职业生涯开发的关键在于如何将个人的人格特点与职业特点进行结合。

🧑‍🏫 **课堂活动**

观点采摘：我就是我

我是个奇怪的人。有时充满了知识分子追求学问的热情，一心精进所学，期望能为社会所用；有时却懒散得只想学习陶渊明隐遁于终南山，不见世人、不闻世事、不思世理。

想效渊明之志的可不只是少数人而已，但真正能归隐山林的却没有几个人。所以，人都是奇怪的吧！想做真正的自己，却又无法抛开现有的舒适、安逸、成就与社会期待。

还是，这些心理需求之间原本就充满了冲突和矛盾？满足口腹之欲后，既想要安全稳定的生活，也想要追求理性知识，更想要寻求自我实现，这些"想要"并不尽然能在目前的生活中满意地获得。在这些"想要"之间如何取舍，也是一门人生的功课。

不同时期的我，会有不同的"想要"，导向不同的生涯选择。因此，这时期的"生命主题"想必也不同于下一个阶段的"生命主题"吧！

于是，赫尔曼·黑塞提醒我们：

不必问我："我的处世态度对不对？"这类问题没有答案，每一种态度都对。因为它们是整个人生的一部分。你应该自问："我是我，我的问题和需要与他人不同，我应当如何安排此生？如何善用此生？"如果你真能确切自省，你的答案当是："既然我是我，我不必羡慕，也不必轻视别人，我不必担心我的存在是否'正确'，我应当把自己的良知和需要当作身体、姓氏、籍贯一样加以接受，因为良知和需要也都是我生命中无法避免的一部分，即使全世界的人都反对，我也必须承认那就是我。"

但求尽其在我、无愧于心，过于挂虑得失好坏反而无法充分表现或发挥自己。

生涯轶事：
终于飞起来的鹰

五、性格的自我评定

正确评估自己应从评定性格开始，了解自己的性格特征至关重要。现在较流行、较科学、操作较方便的是性格自我测验。下面介绍由心理学家在无数个案例和广泛调查研究的基础上总结设计出的性格自测试卷，以便正确、合理地评定自己的性格。

(一) 性格测试一

下面的问题可以帮助你判断自己的性格属于感情型、敏感型、思考型、想象型中的哪一类型。每个问题都有四个选项，最符合你的情况的选项计 4 分，其次为 3 分，再次为 2 分，最不符合的选项计 1 分。

1. 我给别人留下的深刻印象可能是（　　）。

　A. 经验丰富　　　　　　　　B. 热情

　C. 有教养　　　　　　　　　D. 知识丰富

2. 当我按计划工作时，我希望这个计划能（　　）。

　A. 取得预期效果，不要浪费时间和精力

　B. 有趣，并能和有关人员一起进行

　C. 计划性强

　D. 能产生有价值的新成果

3. 我的时间很宝贵，所以总是首先确定要做的事情（　　）。

　A. 有无价值　　　　　　　　B. 能否使别人产生兴趣

　C. 是否安排妥当，按计划进行　D. 是否考虑好了下一步计划

4. 对我来说，最满意的情况是（　　）。

　A. 比原计划做得多　　　　　B. 对别人有帮助

　C. 通过思考解决了一个问题　D. 把一个想法和另一个想法联系起来

5. 我喜欢别人把我看成一个（　　）。

　A. 能完成工作任务的人　　　B. 充满热情和活力的人

　C. 办事胸有成竹的人　　　　D. 有远见卓识的人

6. 当别人对我无礼时，我往往（　　）。

　A. 立即表现出不快　　　　　B. 心情不快，但能很快消除

　C. 谴责对方　　　　　　　　D. 原谅对方

【计分方法】

把六个问题中 A、B、C、D 四项的分数分别相加，得出四个总分数。分数最高的一项，就是你性格的基本类型，即 A 为敏感型，B 为感情型，C 为思考型，D 为想象型。

【性格评定】

第一种：敏感型。这类性格的人能够迅速对发生的事情做出反应，富有激情，敏捷迅速，办事速战速决，但是行为常有盲目性。他们喜欢将自己的全部热情拿出来与人交往，但受挫折时容易消沉、失望，一遇到困难就容易自我否定。这类性格的人最多，约占40%，在运动员、行政公务员和各种职业中均有。

第二种：感情型。这类性格的人感情丰富，热情洋溢，追求刺激，容易感情用事，内心藏不住事，把所有情绪都写在脸上，乐于把自己的事情分享给他人，希望他人能对自己的事情感同身受。他们喜欢尝试新鲜事物，不喜欢单调的生活，希望生活有滋有味。但是在与他人交往过程中，这类性格的人易感情用事，行为冲动，傲慢无礼，有时易反复无常。这类性格的人占25%，在演员、活动家和护理人员中较多。

第三种：思考型。这类性格的人做任何事情都是自己思考和分析结果的，具有很强的逻辑思维能力，有较成熟的观点，注重事实和可行性，不会轻易改变自己的决定。他们的生活工作有理有序，有较强的时间观念，整洁，重视调查研究的精确性。但他们有时不

擅长变通，墨守成规，思想教条化，纠结细节，缺乏必要的灵活性。这类性格的人大约占25%，在工程师、教师、财务人员和数据处理人员中较多。

第四种：想象型。这类性格的人具有极强的想象力，对未来满怀憧憬。他们在生活中不太注重细节，有自己的想法，通常对那些不能立即了解他们想法的人表现出不耐烦。在与人交往的过程中，这类性格的人特立独行，不易合群，难以相处。这类性格的人不多，约占10%，在艺术家、科学家、研究人员、发明家、作家中较多。

(二)性格测试二

下面的50个问题，符合自己情况的写A，不符合的写B，模棱两可的写C。

1. 对社会上发生的事情很关心。

2. 经常向朋友借出、借入东西。

3. 喜欢兴奋而紧张的劳动。

4. 喜欢别出心裁地做些别人未做或不愿意做的事情。

5. 能立即适应新环境。

6. 与其事先考虑能否成功，倒不如先试试。

7. 我认为人的幸福应自然流露出来，应不拘小节。

8. 我盼望生活有变动，不要一潭死水。

9. 我宁愿把问题挑明，也不愿意一个人生闷气。

10. 我尽量注意不伤害别人的感情。

11. 在大庭广众下工作显得更富生气。

12. 能与观点不同的人和睦相处。

13. 可以马上领会新工作的要领。

14. 一旦知道行不通，立刻改变主意。

15. 遇到高兴的事，我总是很爱笑。

16. 对实际生活无用的知识不感兴趣。

17. 发生事故不惊慌，能想办法摆脱困境。

18. 看到别人做错事，马上提醒他。

19. 认为处世要先发制人。

20. 有许多要做的事情，不知从何处下手。

21. 任何需要交谈的活动都愿意参加。

22. 喜欢研究别人而不喜欢研究自己。

23. 走路、穿衣、说话，我不喜欢磨磨蹭蹭的。

24. 不愿别人提示，而自己思考。

25. 别人说三道四，我并不介意。

26. 对别人十分信任。

27. 做事粗糙。

28. 我交的朋友很广泛，各种各样的都有。

29. 愿意帮助别人。

30. 今日事情今日做，能做的事情，用不着左思右想的马上做。

31. 不愿意回想自己的过去。

32. 人生应当充满冒险，这是很有意思的。

33. 不论理由如何，我认为自杀的人都是很傻的。

34. 听到别人的意见就很快改变自己的看法。

35. 不怕失败。

36. 我不经常分析自己的思想和动机。

37. 常常与别人商量。

38. 过十字路口时，红灯亮却没来车时就穿过去。

39. 听别人说话，脑子里会不断涌出新主意。

40. 与朋友聊天时不顾及别人在场。

41. 心里有事，藏不住。

42. 不管谁和我讲话，我都坦荡自如。

43. 只要是我信服的人，我愿意听从其调遣。

44. 有什么想法，常愿意告诉别人。

45. 写信不打草稿。

46. 很受孩子们的欢迎。

47. 空闲时不知如何打发时间。

48. 我爱读书，但不求甚解。

49. 对什么问题都喜欢发表议论。

50. 我喜欢体育活动，也爱看电视上的体育节目。

【计分方法】

写A计2分，写B计0分，写C计1分，最后相加即可得出总分。

【性格评定】

根据目前世界上广泛应用的、由瑞士著名心理学家荣格提出的性格倾向说，把性格分为外倾型和内倾型两大类。总分在70分以上的属于外倾型，41～69分的属于平衡型（性格的倾向不明显），40分以下的属于"非外倾型"，即内倾型。

外倾型性格的人，擅于交际，对新鲜事物感兴趣，乐观开朗、活泼，喜欢与他人交流，爱自由，做事速战速决，不拘小节，具有独立性、自主性、灵活性、活动性、开放性强的特点。在学习和工作上，他们注重自身兴趣和情感，但常常缺乏计划性和坚持性。

内倾型性格的人更多地关注自己的内心世界，常常沉浸在自我幻想中，在日常生活中往往表现为不自信、安静少言、处世谨慎，做事有计划、有规律，但随机应变能力较差，不擅长交际。在学习和工作上，即使有好的想法也不愿意表达出来，容易产生自卑感，封闭自己，爱拘泥于一些小事。

这两类性格还可具体分为十种，即社交型、感情型、行动型、思考型、过于自信型、孤独型、丧失自信型、不安型、乐天型、冷静型。

生涯轶事：
"拔"苗助长

🧑‍🏫 课堂活动

性格与职业匹配度测试

1. 活动说明

举起自己的两只手，掌心相向，使双手互相交叉；看看自己是左手的大拇指压着右手的大拇指，还是右手的大拇指压住左手的大拇指。

2. 讨论与分享

体会两种握法，感觉有什么不同？请说出你的感受。

你可能会发现，自己很自然地就把一个大拇指压在另外一个大拇指上了，这是自己天生的一个方面，是很自然的一个动作，甚至从来没有练习过，但当反过来操作的时候，就会发现，有些不自然。事实上人自从生下来就有一些自己感觉非常适应、顺手的事情，做这些事情的时候，你会感到得心应手；同时也有自己不擅长的一面，做这些事情的时候，会感到别扭和不习惯。性格中有很多方面具有先天性，具有遗传和生理的因素，必然存在一定性格的人适合一定的工作领域。因此，性格和职业匹配得当，就可以在社会中找到最佳的位置，最大限度地发挥自己的聪明才智，实现个人价值。

📖 导师点拨

人的性格千差万别，或热情外向，或羞怯内向，或沉着冷静，或火爆急躁。职业心理学的研究表明，不同的职业有着不同的性格要求。虽然每个人的性格不能百分之百地适合某个职业，但却可以根据自己的职业倾向来培养和发展相应的职业性格。因此，根据性格选择自己的职业，对一个人的一生有着至关重要的影响。

第三节　大学生职业兴趣

🧑‍🏫 引导案例

名人观点

华裔美国科学家、诺贝尔奖得主丁肇中谈及自己的治学观点时曾说："兴趣比天才更重要。"爱因斯坦也曾说过："兴趣是最好的老师。"研究资料表明，如果一个人对某一工作有兴趣，就能发挥他全部才能的 80% ～ 90%，并且能长时间地保持高效率而不感到疲劳；相反，如果一个人对某一工作不感兴趣，则在这方面只能发挥全部才能的 20% ～ 30%，还容易感到疲劳、厌倦。广泛的兴趣可以使人善于应付多变的环境，即使变换工作性质，也能很快熟悉和适应新的工作。

📖 案例思考

如果只对技术感兴趣，还没有到热爱的程度，是否会影响职业的选择？

📖 案例启示

职业生涯选择是需要考虑多方面的，如技能、价值观、外界条件等，但是长远的职业发展的基石却是兴趣，因为兴趣是动力之源。因为喜欢，就会热衷于这件事，即使备尝辛苦，也能克服。

一、兴趣概述

(一) 什么是兴趣

兴趣是个体积极探索某种事物的认识倾向，是引起和维持注意的一个重要的内部因素。当个体对环境中的某人、某事、某物感兴趣时，会对其产生特别的注意力，并调动感知、记忆、思维、情感、意志等心理活动。兴趣与需要有密切的关系，往往是在需要的基础上产生的，是对需要的一种情绪表现。个体只有对某种客观事物或精神生活产生需要以后，才会对这一事物或生活产生兴趣，一般来说，兴趣正是基于需要而产生的，需要的对象构成兴趣的对象。

(二) 兴趣的产生过程和发展阶段

心理学的研究表明，人的兴趣的产生和发展一般要经历这样一个逐步深化的过程，即有趣—乐趣—志趣。通常把它称之为"兴趣链"。

有趣是兴趣的初级阶段，是一种被新奇的事物所吸引而格外注意，由此发生的直接兴趣。当新奇感消失时，兴趣也会自然消退。这一阶段，兴趣的特点是随生随灭，为时短暂，非常不稳定，属于兴趣发展的低级水平。

若对感到有趣的事物有了定向地、更深入地了解和认识，就会产生参与意识，这时便会形成乐趣，这是兴趣的第二阶段。这一阶段，个体表现出对某种事物的追求和迷恋，又被人们称作爱好。它的特点是基本定向，专一深入，持续时间较长，属于兴趣发展的中级水平。

当乐趣与社会责任感、理想信念、奋斗目标相结合时，就会转化为一种志趣，这是兴趣的第三阶段。在这一阶段，兴趣表现出社会性、自觉性和方向性的特性来，这也是个体取得成功的根本动力所在。其特点是积极自觉，持续时间长，甚至可能终身不变，属于兴趣发展的高级水平。

关于兴趣发展的阶段，还有一种四阶段模型理论，该理论将兴趣的发展分为四个主要阶段：激发的情境兴趣，维持的情境兴趣，最初的个体兴趣和稳定的个体兴趣。

（三）兴趣的分类

根据兴趣与需要的关系，可把兴趣分为物质兴趣和精神兴趣。物质兴趣主要指人们对舒适、美好的物质生活的兴趣和追求，如对吃、穿、住、行的兴趣；精神兴趣主要指人们对精神生活的兴趣和追求，如对文化、艺术等的兴趣。对物质的过分追求容易使人腐化，对不健康兴趣的追求容易使人堕落，因此对大学生尤其是刚入校的新生来说，无论物质兴趣和精神兴趣都需要进行积极的引导和有意识的掌控，以防止在物质兴趣方面出现畸形发展，在精神兴趣方面产生消极追求。

根据兴趣产生的方式，可分为直接兴趣和间接兴趣。直接兴趣是指对事物或活动过程本身的兴趣。例如，有的大学生富于创造性，喜欢制作各种模型，对制作过程会表现出浓厚的兴趣。间接兴趣主要指对活动结果的兴趣，而不是对活动本身的兴趣。例如，有的大学生对体育活动不感兴趣，但是当意识到通过参加体育活动可以增强体质、提高学习效率时，可能会积极参加各项体育活动，这时他感兴趣的不是体育活动本身，而是由此产生的健康体魄和高效率的学习状态。直接兴趣和间接兴趣是相互联系、相互促进的关系。

另外，根据兴趣的社会价值可分为高尚兴趣和低级兴趣；根据兴趣持续时间可分为稳定兴趣与暂时兴趣；根据兴趣效能可分为积极兴趣和消极兴趣等。

生涯轶事：
食人族上班

二、兴趣与职业生涯规划

（一）职业兴趣

职业兴趣是指人们对即将从事或正在从事的职业活动的持久而稳定的心理倾向，是兴趣在职业方面的表现，它使个人对某种职业给予优先的注意，并具有向往的情感。职业兴趣不同于日常生活中的兴趣爱好，它们所指的对象不同，兴趣的对象指向某种事物，职业兴趣的对象则指向某一职业。

一个人如果对某种职业感兴趣，他在学习和工作中就能全神贯注，积极热情，甚至富有创造性地完成工作。即使困难重重也决不灰心丧气，能想尽办法，百折不挠地去战胜困难。爱迪生就是一个很好的例子，他几乎每天都在实验室里辛苦工作十几个小时，在那里吃饭、睡觉，但他丝毫不以为苦，"我一生中从未做过一天工作。"他宣称，"我每天其乐无穷。"

兴趣对人生事业的发展至关重要，所以，兴趣自然是职业选择应考虑的重要因素之一。表3-3是《加拿大职业分类词典》中各种职业兴趣类型的特点与相应的职业。

表3-3 《加拿大职业分类词典》中各种职业兴趣类型的特点与相应的职业

类型	特点	相应的职业
1	愿与事物打交道，喜欢接触工具、器具或数字，而不喜欢与人打交道	制图员、修理工、裁缝、木匠、建筑工、出纳员、记账员、会计、勘测、工程技术、机器制造等
2	愿与人打交道，喜欢与人交往，对销售、采访、传递信息一类的活动感兴趣	记者、推销员、营业员、服务员、教师、行政管理人员、外交联络等
3	愿与文字符号打交道，喜欢常规的、有规律的活动，习惯在预先安排好的程序下工作，愿干有规律的工作	邮件分类员、办公室职员、图书馆管理员、档案整理员、打字员、统计员等
4	愿与大自然打交道，喜欢地理地质类的活动	地质勘探人员、钻井工、矿工等
5	愿从事农业、生物、化学类工作，喜欢种养、化工方面的试验性活动	农业技术员、饲养员、水文员、化验员、制药工、菜农等
6	愿从事社会福利类的工作，喜欢帮助别人解决困难，这类人乐意帮助人，他们试图改善他人的状况，帮助他人排忧解难，喜欢从事社会福利和助人的工作	咨询人员、科技推广人员、教师、医生、护士等
7	愿做组织和管理工作，喜欢掌管一些事情，以发挥重要作用，希望受到众人尊敬和获得声望，愿做领导和组织工作	组织领导管理者，如行政人员、企业管理干部、学校领导和辅导员等
8	愿研究人的行为和心理，喜欢谈涉及人的主题，对人的行为举止和心理状态感兴趣	心理学、政治学、人类学、人事管理、思想政治教育研究工作以及教育、行为管理工作、社会科学工作者、作家等
9	愿从事科学技术事业，喜欢通过逻辑推理、理论分析、独立思考或实验发现和解决问题的、推理的、测试的活动，善于理论分析，喜欢独立地解决问题，也喜欢通过实验有所新发现	生物、化学、工程学、物理学、自然科学工作者，工程技术人员等
10	愿从事有想象力和创造力的工作。喜欢创造新的式样和概念，大都喜欢独立的工作，对自己的学识和才能颇为自信。乐于解决抽象的问题，而且急于了解周围的世界	社会调查、经济分析、各类科学研究工作，化验、新产品开发，以及演员、画家、创作或设计人员等
11	愿做操作机器的技术工作，喜欢通过一定的技术进行活动。对运用一定技术，操作各种机械，制造新产品或完成其他任务感兴趣，喜欢使用工具，特别是大型的、马力强的先进机器，喜欢具体的东西	制造、飞行员、驾驶员、机械等
12	愿从事具体的工作，喜欢制作看得见、摸得着的产品，并从中得到乐趣，希望很快看到自己的劳动成果，并从完成的产品中得到满足	室内装饰、园林、美容、理发、手工制作、机械维修、厨师等

实际上，一种兴趣类型可以对应多种职业。每个职业往往同时具有其中几种类型的特点，假如你要成为一名护士，那你就应有愿与人打交道（类型2）、愿热心助人（类型6）、愿做具体工作（类型12）这三个兴趣类型的特点；如果你对其中的某一方面缺乏兴趣，那就应努力培养和发展这方面的兴趣以适应护士职业的要求；否则，还是选择更适合你兴趣类型的职业为好。

（二）兴趣在职业选择中的作用

著名科学家杨振宁曾说："一个人要出成果，原因之一就要顺乎自己的兴趣，然后再结合社会的需要来发展自己的特长。有了兴趣，'苦'就不是苦，而是乐。到了这个境地，工作就容易出成果了。"个体一旦有了职业兴趣，就会热爱自己的工作岗位，坚定执着地追求自己的职业生涯目标。在职业的选择过程中，兴趣的影响主要表现在三个方面：一是判断自己能否对某一职业产生兴趣；二是预测自己能否在职业活动中挖掘出个体潜力；三是判断自己是否会对某一职业环境和职业角色有更好地适应。具体来说，兴趣在职业选择中的作用主要表现在以下几个方面：

（1）兴趣是职业选择的重要依据之一。在职业选择中，兴趣体现为争取得到某种职业的意向。俗话说"兴趣是最好的老师"，职业兴趣可以使人集中精力去获得所喜欢的职业知识，启迪智慧并创造性地开展工作。例如，英国著名人类学家古道尔从小喜欢生物，对黑猩猩的强烈兴趣，使她不畏艰险，只身进入热带森林与黑猩猩一起"生活"了10年之久，并获得了极宝贵的第一手资料，为揭开黑猩猩的秘密作出了贡献。这就是兴趣的作用所在。

（2）兴趣可以挖掘个体潜能，从而提高工作效率。如果一个人对某事物感兴趣，即使这件事物在别人眼里枯燥无比，他也能从中发掘出无穷的乐趣来，并激发对该事物的求知欲与探索热情。研究发现：一个人对某项工作感兴趣时，就能发挥出全部才能的80%～90%，在工作过程中也会具有主动性和创造性，不仅能使工作效率得到极大提高，而且能长时间处于不疲倦的状态。相反，当从事自己不感兴趣的工作时，只能发挥人全部才能的20%～30%，在工作时表现为被动、效率低、容易疲劳。

（3）兴趣可以增强人的职业适应性，保证个人职业稳定性与工作满意度。兴趣是保证职业稳定、职场成功的重要因素。从事自己感兴趣的工作，容易使个体产生积极、愉快的情绪体验，由此导致工作满意度的提高，使工作的长期性和稳定性得到保障。有人曾对美国成功人士进行了一次调查，结果表明：他们之中94%以上的人都从事着自己喜爱的工作。另一项针对美国科学家的调查显示，少有人是出于谋生的目的而工作，他们大多是因个人对某一领域问题的强烈兴趣而不计名利报酬地忘我工作。

生涯轶事：
会飞的蜘蛛

三、兴趣的探索方法

作为一种心理现象，人们很早就认识到了兴趣对职业的积极作用。20世纪30年代起，西方大量学者对职业兴趣进行了研究，编制了许多有关兴趣或职业兴趣的测试量表。斯特朗兴趣量表是其中比较有影响的。

在20世纪20年代，斯坦福大学的爱德华·斯特朗（Edward Strong）编制完成了第一个正式的职业兴趣量表（Strong Vocational Interest Blank），这是最早的职业兴趣测验。斯特朗认为，兴趣能够给人带来在才能或成就中所看不到的一些东西。这些东西就是人们想做的事情以及那些能使他们感到满意的事情。斯特朗研究了兴趣与满意、人格和能力的关系，他认为兴趣是长久的，并不完全受到职业培训和生涯体验的影响。他的研究表明，兴趣并没有特别受年龄的影响，个人的兴趣到25岁时形成稳定，成年人的经历会对兴趣有小幅度的改变。

在斯特朗去世之后，坎贝尔（D.P.Campbell）于1968年主持了对该量表的修订工作，增加了基本兴趣量表（BIS）和一般职业主题（GOT），修订后的量表更名为斯特朗－坎贝尔兴趣量表（SCII）。SCII的1985年最新版本包括325个项目，构成264个量表，其中包括6个一般职业主题量表、23个基本兴趣量表、207个职业兴趣量表、2个特殊量表、26个管理指标量表。一般职业主题量表是根据霍兰德职业理论建立起来的，有6个分量表，每个分量表20题；基本兴趣量表是由在内容上具有相似性且在统计上具有高相关的题目组成的同质性量表；具体职业量表是根据斯特朗的经验性方法建立起来的，共涵盖106种职业；特殊量表包括学术满意度量表和内－外向量表两个分量表；管理指标量表是对每份答案进行常规性统计，以确保在施测及数据录入过程中没有意外情况发生，它包括整体反应指标、异常反应指标和反应类型指标三个统计量。

斯特朗－坎波尔兴趣量表是国外流行的职业兴趣测验，它被广泛地应用于人才测评中，既能帮助个人了解自身职业兴趣，也能为企业挑选员工提供有效的参考信息。

四、兴趣探索活动

（一）活动一：我的白日梦

请列举出三种你现在或曾经非常感兴趣的职业（排除所有现实的考虑）。这些工作中的哪些特征吸引你？

（二）活动二：兴趣岛游戏

大家工作累了，准备去度假。途中，乘坐的飞机突然发动机出现问题，现在飞机必须迫降。飞机可以迫降到附近的六个岛屿之一，如图3-2所示。这六个岛各不相同，岛屿上的人也做着不同的事情，仔细想一想，你将要迫降到什么地方呢？

需要注意的问题：我们要在这个岛待很长时间，没人知道我们在这里，待多长时间我们不知道；岛屿和岛屿之间没有任何的交通和通信往来，只能在我们选择的岛上待着，没有交通工具，根本走不了；我们要在那里工作和生活。

第一次选择：按照上面的条件，你的第一个选择，会选择迫降在哪一个岛屿？

第二次选择：如果第一选择不行，有第二选择，你选择在哪个岛上？

第三次选择：如果第二次选择也不行，有第三选择，你选择在哪个岛上？

R:自然原始的岛屿。岛上自然生态保持得很好，有各种野生动物。居民以手工见长，自己种植花果蔬菜、修缮房屋、打造器物、制作工具、喜欢户外运动。

I:深思冥想的岛屿。有多处天文馆、科技博览馆及图书馆。居民喜好观察、学习、崇尚和追求真理，常有机会和来自各地的哲学家、科学家、心理学家等交换心得。

A:美丽浪漫的岛屿。充满了美术馆、音乐厅，街头雕塑和街边艺人，弥漫着浓厚的艺术文化气息。居民保留了传统的舞蹈、音乐和绘画，许多文艺界的朋友都喜欢来这里找寻灵感。

我的岛屿计划

C:现代井然的岛屿。岛上建筑十分现代化，是进步的都市形态，以完善的户政管理、地政管理、金融管理见长。岛民个性冷静保守，处事有条不紊，善于组织规划，细心高效。

E:显赫富庶的岛屿。居民善于企业经营和贸易，能言善道；经济高度发展，处处是高级饭店、俱乐部、高尔夫球场。来往者多是企业家、经理人、政治家、律师等。

S:友善亲切的岛屿。居民个性温和、友善、乐于助人，社区均自成一个密切互动的服务网络，人们重视互助合作，重视教育，关怀他人，充满人文气息。

图 3-2　我的岛屿计划

请把你最想前往岛屿的代码写在下面的横线上，同时把这三个字母按顺序写在你的职业生涯规划档案"霍兰德类型"一项中。

A._____　B._____　C._____

职业兴趣的探索远没有这么简单，不可能仅仅通过一个游戏，就完全确定了职业兴趣，还需要通过其他测评方法来验证结果。

生涯轶事：
给飞机拿燃料

第四节　大学生职业能力分析

引导案例

走出困境

小 C，23 岁，大专学历，从部队退役后，曾在一家教育培训机构做过半年的课程顾问，公司因"双减"政策出现经营问题，他被迫辞职。原来从小喜欢绘画的他，一直想从事美术设计类相关职业，但是缺乏系统的专业培训和从业经历，投递出的简历，石沉大海，杳无音信。

📚 案例思考

小C有自己的职业理想，然而缺乏相应的工作经验，在市场化的企业招聘中，明显处于劣势，多次的求职失败几乎磨灭了他的自信心。小C在坚持梦想和随波逐流中摇曳不定。小C对美术设计充满了憧憬和向往，也为此做了一些准备，但是小C的这些准备并未得到市场的验证。他如何才能打通职业理想的通道呢？

📚 案例启示

小C的情况是很多缺乏经验的职场小白、欲转型的青年人常常面临的困境：没有工作经验找不到工作，找不到工作永远不会有工作经验。打破这个怪圈的有力工具就是提升自身的职业能力，最好能够先进入见习岗位，在真实工作情境的磨炼下，可以更深刻、直观地了解岗位能力，提升工作技能，进而打通实现职业理想的通道。

一、职业能力

能力是指能顺利完成某一个活动所必备的心理条件，是直接影响活动效率并使活动顺利完成的个性心理特征。它是人们在社会实践中表现出来的身心力量，是完成任务或达到目标的必备条件。

职业能力是人们在职业活动中顺利完成工作所需要的能力。1998年，原国家劳动和社会保障部在《国家技能振兴战略》中把人的职业能力分为三个层次，即职业特定能力、行业通用能力和职业核心能力。具体来讲，职业特定能力是每种职业自身所特有的能力，它只适用于这个职业的工作岗位；行业通用能力是以社会各大行业为基础，从一般职业活动中抽象出来，可通用的基本能力，它的适用面比较宽，可适用于这个行业内的各个职业和工种。而按行业或专业性质不同来分类，通用能力的总量显然比特定能力少得多；职业核心能力是从所有的职业活动中抽象出来的一种最基本的能力，普适性是它最主要的特点，可适用于所有的职业，人们从事任何职业都需要的基本工作能力。

生涯轶事：
无所事事的兔子

二、能力与职业的关系

能力与职业的关系非常密切，是职业选择的重要依据，是大学生开启职业大门的钥匙。因此，对自己的能力要有一个清楚的认识，根据自己的能力选择相应的职业，选准与自己的职业能力倾向一致的职业，只有这样才能够在社会的竞争中立于不败之地。

每个人具备的能力不同，选择的职业就会有差异，从能力个性差异的角度来看，在选择职业时应遵循以下原则：

（1）能力类型要与职业相吻合。人的能力发展方向存在着差异，职业研究表明：职业可以根据工作的性质、内容和环境划分为不同的类型，并且对人的能力也有不同的要求。因此，首先要注意能力水平与职业类型基本一致。对于一种职业或职业类型来说，由于所承担的责任不同，可分为不同的层次。不同职业层次对人的能力也有不同的要求，在根据能力类型确定了职业类型后，还应该根据自己所能达到的或可能达到的能力水平确定相吻合的职业层次。其次，充分发挥优势能力的作用。每个人都具有一种或多种能力组成的能力系统，在这个系统中，每个人各方面的能力发展是不平衡的，常常是某方面的能力占优势，而另一方面的能力则不太突出。选择职业时应选择最能够运用优势能力的职业。

（2）智力能力要与职业相吻合。智力能力包括注意力、观察力、记忆力、思维能力和想象力等。不同的职业对人的一般能力的要求是不同的，有些职业对从业者智力水平有绝对的要求，如大学老师、科研人员、律师等都要求有较高的智商，智力在很大程度上决定了人们所从事的职业类型。

（3）专业能力要与职业相吻合。专业能力也称为特长，是指从事某项专业活动的能力，要顺利完成某项工作，除要具备一定的智力能力外，还需要具备该项工作所要求的专业能力。例如，数学领域需要具备计算能力、逻辑思维能力和空间想象能力；画家需要具备较强的颜色识别能力等。一般认为计算能力、音乐能力、绘画能力、写作能力、动作协调能力、空间想象能力等都是属于特长能力。

生涯轶事：
飞到树顶的火鸡

人的能力差别是客观存在的，这种差别制约着人们活动的领域与职业选择的范围。一个人如果不能很好地评价自己的能力，错误地选择职业，将无法发挥出自己的潜力，也将一事无成。

三、职业能力的分类

职业规划专家将职业能力分为功能性/可迁移技能、内容性技能、适应性技能/自我管理技能三种类型。

1. 功能性/可迁移技能

功能性技能，如写作、组织、计算、操作、设计和思考等，可以提高竞争力，也可以应用到职业世界的各个领域，基本上没有行业阻隔。在职业生涯规划中应当大力发展这方面技能，在各行各业都可以用得上。

2. 内容性技能

学习工作内容或专业知识技能是为了从事某项工作。要辨别这样的知识、确认其为技能应该没有什么困难。例如，在学校学习了许多具体的科目，如人体解剖学和生理学、发动机如何运转、计算机编程等，都是为了培养出以后能用来推销自己的技能。当进入每个工作领域，熟悉里面的专业知识，一般要花 3 ~ 5 年的时间学习、体验，才能成为某个行业的行家。这些技能，在转行之后，基本用不上了。就如一个药品销售人员，对药品的知识、医药行业的运作和文化等内容性技能，在他转做酒类销售之后，基本上都用不上了。因此，在你的职业生涯规划中，应当注意选择适合自己发展的职业领域，以求长期的职业稳定。

3. 适应性技能 / 自我管理技能

适应性技能 / 自我管理技能几乎难以被识别为技能，它们更多的时候被认为是人格特质。适应性技能包括精力充沛、善于分析、强壮、善于表达、机智、通情达理、精确、乐于助人、成果丰富、可靠、真诚等。这些技能是非常有价值的，因为如果没有它们，你将不能胜任自己的工作。一个获得了许多专业知识，但缺乏与同事合作能力的人会有失业的危险。实际上，更多的人被解雇就是因为他们缺乏适应技能或自我管理技能，而不是其他任何原因。

生涯轶事：
走出舒适圈

四、职业能力的提高

职业能力是可以通过锻炼而获得并提高的。主要有以下几种方式与途径。

1. 发现潜能

获取能力要注意扬长避短。心理学家发现，在 100 个人中，只有 2 个人能在智力测验中得分超过 130 分，这些人通常被称为"超常者"；而在天赋方面，每 20 个儿童中有 19 个都具有某种特殊"天赋"，这些天赋可能在脑力方面，也可能在艺术、技术、音乐、运动或其他方面。因此，发现自己的天赋才能并进行开发，是最重要的。

2. 积累知识

无法想象一个知识贫乏的人能拥有超群的能力，离开知识积累，能力就会成为"无源之水"。因此求职者在校期间，一定要注意拓宽自己的知识面，勤奋学习，不耻下问，正如汉代王充所说"智能之士，不学不成，不问不知"。一个人才能的大小，首先取决于掌握知识的多寡、深浅和完善程度。这是因为知识是构成才能的元素或细胞。需要说明的是，才能并不是知识的简单堆积，而是知识的结晶。这里的"结晶"，包含着对知识的提炼、改造和制作，包含着质的变化。掌握的知识越丰富、越精深、越完善，加工和运用知识的思想方法越正确、越先进，实现创造的技能技巧越熟练、越精湛，才能也就越优异，也就是说其能力越超群。

3. 勤于实践

能力是在实践过程中培养形成并在实践过程中表现出来的，因此，实践是培养能力的重要途径。如一个人要想完整地表达自己的观点、思想和情感，那就得在公众场合善于演讲或具有写作的相关才能，否则只能变为空想，而演讲和写作就是一个实践过程。一个人要想具有组织管理能力，那就得积极主动地、有意识地去组织一些活动，参加一些社团活动或社会工作，这些实践活动都会使其组织管理能力得到明显的提高。社团活动、各类竞赛、义务劳动、社会工作，都是实践的途径。

4. 发展兴趣

兴趣对培养能力相当重要。古今中外许多著名的科学家、文学家、艺术家，都是在强烈的兴趣驱动下取得事业成功的。如达尔文，起初因无兴致于医学、数学、神学，曾变为"慢班"的学生，但他对打猎、旅行、收集标本却兴趣盎然，以至于后来成为著名的生物学家。例如，杨振宁在总结科学家的成功之路时说："成功的秘诀是兴趣。"因此，求职者要围绕所学专业发展自己的兴趣爱好，并以这些兴趣为契机，加强相关知识的学习和积累，注意发展自己的优势能力。

5. 超越自我

作为一个多元社会的劳动者，不仅要注重发展自己的优势能力，还必须对所有的基本能力都有所拓展，这就要求在注重发展兴趣能力的同时，也要超越自我，注重全面发展自己的各种实际能力。因为现代社会的多维竞争增加了单一能力持有者的生存难度，同时，也增加了企业的生存危机感。

生涯轶事：
越挫越勇

课堂活动

动动脑

你有什么能力？你了解自己的职业技能吗？事实上每个人所具备的能力可能有上百种之多，所以认真地探索你的技能，你会惊讶自己竟然如此多才多艺。就下列题目，请在空白纸上填写相关内容：

（1）在纸上列出你曾经成功完成的工作（如成功组织一项集体活动、获得奖学金等），并于其后想想完成这项工作需要哪些技能，并将之列出。

（2）回顾你曾受过的教育、所修的课程，在这些过程中，你学会了哪些技能，将它们列下来。

（3）再想想你平时经常从事的活动，列出这些活动需要的技能，继续扩充你的技能表。

（4）请回想一次你在工作（或曾做过的事）上所经历的一次高峰经验（意指很快乐、很感动的一刻），与你旁边的同学分享这次经验，并分析在这次经历中显现出你的哪些能力，把它列下来。

📖 导师点拨

职业能力是人的发展和创造的基础。能力是成功地完成某种任务或胜任工作的必不可少的基本因素。个体的职业能力越强，各种能力综合发展越好，就越能促进人在职业活动中的创造和发展，就能取得较好的工作绩效和业绩，给个人带来职业成就感。

第五节　大学生职业价值观分析

👤 引导案例

从头再来

48岁的朱女士毕业于某专科学校，有多年外资企业人事行政管理经验，在一家知名企业一直担任高级管理人员，管理团队中10%为外籍员工，她还担任了所在商务楼党支部书记等职。由于企业架构调整等客观原因，2023年3月，朱女士离职了。离职后的她一度比较迷茫，在网上看到和原来差不多的岗位，大都有年龄限制。投递其他没有年龄限制的岗位，又普遍是辅助性岗位，离自己的心理预期有很大的差距。

📖 案例思考

朱女士工作能力强，又有多年的管理经验，但是她年龄大、学历不过硬，同时，她一直在外资企业，对其他国企、民企等职场环境和岗位内容不了解。像朱女士这样的大龄失业群体普遍存在于求职中年龄限制的问题，他们也认为自己找不到工作是因为年龄大了，有很多岗位自己可以做，却因为年龄太大而被拒之门外。朱女士在求职受挫之后，开始动摇信心，认为自己是否只能从事辅助性的岗位，产生了不自信的求职心态。面对这样的境况，朱女士应该如何应对呢？

📖 案例启示

朱女士有年龄的劣势，但也有很多优势，需要通过分析她的职业价值观，找到她的职业锚，才能进行客观、全面地分析，找到她求职的核心关键点，了解职业特质、职业兴趣，从而找到适合的工作岗位。可见，职业价值观体现了一个人对职业的认识和态度及对职业目标的追求和向往。

一、价值观概述

（一）什么是价值观

价值观就是个体在工作和生活中所看重的原则、标准或品质，是个体用来区分好坏、分辨是非、判别重要性并指导行为的心理倾向系统，是个体核心的信念体系。价值观支配着个体的行为、态度，决定了其在一定社会环境中的取向和追求，是个体判断事物价值大小及对自己重要程度的总体评价标准。每个个体都是根据自己的价值观去行事的，尤其是面临选择和决策时，藏在深处的价值观总是自然而然地起着指引和决定的作用。

价值观具有以下几个特点：首先是稳定性和持久性。个体的价值观一旦形成，便具有相对的稳定性，形成一定的价值取向和行为准则，短时间内往往很难改变。但价值观的稳定性和持久性并不是一成不变地伴随个体一生。随着社会群体的自然更替和社会环境的变化，社会群体的价值观是不断变化的，表现为新的价值观、价值体系对传统价值观、价值体系的冲击和挑战，呈现出以新代旧的趋势。这种价值观的变化在社会变革时显得尤为明显。其次是历史性和选择性。价值观是后天形成的，在形成的过程中受到家庭和社会环境因素的影响。不同的历史时代、社会背景会形成不同的价值观，不同的个体在成长过程中受所处环境的影响也会形成不一样的价值观。再次是主观性。价值观的作用方式是内隐的，不能直接被外界观察和记录，具有主观性。

价值观决定人的自我认识，它直接影响和决定一个人的理想、信念、生活目标和追求方向，只有通过价值观的判断，个体才能明白事物对自己的意义，并成为决定行为和决策的充足依据。因此，对自己的价值观进行探索是自我认知中不可忽视的一部分。首先，价值观对动机有导向作用。个体的动机受价值观的支配和约束，影响着个体动机和行为模式的形成。在相同情境下，价值观不同的个体，其动机和行为模式也不同，经过价值观判别之后，被认为是可取的那些因素才能转化为行为的动机，进而引导人们的行为。其次，价值观具有认知反映功能。价值观作为一种内隐的评判体系，是个体对客观世界及行为结果的评价和看法，能够反映个体的认知程度和需求状况。一般情况下，对外部世界的正确认知有助于个体形成积极合理的价值观，若是对外部世界的认知出现偏差或失误则会形成消极或错误的价值观。

（二）价值观的分类

1. 奥尔波特六分法

人类心理学先驱、美国著名人格心理学家奥尔波特将价值观分为理论型（科学型）、经济型（实用型）、宗教型（信仰型）、审美型、社会型和政治型六种类型。

（1）理论型（科学型）价值观主要强调对于真理的追求。拥有这种价值观的人具有旺盛的求知欲，重知识，爱科学，擅长观察、分析和推理，具有很强的自制能力，能够很好地控制自己的情绪。

（2）经济型（实用型）价值观讲求实效，对于实用性的知识感兴趣。拥有这种价值观的人看重事物的功利价值，讲究经济效益，追求财富积累，倾向于从经济观点出发看待一切事物，判断事物的有用程度。

（3）宗教型（信仰型）价值观追求善的普遍性，相信命运，相信超自然的力量。拥有这种价值观的人具有坚定的信仰，能够约束和抑制他们认为低俗的那些欲望，倾向于创造崇高的境界和体验。

（4）审美型价值观以感受事物的美为人生的最高价值，追求艺术美感。拥有这种价值观的人致力于使事物变得更有魅力，具备较强的审美能力。

（5）社会型价值观崇尚人际交往。具备这类价值观的人重视与他人的关系和人际往来。他们享受人际交往的快乐，并且从帮助他人中获得乐趣，喜欢互相依靠和共同生活，致力于增进社会的福利。

（6）政治型价值观以掌握权力为最高价值，对权力有超于常人的欲望和偏好，喜欢占据支配性的地位。具有此类型价值观的人总是充满自信，喜欢组织和支配他人，希望显示自己的能力和影响。

2. 格雷夫斯七等级价值观

行为科学家格雷夫斯在大量调查的基础上对价值观进行了归类，从表现形态上将价值观概括为以下七个等级：

第一级为反应型。这种类型的人对于周围的事物缺乏认识，并未意识到自己和周围社会成员的存在及存在意义。他们对于周围事物的反应都是基于自己基本的生理需要，而不顾其他任何条件，类似于婴儿，这种人是非常少见的。

第二级为部落型。具有这种类型价值观的人对他人有着很强的顺从性和依赖感，缺乏独立人格，服从于传统习惯和权势。

第三级为自我中心型。这种类型的人信仰极端的个人主义，完全以自我为中心，只关注自身利益，自私冷酷而又喜欢挑衅，但是对于权力有着很强的服从性。

第四级为坚持己见型。持有这种类型价值观的人立场鲜明，无法容忍模棱两可或含糊不清的意见，难于接受不同的价值观，喜欢把自己的观点强加于他人之上，希望他人接受他们的价值观。

第五级为玩弄权术型。具有这种类型价值观的人非常看重地位和社会影响，通过摆布他人来达到个人目的，极端现实而又积极追逐名利。

第六级为社交中心型。这种类型的人把被人喜爱和与人良好相处看作非常重要的目标，重视自己和他人的联系。

第七级为存在主义型。具有这种类型价值观的人具有很高的容忍度，能接纳和容忍不同的观点、意见，也敢于直言表达自己的观点、意见和态度。

二、价值观与职业

价值观是人对周围事物的一种主观评价或态度，是人们在一定环境中的动机、目的、需要和情感意志的综合体现。价值观是一种认知体系，包括生命中你将什么看成是最重要的、什么让你最重视、什么让你最感兴趣、生命的意义是什么等问题。

任何人在选择职业时都会受到一定动机的支配，而择业的动机一般是由价值观决定的。在选择职业的过程中，人们总是盼望所选择的职业能够满足自己的某种物质和精神需要。职业价值观是指一个人对各种职业价值的基本认知和基本态度。职业的不同，在很大程度上决定了人们的政治和经济地位的明显差别。人们对某种社会地位的仰慕，也就是对这一社会地位所占有的职业的仰慕。由此产生了人们对社会不同职业的评价，也相应地形成了个人对待职业的态度，产生了职业价值观。

社会上的各种职业都有一定的价值，不同的职业体现着不同的价值内容。由于各种职业的工作条件、工作方式、工作强度、工作性质，以及工作的社会和经济效果都不同，社会舆论也会对这些价值内容做出不同的评价。

用人单位，尤其是一些知名度高、品牌影响力大的单位都认为"价值观"是考察人才的首选标准。因为每个人所持有的价值观不同，他的外化品格和行为就不同。所以，你认为价值观是很虚的东西，是"小事"，而用人单位却会感觉他很实，是"大事"。

生涯轶事：
共享豆腐

三、价值观特点

价值观是因人而异的。由于每个人的先天条件和后天环境不同，人生经历也不尽相同，每个人的价值观的形成会受到不同的影响，因此，每个人都有自己的价值观和价值观体系。在同样的客观条件下，具有不同价值观和价值观体系的人，其动机模式不同，产生的行为也不同。价值观是相对稳定的。价值观是人们思想认识的深层基础，它形成了人们的世界观和人生观。它是随着人们认知能力的发展，在环境、教育的影响下逐步培养而成的。人们的价值观一旦形成，便是相对稳定的，具有持久性。价值观在特定的环境下又是可以改变的。由于环境的改变、经验的积累、知识的增长，人们的价值观有可能发生变化。

生涯轶事：
一根火柴棒

四、价值观的探索方法

人的价值观千差万别，又具有很强的主观性，但并不是不可测量和评估的。在日常生活、学习中，可以通过一些量表工具来探索自己的职业价值观，也可以通过一些简便易行的方法来了解自己的职业价值观。

(一) 职业锚测试

锚是使船只停泊定位用的金属器具。职业锚又称职业定位或职业系留点，是指当个体不得不作出选择的时候，无论如何都不会放弃的职业中的那种至关重要的东西或价值观，是个体选择和发展职业时所围绕的中心。职业锚是个体在与工作环境互动过程中，通过将实际工作与自身能力、动机和价值观等相互作用、相互整合而形成的，是个体职业观念的核心。

职业锚理论是由美国著名职业指导专家、麻省理工学院的施恩在几十年理论研究和实践基础上于 1978 年提出的。职业锚理论强调个人能力、动机和价值观三个方面的相互作用与整合，为个体选择职业提供了一种基础。职业锚测评主要是通过对个体过去行为的分析和未来目标的探索，帮助个体认清楚真实的自我，从而在面临职业选择时，做出与个体价值观和真实自我相匹配的职业决策。经过不断研究，施恩共发现了八种类型的职业锚，分别是自主型、创业型、管理型、技术职能型、安全稳定型、挑战型、生活型、服务型。目前，职业锚测评已成为国外职业测评运用广泛、有效的工具之一。

(二) 工作价值观量表

工作价值观量表（Work Values Inventory，WVI）是美国心理学家舒伯于 1970 年编制的，用来衡量与工作满意状况有关的价值观及激励人们工作的目标。该量表将职业价值分为三个维度：一是内在价值观，即与职业本身性质有关的因素；二是外在价值观，即与职业性质有关的外部因素；三是外在报酬，共计 13 个因素，分别是利他主义、美感、智力刺激、成就感、独立性、社会地位、管理、经济报酬、社会交际、安全感、舒适、人际关系、变异性。

(三) 罗克奇价值观调查表

罗克奇价值观调查表是国际上广泛使用的价值观问卷，是由美国社会心理学家米尔顿·罗克奇于 1973 年编制的，用该量表可以测得不同的价值观在不同的人心目中所处的相对位置，或相对重要性程度。罗克奇认为，个体的各种价值观是按一定的逻辑意义联结在一起的，是依据一定的结构层次或价值系统而存在的。价值系统是沿着价值观的重要性程度的连续体

生涯轶事：价值

而形成的层次序列，主要包括两种价值观序列，即终极价值观和工具价值观。终极价值观序列由"目的"价值观组成，指的是个人价值和社会价值，用以表示存在的理想化终极状态和结果；工具价值观序列由"工具"价值观组成，即与其为人处世方式有关的价值观，指的是道德或能力。每个序列又包含18种价值观，各种价值观后都有一段文字描述，施测时按照各种价值观对自身重要性程度进行排序。

课堂活动

自我练习

你的价值观是什么？

如果不能清楚地说出自己最想要的是什么，请试一试下面两个办法。

方法1：拿一张A4纸，写下所有你想要的东西。

健康、金钱、幸福的家庭、爱情、事业、自由自在、旅行、安定……

写完之后，划去你认为最不重要的一项，再在剩下的项目中划去一个最不重要的，一直划下去，直至剩下一项，它就是你最看重的东西。

方法2：以下提供了一些有关价值观的形容词，把你觉得应该选择的词语和你真正想选择的词语都画出来。你也可以把自己认为重要但没有出现的词语或词组加进去。

创新、成功、富有、卓越、挑战、冒险、亲情、快乐、健康、自由、美丽、勇气、自信、幸福、关心、学习、服务、奉献、真诚、真实、兴奋、爱、尊重、尊严、安全、稳定、活泼、智慧、伟大、权利、幽默、高雅、高尚、和谐、正义、简洁、乐趣、活力、公平、和平、自律、毅力、诚信、体贴、吸引、热情、忠诚、舒适、享受、完美、娱乐、独立、耐心、浪漫、感激、激情、家庭、同情、发明、鼓舞、控制、休闲、平静、造诣、教导、公正、认同、助人为乐、成就感、创造力……

导师点拨

对你而言什么是最重要的？家庭，工作，还是金钱？

大多数时候，人们根据自己的价值观采取行动，虽然自己没有意识到这一点。但必须明白，人生的方向完全受控于个人价值观的指引，它就像一股无形的力量，无时无刻不在影响着人们做出何去何从的决定，影响职业选择，最后也决定了人的一生。

生涯手册

活动一：价值清单

请就价值清单（表3-4），仔细地思索自己的价值观，并依据个人重视的程度，依序列出10项：

（1）_____

（2）_____

（3）_____

（4）_____

（5）_____

（6）_____

（7）_____

（8）_____

（9）_____

（10）_____

表 3-4　价值清单

成就	自我控制	有力	声望	独立	竞争
清洁	敏感	上进	安全	亲密	顺从
责任	领导	智慧	勇敢	服务	社交机会
高尚	自主性	舒适	尊重	归属	平等
冒险	关爱	别人赞誉	创造力	权力	赞许
友谊	秩序	兴趣	温柔	变异性	理性
社会地位	支持	依赖	宽容	独占性	开放

活动二：价值观拍卖会

1. 目的

促进成员了解自己的价值观、团队的价值观，当个人价值观与团队价值观发生冲突时，如何选择。

2. 时间

约 60 分钟。

3. 活动步骤

（1）将参加人员分成若干小组，每组约 10 人，选出组长，负责购买价值观，每个小组代表一个投标者。

（2）发给每个小组一张"团队价值观拍卖表"和 10 张"个人价值观拍卖表"，并给每个小组 100 万元（虚拟），组长负责把 100 万元平均分配给每个组员，请组员在"个人价值观拍卖表"中写下预估的金额，一定要将手中的钱用完（每人至少要选择三项，不可单独只选一项）。小组成员填好自己的价值观后，由组长负责把组员的价值观汇总，并采用有效的方法与组员交流并达成共识，完成"团队价值观拍卖表"（表 3-5）。

（3）指导教师喊三声由出价最高者买得并成交，说明完成后拍卖会正式进行。

4.分享与总结

（1）请每组选出一名代表分享拍卖中所购得的价值观及活动感受，尤其当个人价值观与小组价值观发生冲突时，如何选择。

（2）进行总结。

拓展阅读：
职业价值观

表 3-5　团队价值观拍卖表

价值观	出价额	出价顺序
1.成为有名的人		
2.财富		
3.成为受别人尊敬的人		
4.当国家主席		
5.爱情		
6.成为最具有吸引力的人		
7.生活安定		
8.创新、竞争、挑战		
9.自由		
10.成为最聪明的人		
11.拥有一个温暖的家庭		
12.人际关系和谐、融洽		
13.帮助他人		
14.选择自己所喜欢的生活方式		
15.工作富有变化不单调		

第四章

博采众长：职业生涯理论认知

学习目标

知识目标：

1. 了解职业生涯发展各种理论的基本观点。

2. 熟悉职业生涯发展各种理论的特点。

3. 熟悉职业生涯发展代表理论的适用情况。

能力目标：

1. 能够应用职业生涯发展理论进行个人职业生涯规划。

2. 根据职业生涯选择理论的特点，能够在不同情况对个人职业生涯规划进行合理的动态调整。

3. 能够应用职业决策理论进行个人职业决策。

素养目标：

1. 通过学习职业生涯发展理论的相关知识，培养应用理论指导实际的能力，提升收集、分析和整理资料的能力，提高分析和解决实际问题的能力。

2. 通过进行职业生涯发展理论的教育，将个人发展与社会发展进行综合考虑，树立正确的职业观、就业观和择业观。

知识链接

第四章数字资源库　　　　　第四章知识链接

第一节　舒伯的生涯发展理论

引导案例

先结婚还是先工作？

2022 年一条标题为"梁建章建议没有工作的年轻人先结婚"的专家建议上了热搜，引起了全社会的讨论。

让我们回溯事情的始末。2022 年一次财经网云峰会被问道："对于那些正在努力找工作的年轻人，您有什么想说的？"这一问题时，人口经济学家、北京大学光华管理学院梁建章教授对那些正在找工作的年轻人建议："也许可以接受更多的教育？我认为这应该是就业市场的短期波动。因此如果短期内找不到工作，那就接受更多的教育培训或者自我培训，去提升技能水平，然后等待经济好转，或者去结婚生子也行。"

广大网友对这件事情的看法也是众说纷纭。有些家长认为，自古都是先成家，后立业，"到了育龄把孩子先生了，免得年纪大了超过了最佳生育期！生儿育女应该是人生的一件大事，观念虽旧也现实。"大学生们则很难认可这样的观点，自己的生存都不能保证，怎么结婚生子。

那么问题来了，每年都有一手拿学位证一手结婚证的学生；也有每年回家都被家长催婚的打工人，那么到底该怎么选择，该怎么处理呢？大学生到底何去何从？

案例思考

客观来说，就业情况受到经济环境等外界因素的制约是客观存在的。当大学生就业受到外界因素影响时，大学生该何去何从呢？每个人要根据自己实际情况不同以及自己的未来发展目标不同进行不同的发展决策。

那么具体应该依据什么进行决策？怎么样进行决策？怎样能够不后悔、不抱怨、也不留有遗憾呢？参考成功人士的经验，听取专家意见，随机选择，看长远发展还是看幸福指数，大多数大学生对此还是比较迷茫。

案例启示

人的成长和职业发展都有其特定的时间规律，尽管每个人不一样，但是总体存在相似性，如受教育的年限、职业发展的阶段，这是每个人不一样又都难以跳过的阶段。职业生涯发展理论主要的模式与特点就是认为职业生涯发展应该以人的自我实现为中心，觉察其自身的社会化历程，聚焦更大范围的生活领域以及与职业发展的关联而非单纯的职业选择、工作本身；强调职业生涯发展是动态的阶段性任务与连续性生涯发展的统一，发现不同职业发展阶段人们自我发展和职业成熟水平，通过各种途径增进人们职业成熟和自我价值的实现。

美国心理学家唐纳德·E. 舒伯（Donald E.Super）是职业生涯发展研究领域最具权威的人物之一，是全球最有影响力的生涯发展研究者。根据布尔赫勒（Buehler）的生命周期和列文基斯特（Lavighurst）的发展阶段论，舒伯发展出一个新的诠释职业和生涯发展的模式。

一、理论观点

舒伯从发展、测评、职业适应及自我概念等领域入手进行综合研究，提出了一系列有关人—职关系的假设，成为职业发展的理论基础。早期只有 10 项，随着思想的成熟与相关研究发展开展至 12 项，最后成形于 1990 年发表的 14 项。

（1）在能力、人格、需求、价值、兴趣、特质和自我概念等维度上，普遍存在着个别差异。

（2）基于这些个人独特的本质，每个人都适合于从事某一些特定的职业。

（3）每项职业均要求一组特定的能力和人格特质；因此，每个人可以适合不同的职业，而且每项职业可以适合不同的人。

（4）人们的职业偏好与能力，人们生活和工作的情境及因此形成的自我概念，都会随时间的推移而改变。自我概念会在青少年晚期之后逐渐稳定和成熟，在生涯选择上持续发挥影响力。

（5）上述的改变历程，可归纳为一系列的生命阶段，包括成长、探索、建立、维持、衰退五个阶段。探索期可细分为幻想期、试验期、实际期；建立期可细分为尝试期、稳定期。每个阶段之间有"转换期"，转换期通常受到环境或个人各种不稳定因素的影响。转换期的不确定会带来新的成长、再探索再建立的历程。

（6）生涯组型（Career Pattern）的性质：包括从事职业的阶层水平、经过尝试和稳定地进入工作世界的经历、频率和持久性等。这些均受到个人父母的社会经济地位、心理能力、教育、技巧、人格特质（包括需求、价值、兴趣与自我概念）、生涯成熟及生涯机会的影响。

（7）在任何生涯阶段能否成功地适应环境需求和个体需求，取决于个人的"准备度"或"生涯成熟"。生涯成熟（Career Maturity）是由个人生理、心理和社会特质等组成的整体状态，包括认知与情意。生涯成熟是指能成功地因应早期至最近一期生涯发展阶段的程度。

（8）生涯成熟是一假设性概念，如同智力的概念，很难界定其操作性定义。但可以确定的是，生涯成熟并非单一维度的特质。

（9）生涯阶段中的发展是可被引导的，一方面促进个人能力和兴趣的成熟；另一方面协助其进行现实考验（Reality Testing）和自我概念的发展。

（10）生涯发展历程，基本上是职业自我概念（Vocational self-concept）的发展和实践历程。自我概念是"遗传性向、体能状况、观察和扮演不同角色的机会，评估角色扮演、与他人互相学习"等交互作用历程中的产物。

（11）在个人和社会因素之间、在自我概念和现实之间的心领神会或退让妥协，是角色扮演和反馈学习的历程。这些学习的场所包括游戏、生涯咨询、教室、工作场所等。

（12）工作满意度（Work Satisfaction）和生活满意度（Life Satisfaction）取决于个人如何为自身的能力、需求、价值、兴趣、人格特质与自我概念寻找适当的出口。

（13）个人从工作中所获得的满意感取决于个人实现其自我概念的程度。

（14）对大多数男人或女人而言，工作和职业的经验提供了组成其人格核心的焦点。但是对有些人来说，工作与职业在生命经验中处于边缘位置，甚至是微不足道的。反而是其他的角色，如休闲活动和家庭照顾，居于核心。社会传统，诸如性别角色的刻板印象、楷模学习、种族偏见、环境机会结构及个别差异等，决定了个人对工作者、学生、休闲者、家庭照顾者及公民等角色的偏好。

二、五个生涯发展阶段

舒伯根据自己"生涯发展形态研究"的结果，参照布勒（Bueller）的分类，将生涯发展阶段划分为成长、探索、确立、维持与衰退五个阶段。舒伯认为，生涯发展是一个有序、具有固定形态的过程，因此每个阶段的发展都可预测。由于自我概念的发展性，生涯发展也有阶段性，分为成长、探索、建立、维持与衰退五个阶段。每个阶段都有一些特定的发展任务需要完成，每个阶段需达到一定的发展水准或成就水准，而且前一阶段发展任务的达成与否关系到后一阶段的发展。在各个阶段内部同样要面对成长、探索、建立、维持和衰退的问题，因而形成了成长—探索—建立—维持—衰退的小循环。

舒伯对人的职业发展过程，提出了以成长、探索、建立、维持、衰退为中心的五个阶段模型，每个阶段都有要面对的课题（表4-1）。

表4-1 生涯发展阶段及发展任务

阶段	阶段名称		年龄段/岁	人生时期	职业上的发展课题
1	成长阶段	幻想期	4～10	婴幼时期	自理能力提高认同于同性别家长
		兴趣期	11～12	儿童期	自我志向、能力的提高
		能力期	13～14	少年期（青年前期）	集体计划协同合作的可能，选择适合自己能力的活动，对自己行为的责任感
2	探索阶段	探索期	15～17	青年中期	能力与才能的进一步成长，学习计划的选择，独立性发展，适合专业、职业的选择，有关专业技能的发展
		过渡期	18～21	青年后期	
		尝试期	22～24		
3	建立阶段	尝试期	25～30	成年前期	逐步稳定于一项职业，确立自己将来的保障，发现适当的晋升路线
		稳定期	31～44	成年中期	
4	维持阶段	维持期	45～65	成年后期	整理成果，维持现有地位，为退休做准备

续表

阶段	阶段名称	年龄段/岁	人生时期	职业上的发展课题
5	衰退阶段 衰退期	65以上	老年期	逐步适应退休生活，闲暇时间的充实与个人活动技能的学习，尽可能维持自立的状态

（一）成长阶段

0～14岁为成长阶段。成长阶段属于认知阶段，此阶段的儿童开始发展自我概念，学会以各种不同的方式来表达自己的需要，且经过对现实世界不断的尝试，修饰自己的角色。此阶段的儿童经历了从好奇、幻想到感兴趣，再到有意识地培养职业能力的逐步成长的过程。这一阶段可分为以下三个时期：

（1）幻想期（10岁之前）：儿童从外界感知到许多职业，对于自己觉得好玩和喜爱的职业充满了幻想，并经常进行模仿。

（2）兴趣期（11～12岁）：以兴趣为中心，理解、评价职业，开始做职业选择。

（3）能力期（13～14岁）：开始考虑自身条件与喜爱的职业是否符合，有意识地进行能力的培养。

如果按照7岁开始上学，14岁也就是到了初中，成长阶段是一个人生涯的准备阶段，虽然这个阶段看似和职业没有关系，却是最重要的阶段。这个阶段也是一个人天赋展现和兴趣发展的重要阶段，尤其是艺术和运动天赋都是在这个阶段展现出来的。在这些领域取得成就的人都是在这个阶段被发现和培养的。

因为到了14岁时，一个人的大脑发育基本已经完成，自我概念也基本形成，行为习惯也已经养成，学习能力也已经体现了出来。自我概念、行为习惯及学习能力对一个人以后的发展是至关重要的。

这个阶段的主要任务就是身心得到很好的发展，建立自我概念，形成良好的行为习惯。

（二）探索阶段

15～24岁为探索阶段。探索阶段属于学习打基础的阶段，该阶段的青少年通过学校的活动、社团活动等机会，对自我能力及角色、职业做探索，因此选择职业时有较大弹性。成长阶段是一个人身体成长最快的阶段，这个阶段也是一个人能力成长最快的阶段。此阶段主要进行择业、初就业，可分为以下三个时期：

（1）试验期（15～17岁）：综合认识和考虑自己的兴趣、能力与职业社会价值、就业机会，开始进行择业尝试。

（2）过渡期（18～21岁）：进入劳动力市场，或者进行专门的职业培训。

（3）尝试期（22～24岁）：选定工作领域，开始从事某种职业。

这个阶段要经历学习的最重要两个阶段，就是高中和大学，同时要经历工作的开始，而工作开始两三年是一个人职业发展最关键的时期。

这个阶段的主要任务就是使职业偏好逐渐具体化、特定化并实现职业偏好。即选择适合自己的职业，并为职业的发展打下良好的基础，快速提升自己的能力。

从职业生涯的角度来说，这个阶段是一个人职业发展期间困惑最多的时期。高中时期，面临着高考志愿的填报；大学毕业时，面临着职业的抉择。这两大选择对一个人的职业发展有着巨大的影响。

（三）建立阶段

25 ～ 44 岁为建立稳定职业阶段。经过上一阶段的尝试，不合适者会谋求变化或做其他探索。因此，在该阶段较能确定在整个职业生涯中属于自己的职位。此阶段经过以下两个时期：

（1）尝试期（25 ～ 30 岁）：对初就业选定的职业不满意，进行再选择，或变换职业，变换次数因人而异；也可能对初选职业满意而无变换。这个时期越短越好，因为这个时期是一个人职业能力发展最快也是最为关键的时期，如果到了 30 岁还没有确定自己的职业发展方向，就会对未来产生严重的不利影响。

（2）稳定期（31 ～ 44 岁）：确定最终职业，开始致力于稳定的工作。这个阶段，职业已经基本确定，剩下的就是怎么更好地来发挥自己的能力，取得职业上成就。稳定期是一个人职业发展的黄金时期，这个时期，身体机能处于良好的状态，职业能力也达到了很高的水平。一个人是否有成就关键就看这个阶段。

这个阶段的任务是选择、稳固、上进。

（四）维持阶段

45 ～ 65 岁为维持阶段，在此阶段一般达到常言所说的"功成名就"的程度，已不再考虑变换职业，只力求维持已取得的成就和社会地位。这个阶段工作速度变慢，工作责任或性质也发生改变，以适应逐渐衰退的体力与心理，许多人会找份代替全职的兼职工作。

这个阶段的任务就是维持职业发展的成果，为退休做好准备。

（五）衰退阶段

65 岁以后为衰退阶段，由于生理机能日渐衰退，个体不得不面对现实。在这个阶段往往注重发展新的角色，寻求不同方式以替代和满足需求。

对绝大多数人来说，这个时候已经离开了工作岗位，职业活动已经停止，开始安享晚年。但是随着人类寿命的延长，大部分人的人生还有 20 年左右的时间，20 年对人的一生来说还是很长的一段时间，完全可以很好地利用这段时间，使自己的生命活得更有意义。

三、生涯发展彩虹图

（一）横贯一生的彩虹——生活广度

在生涯彩虹图（图4-1）中，横向层面代表的是横跨一生的生活广度。彩虹的外层显示人生主要的发展阶段和大致估算的年龄：成长期（相当于儿童期）、探索期（相当于青春期）、建立期（相当于成人前期）、维持期（相当于中年期）及衰退期（相当于老年期）。在这五个主要的人生发展阶段内，各个阶段还有小的阶段，舒伯特别强调各个时期的年龄划分有相当大的弹性，应依据个体的不同情况而定。

（二）纵贯上下的彩虹——生活空间

在生涯彩虹图中，纵向层面代表的是纵贯上下的生活空间，由一组职位和角色所组成。舒伯认为，人在一生中必须扮演九种主要的角色，依次是儿童、学生、休闲者、公民、工作者、夫妻、家长、父母和退休者。各种角色之间是相互作用的，一个角色的成功，特别是早期的角色如果发展得比较好，将会为其他角色提供良好的关系基础。但是，在一个角色上投入过多的精力，而没有平衡协调各角色的关系，则会导致其他角色的失败。在每个阶段对每个角色投入程度可以用颜色来表示，颜色面积越多表示该角色投入的程度越多，空白越多表示该角色投入的程度越少。其作用主要是对自身未来的各阶段进行调配，做出各种角色的计划和安排，使个人成为自己的生涯设计师。

生涯彩虹图（图4-1）主要由五个颜色和七个阶段组成。颜色和阶段的对应如下：

4-1 彩图

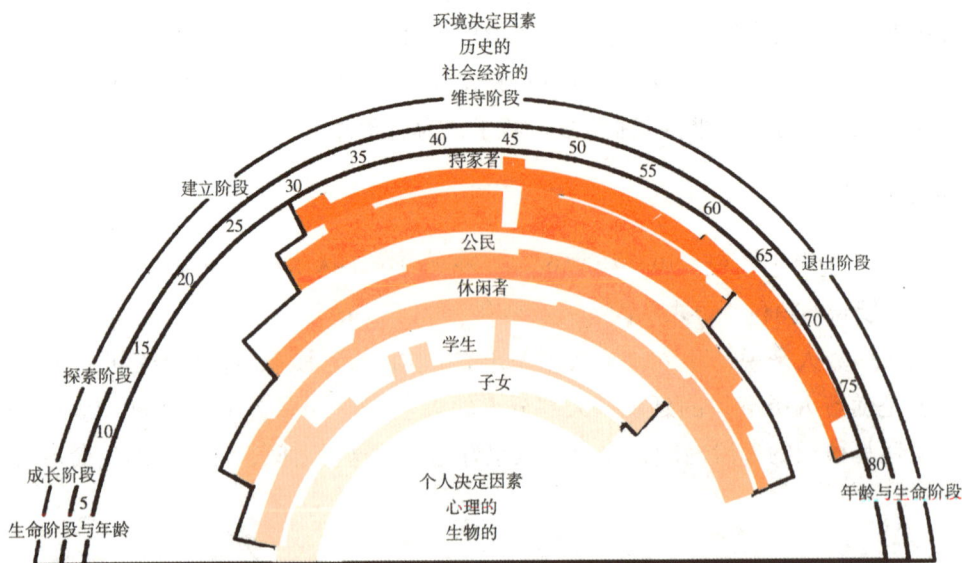

图 4-1　生涯彩虹图

（1）红色：成长阶段，代表人们从出生到 14 岁期间的生涯发展，主要是通过教育和家庭环境来建立个人的价值观和信仰。

（2）橙色：探索阶段，代表 14 岁到 25 岁的年轻人期间的生涯发展，主要是通过探索不同的职业领域来了解自己的兴趣和能力。

（3）黄色：建立阶段，代表 25 岁到 44 岁的成年人期间的生涯发展，主要是通过学习和工作来建立自己的职业能力和技能。

（4）绿色：稳定阶段，代表 45 岁到 64 岁的成年人期间的生涯发展，主要是通过寻求稳定的职业发展来获得个人满足和成就感。

（5）蓝色：下降阶段，代表 65 岁到 74 岁的老年人期间的生涯发展，主要是减缓职业发展的步伐，并开始考虑退休和退役等问题。

（6）紫色：退出阶段，代表 75 岁及以上的老年人期间的生涯发展，主要是享受退休生活。

生涯彩虹图提供了一个简单而直观的方式来理解职业生涯发展的过程和不同阶段，帮助个人更好地规划和管理自己的职业生涯。

课堂活动

自我画像

1. 活动说明

步骤 1：拿出一张白纸，在纸上画下任何一个你认为可以代表自己的东西。可以是人，也可以是动物、植物或任何其他事物。画完以后试着与身边的同伴解释为什么你会用这个东西来代表自己。

步骤 2：找一个同伴，互相交换自画像，然后向对方讲述自己的理由。在此过程中，如果你向对方的解释或者对画上的内容觉得感兴趣或者不理解，可以随时向对方提问。

2. 分享与讨论

在刚才的活动步骤 1 中你在解释时所用的描述性语句，它们就是自我概念的呈现。步骤 2 相互交流的目的是从旁观者的角度对自我概念进行澄清。当然，这样的分享要以你自己觉得舒适为原则。

导师点拨

舒伯的理论非常重视自我概念在职业中所起的作用。他认为职业生涯发展是实现自我概念的过程，个人从工作中所获得的满意感取决于其实践自我概念的程度。所谓自我概念，就是个体对自己的认知，包括对自己的外表、兴趣、能力、价值观、人格特征、社会接受性等方面。自我概念不是静态的，而是随时间持续发展的，并在青少年晚期之后逐渐稳定和成熟。个体的职业选择必须符合自我概念，才能感到满意。举例来说，如果一个大学生的自我概念是性格比较内向，不善言谈，那他可能会有意识地避免类似销售这样的工作而不去管他的能力特征是否与职业真正匹配。由于自我概念是对自我的一种认知，可能是错误的，也会不断地发生变化。例如，某位同学刚上大学的时候，性格腼腆、内向，不善于在众人面前表达，甚至缺乏自信。后来，他参加了学生社团，担任了班干部和学生会干部。经过锻炼，他的自我认知有了很大的改变，变得更加自信和从容了。大四的时候，他能够从容地在全校学生活动乃至上千人的集会上作为先进代表发言。因此，了解自己的自我概念和发展合适的自我概念就变得非常重要。同时，由于自我概念的发展性，职业生涯也是一个变化的动态过程。

📋 生涯手册

制作自己的生涯彩虹图

一、操作指南

活动目标：生涯彩虹图是职业规划过程中用于自我了解的有用工具，常用在职业规划课程教学中，也可自己进行练习。

操作步骤：

1. 准备一张如图 4-2 所示的空白的职业生涯彩虹图。

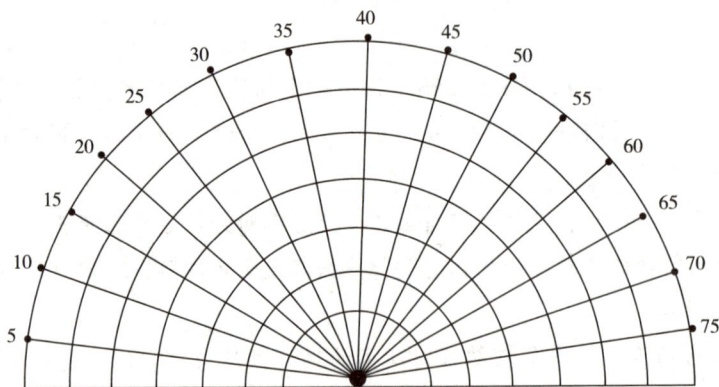

图 4-2　空白的职业生涯彩虹图

2. 图 4-2 的要点：按照出生到生命终结（可以自己确定，也可以取 80 岁）按5 年一段对圆周进行划分，代表人生的某个时间段，而扇面上被同心圆的弧形分割的部分代表不同的角色。角色可以按自己的情况选定，通常有孩童、学生/学习者、工作者、父母、丈夫/妻子、持家者、休闲者、公民等。

3. 用彩笔在图中画出自己所扮演的角色，一种颜色代表一种角色。按照在某个年龄段扮演某个角色的多少来决定需要把格子涂多满。

生涯彩虹图的目的是引起学生对角色及人生安排的思索，因此，在完成彩虹图后，需要回答以下几个问题。

二、讨论与分享

1.你的彩虹图中，哪个年龄段看上去内容最多？哪部分的空白比较多？这意味着什么？需要调整吗？

拓展阅读：
金斯伯格的职业生涯发展阶段理论

拓展阅读：
孔子的生涯发展思想

2.现阶段的角色分配是你理想的状态吗？为什么？

3.未来五年会发生什么变化？面临哪些问题？你做好准备了吗？

第二节　霍兰德职业类型理论

引导案例

霍兰德职业类型代表什么，你知道吗？

小张是一名大学生，他在选择专业和职业方向时感到十分困惑。他曾做过一些职业测试，其中一种是基于霍兰德职业类型理论的测试，结果显示他的职业类型主要是社会型和研究型。但他并不知道这个理论是什么，也不知道如何进一步利用这个信息指导自己的职业规划。

案例思考

霍兰德职业类型理论是什么？它的核心观点是什么？

小张的职业类型是社会型和研究型，那么他适合从事哪些职业？这些职业的特点是什么？

你认为通过职业测试了解自己的职业类型对于职业规划有多大的帮助？有哪些其他方法可以帮助人们更好地了解自己？

案例启示

在学习中坚持问题导向，往往能够更快速准确地理解问题的核心。

霍兰德职业类型理论是一种常用的职业兴趣理论，可以帮助人们了解自己的职业类型和适合从事的职业。对于那些对职业选择感到迷茫的人来说，可以尝试做一些职业测试，了解自己的职业类型和适合从事的职业。职业测试结果并不能完全决定一个人的职业选择，还需要考虑个人的能力、价值观、兴趣爱好等因素。

一、霍兰德生涯理论的主要内容

霍兰德将大多数人的人格特质归纳为六种类型，即现实型、研究型、艺术型、社会型、企业型和常规型。工作环境也有六种类型，其名称及性质与人格类型的分类一致。

人们都尽量寻找那些能运用自己的技术、体现自己的价值和能在其中扮演令自己愉快角色的职业。例如，一个现实型的人会尽力去寻找现实型的职业，其他几种人格类型和职业类型的匹配亦然。

一个人的行为表现是职业环境类型和人格类型相互作用的结果。如果知道自己的人格类型和职业类型，就可以预测自己的职业选择、工作变换、职业成就、个人竞争和教育及社会行为。

二、人格类型与特征要求

在现实生活中，同一职业的从业者有着相似的人格类型和反应方式，如木匠手艺灵巧，律师能言善辩，演员表现欲强，会计计算精确，研究人员不善于社交，诸如此类。霍兰德假定大多数人可以归为六种人格类型，即现实型、研究型、艺术型、社会型、企业型和常规型。各人格类型有其相应的人格特质、兴趣和价值观。人们寻求足以发展其能力、展现其人格特质与价值观的环境。

(一) 社会型

共同特征：喜欢与人交往、不断结交新的朋友、善言谈、愿意教导他人。关心社会问题、渴望发挥自己的社会作用。寻求广泛的人际关系，比较看重社会义务和社会道德。

典型职业：喜欢要求与人打交道的工作，能够不断结交新的朋友，从事提供信息、启迪、帮助、培训、开发或治疗等事务，并具备相应能力。如教育工作者（教师、教育行政人员），社会工作者（咨询人员、公关人员）。

(二) 企业型

共同特征：追求权力、权威和物质财富，具有领导才能。喜欢竞争、敢冒风险、有野心、有抱负。为人务实，习惯以利益得失、权利、地位、金钱等来衡量做事的价值，做事有较强的目的性。

典型职业：喜欢要求具备经营、管理、劝服、监督和领导才能，以实现机构、政治、社会及经济目标的工作，并具备相应的能力。如项目经理、销售人员、营销管理人员、政府官员、企业领导、法官、律师。

（三）常规型

共同特点：尊重权威和规章制度，喜欢按计划办事，细心、有条理，习惯接受他人的指挥和领导，自己不谋求领导职务。喜欢关注实际和细节情况，通常较为谨慎和保守，缺乏创造性，不喜欢冒险和竞争，富有自我牺牲精神。

典型职业：喜欢要求注意细节、精确度、有系统有条理，具有记录、归档、据特定要求或程序组织数据和文字信息的职业，并具备相应能力。如秘书、办公室人员、记事员、会计、行政助理、图书馆管理员、出纳员、打字员、投资分析员。

（四）现实型

共同特点：愿意使用工具从事操作性工作，动手能力强，做事手脚灵活，动作协调。偏好于具体任务，不善言辞，做事保守，较为谦虚。缺乏社交能力，通常喜欢独立做事。

典型职业：喜欢使用工具、机器，需要基本操作技能的工作。对要求具备机械方面才能、体力或从事与物件、机器、工具、运动器材、植物、动物相关的职业有兴趣，并具备相应能力。如技术性职业（计算机硬件人员、摄影师、制图员、机械装配工）、技能性职业（木匠、厨师、技工、修理工、农民、一般劳动）。

（五）研究型

共同特点：思想家而非实干家，抽象思维能力强，求知欲强，肯动脑，善思考，不愿动手。喜欢独立的和富有创造性的工作，知识渊博，有学识才能，不善于领导他人。考虑问题理性，做事喜欢精确，喜欢逻辑分析和推理，不断探讨未知的领域。

典型职业：喜欢智力的、抽象的、分析的、独立的定向任务，要求具备智力或分析才能，并将其用于观察、估测、衡量、形成理论、最终解决问题的工作，并具备相应的能力。如科学研究人员、教师、工程师、计算机编程人员、医生、系统分析员。

（六）艺术型

共同特点：有创造力，乐于创造新颖、与众不同的成果，渴望表现自己的个性，实现自身的价值，做事理想化，追求完美，不重实际，具有一定的艺术才能和个性。善于表达、怀旧、心态较为复杂。

典型职业：喜欢的工作要求具备艺术修养、创造力、表达能力和直觉，并将其用于语言、行为、声音、颜色和形式的审美、思索和感受，具备相应的能力。不善于事务性工作。如艺术方面（演员、导演、艺术设计师、雕刻家、建筑师、摄影家、广告制作人）、音乐方面（歌唱家、作曲家、乐队指挥）、文学方面（小说家、诗人、剧作家）。

然而，大多数人都并非只有一种性向（例如，一个人的性向中很可能是同时包含着社会性向、实际性向和研究性向这三种）。霍兰德认为，这些性向越相似，相容性越强，则一个人在选择职业时所面临的内在冲突和犹豫就会越少。

三、劳动者职业性向与职业类型的匹配及模型

霍兰德认为，同一类型的劳动者与同一类型的职业互相结合便达到适应状态，这样劳动者找到了适宜的职业岗位，其才能和积极性才得以发挥。依照霍兰德理论，劳动者的职向类型与职业类型相关系数越大，两者适应程度越高；二者相关系数越小，相互适应程度就越低。为了直观地阐明自己的意思，霍兰德设计了一个平面六角形的图形（图4-3）。

图4-3的六个角分别代表六种职业类型和六种职业性向类型，六种类型的劳动者与六种类型的职业相关联，在图形上以连线表示。

图4-3　霍兰德六角形模型

连线距离越短，两种类型的人—职相关系数就越大，适应程度就越高。当连线距离为零，换而言之，劳动者类型与职业类型高度相关，统一在一个点上（即图中六个角顶端所示），表明某种类型劳动者从事相应类型职业，或者某类型职业有相应类型劳动者来担当，此种情况下，人职匹配最适宜，是最好的职业选择。

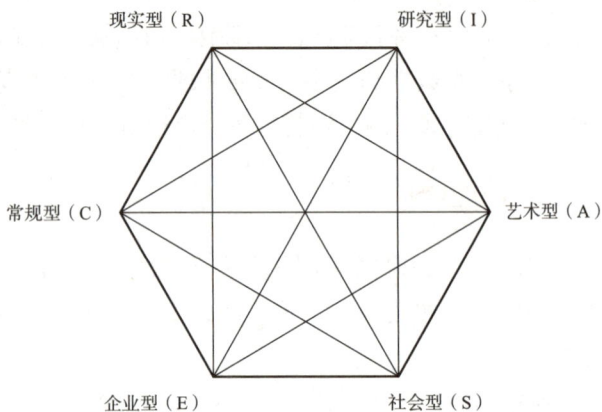

四、职业选择时应遵循的原则

霍兰德模型中的六种职业性向并非完全独立，在一些性向之间，存在着重要的相关性。在这个六边形中，每种职业人格类型与其邻近的两种类型属于相近关系，与其处于次对角线上的两种类型属于中性关系，以其处于主对角线上的职业人格类型属于相斥关系。

模型的六角形状及上述劳动者人格类型与职业类型的关系表明，当人们无法在个人新偏好的部门找到合适的工作时，往往在六角形向邻近的部门找到的工作比与之位置较远的部门更能成为令人满意的选择。据此，霍兰德提出了职业选择时应遵循的几个原则：

（1）相宜原则。即每种职业人格类型的人适宜从事同种类型的职业。

（2）相近原则。即每种职业人格类型的人选择从事与人格类型相近类型的职业，比较容易适应。

（3）中性原则。即人们选择从事与人格类型呈中性关系类型的职业，经过艰苦努力也较容易适应。

（4）相斥原则。即人们如果选择与人格类型相斥关系类型的职业，则很难适应。

拓展阅读：帕森斯的特质因素理论

其实，大多数人实际上都并非只有一种倾向，如果具有的两种职业倾向是紧挨着的，那么他就会很容易选定一种职业。

如果此人的职业倾向是相互对立的，那么他在进行职业选择时将会面临较多犹豫不决的情况，这是因为他的多种兴趣将驱使他在多种不同的职业之间进行选择。霍兰德认为，这些倾向越相似或相容性越强，则一个人在选择职业时所面临的内在冲突和犹豫就会越少。

第三节　职业锚理论

👤 引导案例

企业内岗位轮换，正常吗？

丰田公司采取五年调换一次工作岗位的方式对各级管理人员进行重点培养，每年进行一次组织变更，一般以本单位相关部门为调换目标，调换幅度在5%左右。而对于岗位一线工人采用工作轮调的方式来培养和训练多功能作业员，这样既提高了工人的全面操作能力，又使一些生产骨干的经验得以传授。

📑 案例思考

员工轮岗过程中发现自己的优势在哪里，从而进行准确定位，找到真正适合自己的岗位。短期来看，转岗需要有熟悉操作的适应过程，可能导致生产效率的降低，但对企业长久发展来看则是利大于弊。

📑 案例启示

经常的有序换岗还能给员工带来适度的压力，促使员工不断学习，使企业始终保持一种生机勃勃的氛围。一旦员工确立了自己的职业锚，工作起来将会更具积极性和主动性，效率将会有很大提高。

很多知名企业的管理培训生岗位也大多采用轮岗制，最终根据个人意愿和工作能力等情况综合评判。

为了帮助人们更好地进行职业定位，美国著名职业专家埃德加·施恩提出职业锚理论。职业锚的概念来自外职业生涯和内职业生涯的定义。内职业生涯关注个体的自我观和职业价值观。职业锚是人们选择职业时所围绕的中心，一个人在职业选择时始终坚持的最重要的内容和价值观。

一、职业锚的概念

职业锚又称职业定位、职业系留点（Career Anchor）。实际就是人们选择和发展自己的职业时所围绕的中心，是指当一个人不得不作出选择的时候，无论如何都不会放弃的职业中的那种至关重要的东西或价值观。

职业锚产生于早期职业生涯阶段，以个人习得的工作经验为基础，是从早期工作经历逐渐发展形成的，是个体对自己在成长过程中形成的态度、价值观与天赋的自我认知。施恩认为，职业生涯发展是一个持续不断的探索过程，在这一过程中，每个人都需要根据自己的天资、能力、动机、需要、态度和价值观等慢慢地形成较为明晰的与职业有关的自我概念。随着一个人对自己越来越了解，就会越来越明显地形成一个占主要地位的职业锚。

职业锚是个体才干、动机、需要、价值观和态度等相互作用与逐步整合的结果，强调个人能力、动机、价值观三个方面的相互作用和融合，而不是只重视其中的某一方面。职业锚是个人和工作情境之间早期相互作用的产物，只有经过若干年实际工作后才能被发现。一个人对自己的天资和能力、动机和需要及态度和价值观有了清楚的了解之后，才会意识到自己的职业锚到底是什么。虽然职业锚是个人稳定的职业贡献区和成长区，但这并不意味着个人的职业锚是固定不变的。

二、职业锚的类型

职业锚共八种，其具体类型及特征如下：

（1）技术/职能型（Technical and Functional）：追求技术和职能的不断提高，对自我的认可来自自身的专业水平。通常不喜欢从事一般的管理工作，倾向于选择能够保证自己在既定的技术和功能领域中不断发展的职业。

（2）管理型（General Management）：追求工作晋升，希望独立负责一个部门或是跨部门整合他人努力的成果，愿意承担整体的责任，把事业的成功与否看作自己的工作，认为技术/职能性工作是通向管理层的必经之路。

（3）创业型（Entrepreneurial Creativity）：希望用自己的能力创建自己的企业、产品、服务，愿意冒风险并克服困难障碍，想在世界面前证明他们的成就是靠自己的努力创建成功的。

（4）安全/稳定型（Security and Stability）：追求工作中的安全稳定感，为能预测到稳定的未来而感到安心。关心财务安全（退休金和退休计划），可以完成老板交代的工作，但不关心工作的具体内容。

（5）自主/独立型（Autonomy and Independence）：希望随心所欲地安排自己的工作方式、工作习惯、生活方式。追求可以施展个人能力的工作环境、最大限度地摆脱组织的限制和约束，宁愿放弃提升和发展机会，也不放弃自由和独立。

（6）服务型（Service and Dedication to a Cause）：一直追求他们认可的核心价值（如帮

助他人），一直寻求这种机会，即使变换职业和职位，也不会放弃对核心价值的追求，甚至是拒绝变动或工作的提升。

（7）挑战型（Pure Challenge）：喜欢解决看上去无法解决的问题，战胜强硬的对手，克服无法克服的困难和障碍，需要新奇、变化和困难，不愿从事过于容易的工作。

（8）生活型（Life Style）：希望将生活的各个主要方面整合为一个整体，喜欢平衡个人、家庭、职业的关系，需要一个能够提供足够弹性的工作环境来实现这一目标。

三、职业锚的功能

在个人的工作生命周期中，在事业发展过程中，职业锚发挥着重要的功能作用。

（1）识别个人职业抱负模式和职业成功标准。职业锚是个人经过搜索，所确定的长期职业贡献区或职业定位。这一搜索定位过程，依循着个人的需要、动机和价值观进行。所以，职业锚清楚地反映出个人职业追求与抱负。例如，某雇员选定的是技术职能能力锚，显现出其志向和抱负在于专业技术方面的事业有成，有所贡献。与此同时，从职业锚可以判断雇员达到职业成功的标准。职业成功，无一致的定义，也无统一固定标准，因人而异，因职业锚而不同。对于抛锚于管理型的雇员来讲，其职业成功在于升迁至高职位，获得全面管理越多人的机会和越大的管理权力。而对于安全型职业锚的雇员来讲，求得一个稳定地位和收入不低的工作，有优雅的工作环境和轻松的工作节奏，便是其职业成功的标志。

（2）促进预期心理契约得以发展，有利于个人与组织稳固的相互接纳。职业锚准确地反映个人职业需要及其所追求的职业工作环境，反映个人的价值观和抱负。透过职业锚，组织获得雇员个人正确信息的反馈，这样，组织才可能有针对性的对雇员职业发展设置可行的、有效的、顺畅的职业通道。个人则因为组织有效的职业管理，自身的职业需要得以满足，必然深化对组织的情感认同与服从。于是组织与个人双方相互深化了解，互相交融，达到深度而稳定的相互接纳。

（3）增长职业工作经验，增强个人职业技能，提高劳动生产率和工作效率。职业锚是个人职业工作的定位，是长贡献区。相对稳定地长期从事某项职业，必然增长工作经验；经验的丰富和积累，既使个人知识扩增，也使个人职业技能不断增强，直接产生提高工作效率或劳动生产率的明显效益。

（4）早期职业锚可为雇员做好中后期的职业工作奠定基础。在具有工作经验之前，职业锚是不存在的。通过工作经验的积累产生的职业锚，清晰地反映出当个人进入成年期的潜在需要和动机，它也反映了这一雇员的价值观，反映了被发现的才干。雇员个人抛锚于某一种职业工作过程，就是他的自我认知过程，认识自己具有怎样的能力，还需要什么，价值系统是什么，自己属于哪种类型的人。把职业工作与完整的自我观相整合的过程，决定了成年期的主要生活和职业选择。所以，职业锚是中后期职业工作的基础，换而言之，中后期职业发展和早期职业锚联结在一起。

生涯轶事：规划好您的职业生涯

📖 导师点拨

　　舒伯、霍兰德、施恩关于职业生涯发展阶段的理论从不同的角度呈现出各自的观点，但相同之处就是：他们都认为职业生涯发展是贯穿人的一生的，每个阶段是相互联系的，前一阶段发展状况会直接影响到下一阶段发展。因此，要根据不同的职业发展阶段和行为及期望完成的任务，实施不同方式和内容的指导，明晰阶段任务，更好地促进生涯发展。

　　舒伯的生涯发展理论和霍兰德的人格类型理论一脉相承，都是先进行充分的自我探索，然后根据自我特性选择适合自己的职业，达到最完美的"人职匹配"，具有充分的前瞻性和预见性，能够达到事半功倍的效果。施恩的职业锚是个人和工作情境之间早期相互作用的产物，只有经过若干年实际工作后才能被发现。所以，职业锚理论可以帮助人们在工作过程中根据实际情况，不断明晰，不断修正，最终找到适合自己的那个"锚"，并为之奋斗。

🧑 生涯手册

　　（一）按下面的格式写出 10 句"我是怎样的人"。要求尽量选择一些反映个人风格的语句，避免出现类似于"我是一个男生"这样的句子。

　　1. 我是一个 _____ 的人。

　　2. 我是一个 _____ 的人。

　　3. 我是一个 _____ 的人。

　　4. 我是一个 _____ 的人。

　　5. 我是一个 _____ 的人。

　　6. 我是一个 _____ 的人。

　　7. 我是一个 _____ 的人。

　　8. 我是一个 _____ 的人。

　　9. 我是一个 _____ 的人。

　　10. 我是一个 _____ 的人。

　　（二）请将陈述的 10 项内容作下列归属。

　　身体状况（属于你的体貌特征）编号：_____。

　　情绪状况（你常持有的情绪情感）编号：_____。

　　才智状况（你的智力能力情况）编号：_____。

　　社会关系状况（与他人的关系等）编号：_____。

　　其他方面编号：_____。

　　假如我是一种动物，我希望是 _____，因为 _____。

　　假如我是一位演员，我希望是 _____，因为 _____。

　　如果举行假面舞会，我愿意扮作 _____，因为 _____。

（三）评估对自己的陈述是积极的还是消极的。在列出的每句话的后面添加号（+）或减号（–）。加号"表达了对自己肯定、满意的态度"，减号表示"对自己否定不满意的态度"。看看减号与加号的数量是多少。如果加号多于减号说明自我接纳状况良好。相反，则表示不能很好地接纳自己，自尊程度较低，这时需要内省一番，寻找问题的根源。

第四节　克朗伯兹社会学习理论

案例导入

农户的五个儿子

很久以前有一户人家，家里生有五个儿子：老大过于实在、老二过于奸猾、老三腿有些瘸、老四背有些驼、老五是个盲人。作为一家之长的老爸很是郁闷，"孩子们今后该怎样生活呢？"经过苦思冥想，老爸决定让老大去种田，因为种地来不得半点含糊，揠苗助长、偷奸耍滑是万万不行的，就得实实在在地干；老二去经商，不是有话说得好"无商不奸"嘛；老三负责搓麻绳，正好用长点的那条腿踩住绳头；老四负责织布，反正织布时也得弯腰驼背；老五去学算命，因为算命无须眼明，只要能掐会算就行。结果，五兄弟都过上了自给自足的生活。

案例思考

现在试想，如果安排老大去经商、老二去务农、老五去织布，恐怕他们几个都得沦为乞丐。为什么会有这样理想的结果呢？用现在的说法就是由于老爸为儿子们进行了科学合理的"职业规划"，充分发挥了儿子们的"比较优势"，从而扬长避短，使整个家庭都生活无忧。

案例启示

我们发现遗传因素、性格特点、后天学习都影响这五个儿子的最后结果。父亲根据每个孩子的先天条件制订了后天学习计划，才能使五个儿子都自给自足。

20世纪70年代，美国心理学家班杜拉提出社会学习理论，它是以经典行为主义、强化理论和认知信息加工理论为基础。后来，美国斯坦福大学教育和心理学教授约翰·克朗伯兹（Jhon Krumboltz）将此理论应用在生涯辅导的领域，兼顾心理与社会的影响作用，以帮助面临职业生涯发展困惑的人群，形成了社会学习理论。讨论影响个人做决定的一些因素，从而设计出一些辅导方案，以增进个人的决策能力。

克朗伯兹对生涯发展提出这样的基本假设：

（1）兴趣是学习的结果（更确切地说兴趣是通过积极的学习经验培养来的）。

（2）学习经验导致个体从事某职业，而不是兴趣与能力。

（3）偶发因素不可避免，在人的一生中无处不在。

（4）不能做决定主要是缺乏和生涯有关的学习经验（所以推动行动增进学习经验是关键）。

克朗伯兹汲取班杜拉的社会学习精华强调人们在职业生涯中不必拘泥于既定职业，可以在不断尝试各种性质的活动过程中，增加自己的社会经验，拓展自己的职业技能，为拓宽自己的职业生涯做好充分的准备。

克朗伯兹理论最主要的价值集中在两个方面，一方面是对生涯决定的研究；另一方面是对偶发事件与生涯发展关系的研究。

克朗伯兹认为，人的许多选择在很大程度上受外界环境的控制和影响，从而提出了对职业选择的四种影响因素。

一、职业选择的四种影响因素

（一）遗传素质和特殊能力

一些遗传素质，在某种程度上会影响或限制个人对职业或学校教育选择的自由。这些因素包括种族、性别、外在的仪表和特征等。同时，某些特殊能力也会影响其在环境中的学习经验，伴随这些学习经验而来的兴趣与技能，对个人未来的职业选择将具有相当密切的关系。个人的特殊能力包括智力、音乐能力、美术能力、动作协调能力等，这种因素对于艺术类的学生来说影响非常大。

（二）环境条件

环境条件包括个人所接受的教育与训练、家庭背景、社会政策、社会变迁等非个人所能控制的因素，以及个人职业选择的具体领域等。家庭背景则包括父母所从事的职业及社会经济地位、父母的教育水准，以及家庭结构、父母期望等因素。同时，还包括劳动法规和行业协会的规定、自然灾害（洪水、干旱、地震、飓风）、自然资源的供需情况、技术的新发展等。

（三）学习经验

学习经验包括直接学习经验和间接学习经验。直接学习经验是个人直接从某个结果当中去获得一些学习经验；间接学习经验则是指个人通过对他人、其他的事物的观察而获得的学习经验。每个人有独特的学习经验，这在决定其职业生涯时扮演重要的角色作用。凡是成功的生涯规划、生涯发展和职业或教育的表现所需的技能，均能够通过学习经验而获得。

（四）工作定向技能

工作定向技能即在上述各种因素的交互作用下，个人所获得的解决问题的技能、工作习惯、认知过程、情绪反应等，这些技能又会影响其他各项因素。

克朗伯兹认为，在个人发展的历程中，上述四种因素相互作用，从而形成了个人对自我和世界的推论。一般所谓的个人兴趣、价值观等实际上都是学习的结果。个人学习经验的不足或不当，可能导致错误的推论、单一的比较标准、夸大式的灾难情绪等种种问题，从而有碍于生涯的正常发展。因此，克朗伯兹特别强调丰富而适当的学习经验的重要性。

二、反馈与职业偏好

社会学习理论还指出，个人的偏好折射了个人的反应。当个人做与某项职业有关的事情而得到正反馈如赞许、认可时，会倾向于对该职业有所偏好。例如，某人美术得了A，他会比得C的人更有可能想做美术家。还有一些其他的正反馈，如个人认为的成功人士所从事的职业、敬仰的人的鼓励，会激起对某些职业的正面评价和想象等。正反馈对职业规划中所必需的技能学习和行动同样起作用。没有反馈或因偏好、技能、行动而受罚，会减弱甚至完全消除个人对某一职业的偏好。

在克朗伯兹论及的信念系统里，关于自我的信念核心是对自己表现的评估和未来的预测，而关于职业世界的信念核心是对环境及未来事物的评估与展望。很多个体不能做决定，很大程度上是对自我和职业世界存在限制性信念。

克朗伯兹的理论认为，让一个个体更可能进入一项职业的原因分别是：最近表达了对该职业的兴趣；获得了该领域学习与就业机会；学习了满足该职业要求的技能。

社会学习理论应用于职业生涯规划的一个方面是，检测个人在职业决策和求职时可能产生的一些非理性信念和错误推理。这些理念可能会引导个人做出不现实的选择或找不到满意的职业。因此，剖析自己，寻求职业指导，下决心作出选择。

三、机缘规划，拥抱偶然

克朗伯兹认为，一直以来的生涯理论都在试图尽可能地降低生涯选择所面临的不确定，尽可能使所有事情合乎情理，但忽视了不可避免的偶发事件的重要性。对此他有非常不同于其他理论的观点：

（1）偶发事件无所不在，意外的发生并不意外。

（2）偶发事件可能成为学习机会，应该对不能做决定持开放态度。

（3）应该善用机缘，拥抱偶然，从中发现机会，甚至规划偶发事件。

（4）有五大促进机会发生的因素：好奇、坚持、乐观、善于变通、敢于冒险。

克朗伯兹强调，应该协助来访者制造偶发事件，辨认偶发事件，并把偶发事件整合进自己的生涯规划中；发展出积极的学习经验——形成对自我和职业世界的积极信念，了解工作技能提升的方法，提升行动意愿。

📖 课堂活动

改变并重新建构你的想法

操作指南：请写出最近一起引起你的负面情绪的事件，并按照以下示例重新构建。

操作示例：下面列出了一些对职业决策和求职不利的想法。也许你曾感到挫折、失意、内疲、烦闷、易受攻击、无意义、厌憎和担忧而陷入不利于自己的思维模式。试试用更为理性和建设性的思维方式来重新建构这些想法。请检查随时可能出现的下面这类想法。

我不知道我想做什么，这糟透了。

别人好像都有目标，都知道他们想从事什么职业。

会有一个专家或某种测试告诉我正确的职业（或专业）选择。

我在我向往的职业或专业上会以失败告终。

如果经济滑坡，我会找不到工作。

列出一堆职业来研究和选择完全是在浪费时间。

我必须找到唯一适合我的职业。

一旦做出了职业选择，我就得一生坚持自己的选择。

世界变得太快，根本不可能规划你的职业。

没有女性（或男性）会从事这样的职业。

我不能为男性（或女性）老板而工作。

你若有这其中的任何想法，都可以换种思维方式，调整为：

适合你的工作远不止一种，你可以找到成千上万按相关兴趣、能力分组的职业。

不知道自己想做什么这很正常，一半以上的大学新生会改变求学目标，而通常人一生中平均要换 7～10 次工作。事实上，职业咨询师更愿意帮助那些职业目标不确定的人，因为他们更热衷于找出和探索备选的职业。

即使在困难时期，求职者也能找到工作。

很多人愿意在男性（或女性）老板手下工作。

很多人都曾从事被认为只适合于另一性别的职业而取得了成功。

等你想清楚了，你就能克服这些影响你职业规划的非理性信念。

生涯轶事：
天生就喜欢做的事

第五节　后现代职业生涯理论

一般认为，现代生涯理论始于 20 世纪 50 年代，后现代生涯理论始于 20 世纪 80 年代晚期至 20 世纪 90 年代早期。现代生涯理论主要受逻辑实证哲学的影响，认为人们可以透过科学分析的方法客观地观察并测量出所谓的现实。不同于逻辑实证哲学，后现代生涯理论强调没有绝对的客观现实，人通过生活经验赋予客观事物意义，主观解释大于客观现实。

后现代主义拥护多元文化观点，强调没有单一不变的真理，只有由自己建构的现实及真理；强调接纳不确定性和片段性，尊重多样性和差异性。后现代生涯理论主要有生涯混沌理论、无边界职业生涯理论、生涯建构理论和生涯咨询领域的叙事取向生涯咨询、生涯教练技术等。后现代生涯理论一般都认同个体生涯发展的独特性、差异性，接纳职业生涯的不可预测和不确定性；强调个体是生涯的主动创造者，是自己生涯问题的专家；人既是维持角色的"演员"，也是适应和建构新环境的"作者"；鼓励当事人通过自己的行动和生涯叙事重新建构自己的生涯等。

一、生涯建构理论

（一）生涯建构理论的提出

早在 1955 年，舒伯提出"职业成熟度"概念，指出每个年龄段人们都会在态度上和认识上有所准备用以应对一系列职业发展的任务。所有这些职业发展任务，人们都会有某种程度的准备，包括心理准备和行为准备。后来，美国学者萨帕提出用"生涯成熟度"代之，以突出个人在生涯发展之前的准备程度。然而舒伯等人研究认为，由于成人与青少年所处的生涯阶段不同，前者已经踏入工作岗位，而后者则未真正认识到职业世界的种种，因此，两者的准备程度不同，不应使用同一概念加以描述。于是在 2001 年美国心理学家萨维科斯（Savickas）提出了"生涯适应力"，认为适应才是终身职业生涯发展的核心，萨维科斯在继承和发展舒伯等人的生涯发展的同时，把它提升到了一个更高、更新的境界，叫做主观生涯。这是一种主观性的看法，把个体生涯的各个阶段编制成一个描述人生主题的模式，不仅把生涯适应力作为生涯发展的核心能力，还指出个体职业发展的实质是一个追求主观自我与外部环境相互适应的动态过程，个体占有完全的主观的主导的地位，不同的人有着不同的建构内容和建构结果。

（二）职业生涯建构理论的内涵

萨维科斯曾针对生涯建构理论提出过 16 个探索性命题，后来他融合并发展了"个体—环境匹配"理论和"职业人生主题"理论，进一步提炼成为生涯建构理论的三个方面内容：不同个体间的特质存在差异；个体在不同生涯阶段所面临的任务和应对的策略具有承前启后的发展性；生涯发展是一个充满内动力的变化过程。由此，生涯建构理论分别用职业人格类型、生涯适应力和人生主题，回应了个体职业行为中"是什么""怎么样"以及"为什么"三个问题的解释。

萨维科斯认为生涯建构的重点就是帮助当事人在面对流动不确定生涯时重新建构自我的同一性，重新建构身份认同和职业适应性，实践模式就是叙事取向。当一个人讲述自己的故事时，他就创造了自我并建构了自身的职业生涯。生涯建构论认为，讲述个人故事使人们觉察那些本就存在但模糊不清的意识。实践可以围绕两个层面来进行：关注过去和当下的经验；解释其重要性和赋予意义。最终将故事引向即将面临的未来，以设计出更加有活力的生涯计划。

（三）生涯适应力

生涯建构理论的核心是生涯适应力，它被定义为：个体应对可预测的工作任务和角色以及由工作变化带来的不可预测的自我调整的准备程度。社会飞速变迁令个体不得不更加主动地根据环境做出态度、行为和能力上的调整，形成个体的生涯适应力。生涯适应力代表了一种社会心理资源，是在面对外部挑战和困境时所具备的核心能力。

2005年萨维科斯进一步完善了生涯适应力的理论建构，重新提出的生涯适应力模型包括生涯关注（Career Concern）、生涯控制（Career Control）、生涯好奇（Career Curiosity）、生涯自信（Career Confident），这四个方面分别代表了个体对职业生涯发展的四个角度的思考，即"我关注自己的""我拥有什么样的职业生涯""我能掌控自己未来的生涯发展吗""我对自己的生涯发展有足够的信心吗"。个体生涯适应力的发展贯穿于这四个维度，同时个体在面对职业选择和职业决策中，面对外部环境变化需做出自我调整时，生涯建构理论强调个体独特的态度、信念和能力，被称为生涯建构的ABC，A代表态度（Attitude），B代表信念（Belief），C代表能力（Competency），此三要素对四维度起到调节作用，会影响个体在职业生涯发展中的行为，从而做出更具体有效的职业应对策略。萨维科斯还认为，适应聚焦的是个体生涯发展中的应变过程，即个体与环境之间如何在各种转换中实现顺利过渡和互相匹配。

由此不难发现，生涯适应力高的个体具备以下特点：关注未来职业前景；对自身的职业生涯具有较强的掌控力。对自身职业生涯发展充满了探索欲和好奇心；对自身生涯发展的实现充满信心。提高个体的生涯适应力是职业生涯发展中解决一系列困境的重要目标。

二、生涯混沌理论

生涯混沌理论（The Chaos Theory of Careers）起源于20世纪90年代，是从化学、物理学等自然科学中的混沌理论发展而来的，是职业生涯理论的新兴科学。

20世纪末期，一些心理学家开始用"混沌理论"解释人的生涯心理。21世纪初，普瑞（Pryor）与布赖特（Bright）正式提出了生涯混沌理论，认为生涯心理是一种动态、开放的复杂系统，其影响因素是复杂、多变的，要想理解和把握个体的生涯心理，必须把其置于复杂的关系网中整体看待。混沌理论下职业生涯研究进展表现为以下两个方面。

1. 背景对职业决策的影响

除诸如父母、社会经济地位和老师等会影响职业决策外，还包括兄弟姐妹、朋友、地理、媒体、电影、体育明星和政治家等一系列情景的影响。

2. 进行职业决策的机会

混沌理论似乎与偶然学习理论密切相关。大多数研究表明：偶然事件对职业生涯产生影响率达 64.7%。

曾维希在《生涯混沌理论与生涯不确定性管理》中提出：生涯混沌理论从非线性科学的视角深刻揭示了生涯发展的不确定性本质。面对生涯发展的不确定性，当代青年普遍体验到了强烈的不确定感。这种不确定感围绕人生发展中的重要任务而展开，表现为生涯选择困难、生涯适应不良、人生意义缺失等形态，整体上表现出一个时代、一个群体的焦虑和彷徨。

三、无边界职业生涯

无边界职业生涯（Boundaryless Career），"边界"是分割区域的界限，在组织理论和职业生涯理论中使用了这一概念隐喻。无边界职业生涯的概念最早出现于 20 世纪 90 年代。20 世纪中后期以来，企业所面临的竞争环境变化剧烈，尤其是 90 年代以来信息技术和知识经济的迅猛发展，组织结构正在发生着根本性的变化，从传统科层体制向更具柔性、更扁平的组织形式发展，出现了信息化、分散化、虚拟化、小型化等多元发展趋势。在 1994 年美国学者亚瑟（Arthur）《组织行为杂志》（*Journal of Organizational Behavior*）的特刊上首先提出无边界职业生涯理论。与传统的职业生涯不同，无边界职业生涯强调以就业能力的提升替代长期雇佣保证，使员工能够跨越不同组织实现持续就业。

1996 年进一步修正和丰富了无边界职业生涯的概念。这年亚瑟和卢梭出版了《无边界职业生涯》一书。在书中，他们详细描述了六种不同的无边界职业生涯：像硅谷公司职员一样跨越不同雇主的边界流动的职业；像学者或木匠等职业那样从现在的雇主之外获得从业资格的职业；像房地产商那样受到外部网络和信息持续支持的职业；打破关于层级和职业晋升的传统组织设想的职业；出于非职业本身或组织内部原因，而是个人或家庭原因令其放弃现有职业机会的职业（这里强调了对"职业与个人"或"组织与家庭"之间边界的跨越）；基于从业者自身的理解，认为是无边界而不受结构限制的职业。

他们还总结了这些定义中的共同特征，即"独立于而不是依赖于传统组织的职业安排"。因此，可以说，无边界职业生涯是一种多角度的概念，包括甚至超越了多种边界，而且涉及了实体和心理、主观和客观等多种分析层面。

📚 导师点拨

本章从理论本身的价值取向角度来看，主要围绕以下四个方面的探索而展开：人的特质与职业的适配关系（对应的是人职匹配理论）；人的职业发展与自我实现、终身发展的关系（对应的是职业生涯发展理论）；人的职业生涯发展与社会环境的关系（对应的是社会学习生涯理论）；人的自我同一性与流变性职业生涯的关系（对应的是后现代生涯理论）。以此四个方面为逻辑线索，职业生涯发展教育理论也大致分为四大类型，即人职匹配理论、职业生涯发展理论、社会学习生涯理论、后现代生涯理论。四种职业生涯发展教育理论的价值取向分别回答的是：人如何适应现有的职业环境和要求；人如何通过职业及职业与生活的有机统一而得以自我实现；人如何积极主动地改变自己，去开拓更为广阔的职业发展空间；人如何通过自己的行动和生涯叙事去重新建构自己的职业生涯。

四种理论的价值取向各有侧重，也都有各自的现实合理性和理论局限性，实践过程中也往往根据对象的不同特点、不同需求综合施策、灵活应用。职业生涯发展理论在其发展过程中本土化创新提供五点重要启示：一是特定经济社会发展阶段尤其是生产力发展水平、劳动力市场发育程度决定了职业生涯发展理论的产生及发展程度，特定社会政治、经济制度决定了职业生涯发展理论的价值取向；二是从世界范围来看，职业生涯发展理论的发展趋势已由科学主义向人本主义转变、由"指导者中心"向"当事人中心"转变、由"以职业为中心"向"以人为中心"转变；三是从人与职业的关系看，职业生涯发展教育理论已由静态的职业指导、人职匹配向动态的生涯辅导、人职互动转变，由单纯的职业选择、职业发展向人的自我实现、自我建构、终身发展转变；四是从人与环境的关系看，职业生涯发展教育理论已由单纯的环境决定论向强调人与环境交互作用、重视当事人社会学习、职业体验和参与职业活动转变，继而强调介入式的"基于工作的学习"或"通过职业的教育"；五是开始注重生涯咨询与生涯教育模式的整合，一方面高度重视心理学取向的经典理论的运用、职业分类与生涯量表的本土化探索；另一方面高度重视教育学取向的职业生涯教育，强调多学科支撑的、满足社会需要的职业生涯发展教育。

拓展阅读：
认知信息加工理论

第五章

布局谋划：大学生职业生涯规划

学习目标

知识目标：

1. 认识职业生涯规划对于大学生的重要性和意义。

2. 了解职业生涯目标的分类和制定职业生涯规划的原则。

3. 熟悉制定职业生涯规划的步骤，学会撰写职业生涯规划书。

能力目标：

1. 能够逐步完成制定职业生涯规划的任务，能够运用所学的知识设计职业生涯规划书。

2. 能够结合职业生涯规划书的内容和写作要求等知识，撰写职业生涯规划书。

3. 掌握职业生涯设计的方法与步骤，制定学业规划和职业规划。

素养目标：

1. 通过学习职业生涯规划的相关知识，培养职业生涯规划能力，提升收集、分析和整理资料的能力，提高分析和解决实际问题的能力。

2. 通过进行职业生涯发展教育，树立正确的职业观，找准职业定位，明确现阶段目标，学会正确选择职业发展方向。

3. 树立坚定的理想信念，将个人的理想抱负与国家命运、时代担当相融合。

知识链接

第五章数字资源库　　　　第五章知识链接

第一节　职业生涯规划概述

引导案例

抉择

小辛是某高职院校大数据与会计专业的毕业生。同学对她的评价是刻苦、有上进心、学习能力强。当初因为高考失利，未能考入理想的本科院校就读。小辛一直希望通过专升本考试，升入本科院校学习经济法专业，职业目标是财务经理。大三时，面对毕业前的各种双选会、招聘会，小辛又开始迷茫：专升本和就业该怎么选？我适合专升本，还是直接就业？

案例思考

高职学生毕业时通常会面临两条路：一条路是选择"专升本"，通过"专升本"考试升入本科院校继续学习，提升学历也意味着将来机会更多；另一条路是直接就业，求职的过程中会遇到很多困难，但也能够帮助个人成长，锻炼自己的能力。

"专升本"还是直接就业？这是所有大专生都会遇到的问题！其症结在于，害怕升本失败，又没有工作经验的积累。

案例启示

高职学生毕业后到底是选择"专升本"还是直接就业，不同的人有不同的选择，两者都需要付出努力与精力，需要根据所学专业特点结合个人性格、能力、自律性等实际情况进行选择。确立目标后，应尽早规划大学生活。否则，直到大三都还没有关于未来的任何规划，就会导致始终在升本和就业这个十字路口徘徊。

职业教育是国民教育体系和人力资源开发的重要组成部分，对建设教育强国、科技强国、人才强国，推动经济高质量发展，保障和改善民生，具有十分重要的意义。党的二十大报告指出："推进职普融通、产教融合、科教融汇。"这对新时代职业教育发展提出了新的要求。要充分了解国家时事政治，科学合理地设计职业生涯规划、明确职业目标、找准职业定位、确定个人发展方向，努力提升自我，为未来的就业做好充足的准备。

一、职业生涯规划的含义

面对竞争日益激烈的就业形势，每一个大学生都希望自己能择好业、就好业，拥有一个美好的职业发展前景。因此，了解职业生涯规划的基本知识，掌握职业生涯规划的相关技能，做好迈入职场、向职业角色转变的准备，确立未来的职业发展方向和目标，尽早进行职业生涯规划，能够帮助大学生合理规划和安排自己大学期间的专业学习和课外活动，为未来的职业生涯发展创造更多可能，为充分地实现自己的人生价值打下良好的基础。

对于正在为未来职业生涯做准备的大学生来说，清晰地了解职业生涯规划的基本概念，一方面可以纠正传统思维定式对职业生涯规划的错误看法；另一方面可以增强对职业生涯规划范畴与应用的认识。

（一）职业生涯

职业生涯就是一个人的职业经历。它是一个人一生中所有与职业相联系的行为与活动，以及相关的态度、价值观、愿望等连续性经历的过程，也是一个人一生中职业、职位的变迁及工作、理想的实现过程。简单来说，职业生涯就是一个人终生的工作经历。

国内外学者对职业生涯有众多定义，职业生涯的概念会因定义者的研究角度和时代的不同而发生着变化。一般来说，职业生涯有广义和狭义两种解释。狭义的职业生涯是指直接从事职业工作的这段时间，时限是从工作之前专门的职业学习和训练开始，到完全结束或退出职业工作终止；广义的职业生涯则从个体的出生起到职业工作完全结束为止，包括个体从职业能力的获得、职业兴趣的培养、选择职业、就职，直到最后完全退出职业劳动这样一个完整的职业发展过程。职业生涯是一个人追求自我实现的人生重要组成部分。与职业不同，职业生涯蕴含着具体的职业内容，是一个发展的概念和动态的过程，它不仅包括一个人在过去、现在和未来可以实际观察到的连续从事的职业发展过程，还包括个人对职业生涯发展的见解和期望。具体来讲，职业生涯是个体的行为经历，是人的一生中与工作有关的经验方式，工作经历包括职位、职务经验和工作任务。在一定意义上说，在一个人有限的生命中，职业生涯往往占有绝对重要的位置，大部分人的职业生涯时间占可利用社会时间的 70%～90%。职业生涯伴随人们的大半生，拥有适合自己的职业生涯才能实现美好人生。

（二）职业生涯规划

职业生涯规划又叫职业生涯设计，这一概念是美国著名管理专家威廉姆·J.罗斯威尔（Willianm J.Rothwell）最早提出来的。他认为：职业生涯规划是个人结合自身的基本情况及眼前的相关制约因素，为实现自己的职业目标而确定行动方向、行动时间和行动方案，从而避免就业的盲目性，降低从业失败的可能性，为走向职业成功描绘最有效率的路径。目前，我国普遍认同的概念是：职业生涯规划是指个人与组织相结合，在对职业生涯的主客观条件进行测定、分析、总结的基础上，对自己的兴趣、爱好、能力、特点进行综合分析与权衡，结合时代特点，根据自己的职业倾向，确定其最佳的职业奋斗目标，并为实现目标做出行之有效的安排。从这个概念来看，职业生涯规划可以定义为这样一个过程：先知觉、有意愿、量己力、衡外情、定目标、找策略、重实践、善反省、再调整、重出发的生涯规划循环历程。也就是说，职业生涯规划的首要任务是确定职业目标，然后在对个体主客观条件综合分析的基础上，为职业目标的实现制订科学可行的计划与安排，并在实施过程中根据实际情况进行动态调整。

职业生涯规划对个人一生的职业发展道路具有战略意义，它一般是建立在对个人、组织、社会等因素的科学分析和有效引导的基础之上，包括选择什么职业、在什么地区和在什么单位从事这种职业，还包括在这个职业队伍中担负什么职务，以及对职业和组织的生产性贡献和成就期望等内容。一个人的职业生涯规划不仅帮助其找到人职匹配的工作岗位，实现职业理想，更重要的是帮助其客观全面地了解自己的兴趣、性格、知识、技能和价值观，并在对家庭、社会等外部条件进行综合性的测定、分析、总结研究的基础上确立职业目标，设计出合理且可行的职业生涯发展方向。同时，还要看到未来发展的不确定性，职业生涯规划也需要确定适当的变通性，一个完整的规划在执行的过程中还要进行评估和调整。当今社会，各行各业的发展日新月异，一个人要获得职业成就和事业成功，一定要在正确认识自己的基础上，积极调动主客观有利条件，明确自己的职业定位，找到自己的职业发展方向，做出自己的人生规划。对于当今大学生而言，要结合国家甚至世界经济社会发展的需要，尽早明确自己的职业理想和目标定位，合理地对自己的人生进行规划，制订切实可行的行动方案。

二、职业生涯规划的意义

（一）有助于大学生正确认识自我，避免盲目就业

通过职业生涯规划，大学生能够正确地认识自身的特性和潜在优势，能对自己进行正确的定位。许多大学生对自己并不了解，尤其不了解自己的优势和劣势，在职业选择过程中具有比较大的盲目性和不切实际性。

通过行之有效的规划，可以使大学生认识到自身的个性特征、现有和潜在的资源优势，对自身的劣势进行弥补；认识到自身的价值并使其持续增值；促使大学生发展自身优势，着力培养某些职业特质，满足职业要求，树立职业理想和职业生涯目标，尽早地消除大学生就业过程中的错误观念；使大学生及早转换角色并对自己的大学生涯做出规划，为理想职业做好各种准备，从而避免就业过程中高不成、低不就的现象。

（二）有助于大学生进一步了解社会，提升社会竞争力

社会的发展促使职业选择成为一项复杂的社会历程。生活在校园里的大学生常常缺乏对社会、职业环境、职业信息的了解。通过职业生涯规划，大学生不断地获得信息，这些信息包括社会、职业、礼仪等多方面；获得的信息越多，心理准备越充分，在制定规划时就能够根据社会需要，兼顾眼前利益和长远利益，合理地规划自己；同时，要在激烈的竞争中处于领先地位，就要找到一个适合自己发展的平台，尽可能避免到处求职、频繁跳槽。职业生涯规划有助于大学生未雨绸缪，找到一个适合自己的工作起点。

（三）有助于大学生培养自信心，提高自身的综合素质

职业生涯规划的过程是大学生不断学习的过程。随着知识的积累，接受培训和教育的增加，参加社会实践活动的增多，对自我及职业认识的加深，大学生的自信心就会不断地被建立起来。同时，具备社会需要和认可的综合素质是大学生取得职业生涯成功的重要因素。职业生涯规划使大学生明确了职业目标，将自己所学与社会需要、职业要求相结合，增强实际应用能力和动手能力，增强合作意识和沟通能力，使大学生拥有健康的身心和生活方式，拥有丰富的知识和良好的人际关系，学做一名合格的职业人和社会人。

（四）有助于大学生实现职业成功，促成自我实现

每个人都希望自己的职业生涯成功，特别是受过良好教育、自身素质较高的大学生。对未来的职业道路有很高的期望，并愿意为之付出努力。职业生涯的成功仅靠主观努力是不够的，还要看是否选择了正确的方向。有效的职业生涯规划为大学生职业成功提供方向保障。面对人生的舞台，每个人都渴望实现自我价值，职业生涯规划可以帮助大学生在基本需求得到满足并继续增加的同时，通过提高需求层次，获得别人的赞赏和尊重，获得地位、荣誉，实现自身价值的升华，从而实现人生目标。

三、职业生涯规划的原则

（一）与社会发展、时代需要相结合原则

大学生应将个人的价值实现与社会发展和国家需求紧密结合起来，适应当今时代的需要；更应该从社会理想的高度来认识职业生涯规划的意义，增强历史责任感，培养良好的道德情操；拥有广泛的兴趣爱好和过硬的专业素质，努力使自己在为社会服务的过程中实现自己的职业理想，成长为能够担当民族复兴大任的时代新人。

（二）专业匹配原则

经过一定的专业训练，具有某一专业的知识和技能，这是大学生的优势所在，也是大学生职业生涯规划的基本依据。新时代需要知识面广、业务能力强、综合素质高的人才。用人单位对毕业生的需求，首先选择的是大学生某专业方面的特长。如果职业生涯规划离开了所学专业，无形中就增加了许多负担。需要强调的是，大学生对所学的专业知识要精深、广博，除要掌握宽厚的基础知识和精深的专业知识外，还要拓宽专业知识面，掌握或了解与本专业相关、相近的若干专业知识和技术。同时，大学生职业生涯规划不能满腹空谈，要做到脚踏实地，夯实专业基础，将理论与实际相结合，融会贯通。

（三）兴趣与能力匹配原则

职业生涯规划要与自己的个人性格、气质、兴趣、能力、特长等方面相结合，充分发挥自己的优势，扬长避短，体现人尽其才、才尽其用的要求。大学生进行职业生涯规划时应适当考虑自己的兴趣与爱好。兴趣是个体积极探究事物的认识倾向，这种倾向常具有稳定、主动、持久等特征。如果一个人对某种工作产生兴趣，他在工作中就会具有高度的自觉性和积极性，在工作中就容易做出成绩。反之，一个人对工作没有兴趣，就不可能将自己的精力全部投入工作中去，也就很难取得工作上的成功。

📖 导师点拨

理想信念是成事之基，是指引我们前行的方向。大学生要科学设定人生目标，正确规划人生道路，要将个人的理想追求融入中华民族复兴的伟大事业之中，拼搏奋斗，励志笃行。

🎥 课堂活动

1.活动说明

通过活动，开阔个人思维，对所学专业及与其相关的职业有更深刻的认识。

步骤1：3～4人为一组，开展"头脑风暴"，根据所学专业，列举出本专业毕业后能选择的职业方向。

步骤2：每组派一名代表总结本小组成员写出的所有职业及每个成员最憧憬的职业。

步骤3：小组成员逐个阐述自己所选职业的特点、需具备的条件。

步骤4：根据小组列举职业数量及小组成员的阐述，相互评分，选出最优秀小组加以奖励。

2.讨论与分享

活动过程中，各成员对所学专业及与专业相关的职业方向的选择进行讨论。思考某职业为何是你最憧憬的职业。

第二节 掌握职业决策的方法

👤 引导案例

奥托·瓦拉赫的传奇经历

德国化学家奥托·瓦拉赫的成才经历极富传奇色彩。他上中学时，父母曾为他选择文学这条路，不料，一个学期结束后，老师在给他的期末评语中写道："虽然你很用功，但太过拘泥，即使有完善的品德，也很难在文学上有所成就。"于是瓦拉赫转而学习油画，对艺术的理解能力不够的他，既不善于构图，对色彩的敏感度也不强，成绩可想而知。面对如此"笨拙"的学生，油画老师的评语更是挖苦："你是绘画艺术方面的不可造就之才。"后来，化学老师认为他做事一丝不苟，具备从事化学领域应有的品格，建议他改学化学。结果他智慧的火花一下被点燃了，在同学中，他的成绩遥遥领先，后来奥托·瓦拉赫获得了化学界的最高奖项——诺贝尔化学奖。

📖 案例思考

正所谓"天生我才必有用"。音乐方面才能欠缺的人，也许在绘画方面很有天赋；表达能力欠佳的人，可能思维缜密、执行力强。人只有在适合自己的领域发展，才能发挥他的优势，激发潜能，就可能在这个领域大放异彩。

📖 案例启示

大学生的职业生涯是一个复杂的成长过程，在有针对性的学习技能和培养能力之前，需要像奥托·瓦拉赫一样，找到适合自己发展的领域，怎样才能找到这个适合的领域呢？这就需要每个大学生先熟悉职业决策的概念，并认识影响职业决策的因素，了解职业定位的相关概念，用科学合理的方法去寻找适合自己的职业发展方向。

职业决策是职业生涯规划过程中最重要的环节，是对职业发展方案和职业发展方向做出审慎决定的系统过程。这一过程以了解外在职业环境和认识自我为基础，需要从众多的工作领域和工作机会中做出合适的选择，例如对行业性质、工作性质、工作地点和发展潜力等内容进行综合分析和筛选。由此可见，职业决策在职业生涯规划的过程中起着导向性的作用。职业决策的关键问题是要达到人的个性因素与职业因素的优化统一，两者相互适应、相互匹配，才能较好地完成职业的决策与选择。

这就要求个体在环境分析的基础上，不仅要使职业生涯发展的方向符合个人的实际情况，如个人能力、兴趣性格和价值观等，还要安排和实施后续的行动过程。职业决策的目的是寻找和优化职业生涯的发展方案。由于职业决策与大多数即时决策不同，这个过程中没有固定的选项和思维模式，所以，具体做出的选择，在现实条件和要求之间就可能存在不同程度的冲突。职业决策的方法有很多，主要有 SWOT 分析法、决策平衡单分析法、CASVE 循环决策法。

生涯轶事：三位砌墙工人的命运

一、SWOT 分析法

SWOT 分析法又称态势分析法，SWOT 是英文单词" Strengths（优势）、Weaknesses（劣势）、Opportunities（机会）、Threats（威胁）"的缩写，最早是由美国哈佛商学院教授肯尼斯·安德鲁斯教授于 1971 年在其《公司战略概念》一书中提出的。近年来常常被用于职业生涯决策方法中。它是检查自己的技能、职业、兴趣，分析个人优点，评估出自己所感兴趣的不同职业道路和职业机会的有用工具，也是利用内外因素追求目标的决策方案。运用这种方法的主要目的是通过分析组织和个人内部的优势与劣势，以及外部环境的机会与威胁制定未来发展的策略。运用 SWOT 分析法进行分析，就是将与自己需要解决的问题密切相关的内外环境优势、劣势因素罗列，并根据影响程度等排序方式按矩阵形式排列出来，然后应用系统分析的方法，将各因素相互匹配并加以分析，从中得出相应的对策。

二、决策平衡单分析法

职业决策实际是平衡多方利弊，并做出最符合自身利益的决断。决策平衡正是针对这一特点，根据个人的利益和需求，直接对预备选项进行筛选。决策平衡经常被应用于实际问题的解决和职业咨询中，进行最后的评估和筛选。其主体框架：内在物质层面的得失；外在物质层面的得失；内在赞许与否；外在赞许与否。

决策平衡单运用起来简单直观，经过初步的职业筛选，它可以帮助大学生具体地对每个职业选项进行分析。大学生可以通过分析各个方案实施后的利弊得失，结合个人在物质和精神层面的需求，排出各个预备选项的优先顺序，从而得到最优的结果。其具体操作步骤如下：

（1）列出预备的职业选项。需要列出有评估价值的潜在职业选项。

（2）各项考虑因素的加权计分。需要根据自身实际情况进行考量，对各个栏目的重要性进行权衡，即根据该栏目的重要程度，分别设定 1～5 的权重系数。

（3）判断各个职业选项的利弊。根据各个预备职业在物质和精神上的得失，逐一检视各个职业选项，用 0～10 的分值，来衡量各个职业的得分。

（4）计算出各个职业选项的得分。结合各个栏目的权重系数，计算出各个职业选项的加权总得分。

（5）排出各个职业选项的优先顺序。依据各职业选项在总分上的高低，排出优先顺序，职业选项的优先顺序即可作为大学生职业生涯决策的依据。

在实际运用中，由于"自我赞许与否"和"社会赞许与否"显得比较笼统，所以将这两项换为"内在精神层面的得失"与"外在精神层面的得失"，实际是由"内在—外在""物质—精神"所构成的四个范围来考虑的。职业决策平衡单见表 5-1。

表 5-1　职业决策平衡单

项目		权重系数	职业 1 得分	职业 2 得分	职业 3 得分	职业 4 得分
内在物质层面的得失	1. 经济收入					
	2. 升迁机会					
	3. 办公条件					
	4. 福利待遇					
	5. 休闲时间					
	6. 其他					
外在物质层面的得失	1. 家庭的经济利益					
	2. 对家庭生活的影响					
	3. 社会资源的获取					
	4. 家庭社会地位					
	5. 其他					
内在精神层面的得失	1. 兴趣一致性					
	2. 个性的一致性					
	3. 价值观的契合度					
	4. 个人精神世界的发展					
	5. 其他					
外在精神层面的得失	1. 家庭关系的维系					
	2. 友谊的增进和维系					
	3. 社会关系的培养					
	4. 其他					

三、CASVE 循环决策法

CASVE 循环决策法包括五个阶段：沟通（Communication）、分析（Analysis）、综合（Synthesis）、评估（Value）和执行（Execution）。CASVE 是这五个英文单词的首字母。它可以在整个职业生涯问题解决和决策制定过程中提供指导。这一循环如图 5-1 所示。

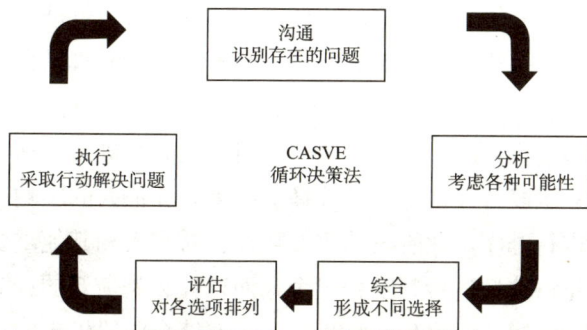

图 5-1　CASVE 循环决策法

105

1. 沟通（Communication）

沟通即识别存在的问题，找出差距。沟通阶段包括：发现理想情境与现实情况之间的差距；通过内部和外部信息表现出来；意识到自己需要做出一个选择；充分认识到问题不能忽视。内部信息是对自身消极的情绪信号（不满、焦虑和失望等）和身体信号（昏昏欲睡、头痛、胃部疾病等）的察觉。外部信息包括父母对你职业规划的询问，同学、朋友对你职业选择的评价，或者媒体上关于你的专业就业趋势的资讯。这一步往往伴随着痛苦与焦虑，大学生会意识到应当从现在开始思考生涯的目标与意义。

2. 分析（Analysis）

分析阶段将问题各部分联系在一起。沟通阶段问题或差距已经产生，此阶段就是如何分析事理。首先，分析对自己了解的程度如何，对于将来的去向了解的程度如何；其次，要将二者联系起来思考、分析、研究。本阶段应当对理想与现实之间的差距进行分析，要充分了解差距，要将问题的各个部分联系起来，对现状进行总体评估，从而了解自己和自己可能的选择。充分了解问题或差距后，试着回答并分析问题：

（1）要解决这个问题需要自己具有哪个方面的优势？

（2）我确实需要做些什么才能解决这个问题？

（3）为什么我有这样的感受？我了解环境的哪些方面？我的家人、朋友、同学、师长如何看待我的决策？

（4）做选择的压力从何而来？

职业生涯问题解决者通常会改善自我知识，不断了解职业世界和家庭需要。应当注意的是，分析阶段是决策过程中最容易出现问题的阶段。许多人倾向于以简单化的方式得出结论，直接跳到行动步骤，这样决策时并未能真正厘清问题的关键，未能收集到足够的信息，决策也往往不能很好地执行。

3. 综合（Synthesis）

综合阶段形成可以行动的选项。分析阶段是用来知己知彼，综合阶段则是用来运筹帷幄，即找出差距的根源和成因之后，再去寻求消除问题或差距的行动方案。其核心任务是"确定我可以做什么来解决问题"。这是一个扩大并缩小选择清单的过程。这份清单应该大致符合自己的性格、兴趣、气质、能力和价值观等个性因素。首先，尽可能多地找到消除差距的方法，发散性地思考每一种办法，甚至采用"头脑风暴"进行创造思维。其次，缩小有效方法的数量，通常缩减到 3～5 个选项，形成自己的预期职业库。

4. 评估（Value）

评估阶段对各选项进行排序。这一阶段需要对行动方案进行评估，从而作出选择。评估分为两个阶段：第一阶段，评估每一种选择对决策者和他人的影响；第二阶段，对综合阶段得出的各种选择进行排序。此阶段的主要环节：对本人和其他重要人员的影响；根据当事人的道德观念对每种选择进行判断；对个人而言什么是最好的；对重要人员而言什么是最好的；对自己所处的团体而言什么是最好的；对综合阶段做出的选择进行排序；选出自己的最佳选择。

5. 执行（Execution）

执行阶段形成目标计划并行动。这一阶段，是决策者将认知转换为有计划、有策略的具体行动。此阶段的主要环节：形成目标，并确定行动步骤以达到目标；以第一选择为目标重新建构计划；制定时间表、工作流程；压力和风险评估。在这一阶段有一个与执行相关的特定活动：计划、尝试和申请。计划是制订个人获得教育和培训的计划。尝试包括通过实践活动、志愿者经历、兼职工作等获得更多的实施经验。申请包括填写申请表、报名及采取其他具体步骤实施个人有计划的行动方案。

6. 沟通再循环

用事实和结果来反馈开始。CASVE 循环是一个自身不断循环的过程，在执行阶段结束之后，又回到沟通阶段，以确定自己的选择是否是最好的，与实际情境之间的差距是否已经消除。这时候，需要问答以下一些问题：

（1）理想与现实是否已经发生了改变？

（2）我的朋友和亲戚对我的选择有何反应？

（3）我现在感觉怎么样？

（4）我是否回避了某些应该做的事情？

如果原来在沟通阶段体验到的消极情感转化为积极的，那么说明 CASVE 循环的问题解决过程是成功的。这一阶段是了解自己是否做了一个好的选择的阶段。此阶段的主要环节：检验问题信号是否消失；问题解决过程是否成功，是否需要启动 CASVE 循环。总之，CASVE 循环是一个持续的过程，一个循环过程结束意味着另一个循环过程的开始。利用 CASVE 循环可以解决职业生涯问题，能够使职业生涯决策过程处于高效率运作状态。

🧑‍🏫 **课堂活动**

决策风格小测试——桃园摘桃

1. 活动说明

本题共有五个选项，请根据自身情况，作出合适的选择，推断自己属于哪种决策风格。

步骤 1：路边有一片桃园，假如你可以进入桃园摘桃子，但只许前进，不许后退，只能摘一次，可挑选最大的，你会怎么办？

步骤 2：请同学们在以下选项中作出选择。

A. 对视野内的桃子进行比较，形成一个大概的标准，根据这个标准再选择最大的桃子。

B. 我感觉这个大就摘这个。

C. 去问桃园里的人，让他告诉我最大的桃子是什么样的，或者问旁边的人，什么样的桃子最大。

D. 先别管了，走到最后再说吧。

E. 稍微比较，迅速摘下一个。

步骤3：根据对应选项，进行判断。

A. 对应理智型。强调综合全面地收集信息，理智地思考和冷静地判断。

B. 对应直觉型。以自我判断为导向，在信息有限时能快速做出决策，发现错误时能迅速改变决策。

C. 对应依赖型。倾向于采用他人的意见或建议，较为被动和顺从，十分关注他人的意见和期望。

D. 对应回避型。拖延、不果断，倾向于不考虑未来的方向，不知道自己的目标，既不思考，也不寻求帮助。

E. 对应自发型。不能容忍决策的不确定性以及由此带来的焦虑情绪，具有强烈的及时性，对迅速做决策感兴趣。

2. 讨论与分享

结合个人的理解，明确什么是决策，讨论决策与我们生活有什么样的关系。不同的决策会对我们的生活产生怎样的影响。

第三节　职业生涯规划书的撰写

引导案例

迷茫的求职之旅

某高等职业院校毕业生小孟，高中时觉得导游可以利用工作之机整天游山玩水，于是填报高考志愿时选择了旅游管理专业。可大学三年读下来，发现理想和现实之间有很大的差距，他一点也不喜欢这个专业，毕业后不想当导游，觉得工作太累了。如果转到酒店行业，又觉得工资普遍不高。前些天，家中亲友问他想做什么工作，想帮忙介绍，他脑子里却一片空白。"这个我还真没想过。""不知道，您看我能干什么吧。"他只能这么回答。除了不想当导游，对自己要找一份怎样的工作，小孟还真没有慎重地考虑过，他只觉得大学毕业后找份月薪 5 000 左右、不要太辛苦、离家稍微近一点的工作就行了。如今半年过去了，他的工作还是没有着落，从期待到失望，小孟的求职之路充满了坎坷。

案例思考

客观来说，小孟所学专业并不偏门。随着我国旅游业的不断发展，对旅游管理人才的需求日渐增加，小孟求职困难的根本原因是他在大学阶段不知如何准确定位，不了解职业环境，缺乏明确的就业方向。

为了避免将来面临和小盂类似的处境，请大家思考：你所学的专业未来就业方向有哪些？如何找到一种职业，使个人兴趣、职业能力和价值观达到平衡？

📑 案例启示

"凡事预则立，不预则废。"大学生就业同样如此。当站在就业的十字路口时，很多大学生茫然无措，其中最主要的原因就是在大学期间缺乏对未来生活和职业目标的规划与准备，或者根本不知道该如何规划与准备。

面对严峻的就业形势，如果大学生希望在毕业时能有一个好的选择，在未来职业生涯中充分体现自我价值，就应该尽早制定职业生涯规划，及时确定职业发展方向，并据此制定具体实施方案。因此，职业生涯规划是大学生就业最先行、最基础的一项准备工作，也是大学生实现职业理想和职业目标的关键一环。大学生唯有尽早做好职业定位和生涯规划，并针对职业目标不断进行调整和修正，努力打造自身就业的核心竞争力，才能实现顺利就业，进而实现职业理想。

职业生涯规划的目的绝不只是协助个人按照自己的资历条件找一份工作。实现个人目标，更重要的是帮助个人真正了解自己，为自己定下事业发展计划，筹划未来，拟定一生的方向。通过详细估量内、外环境的优势和限制，设计出合理且可行的职业生涯发展方向，要按职业生涯规划步骤，运用科学的方法制定并实施职业生涯规划方案。

一、职业生涯规划书撰写要求

（一）资料翔实，步骤完整

收集资料有多种途径，可以考虑使用职业规划测评系统的测评资料，可以通过生涯人物访谈、从报纸图书中摘抄、上网下载等方式获取资料，要尽可能注明资料的出处，并多运用图表数据来说明问题，以提高资料来源的可信度和说服力。这一阶段的步骤主要分为以下四步。

第一步：分析需求、条件及目标设定。

第二步：分析阻碍和可行性研究。

第三步：设计方案和提升（改变）计划。

第四步：制订详细的实施计划和措施。

（二）论证有据，分析精准

要了解有关的测评理论及知识，认真审视并思考自己的测评报告，对照自我认识与测评结果的异同，分析与测评结果形成差距的原因，从而确定自我评估结果，达到"知己"；

要厘清自己所处的地理环境（包括居住的地方、喜欢的地方、亲朋的意见等），明确自己的最大兴趣、最喜欢与之共事的人的类型、最重视的价值与目标、最喜欢的工作条件，再通过目前的环境评估（社会影响、家庭影响、学校因素、就业形势等）和当前社会环境分析（组织环境分析、技术的发展、经济的兴衰、政策法规的影响等）来确定自己的职业方向，做到有理有据、层层深入。

(三) 言简意赅、结构严谨

语言朴实简洁，用词精练准确，行文流畅，条理清楚，这是最基本的写作要求。撰写时还应密切注意整篇文章的结构和重心所在。

职业生涯规划书一般包含对职业规划的认识、对自我的剖析、对所学专业的认识、对职业方向的探索及确定目标并制订计划这五个方面的内容。在对这些内容进行分析阐述时，必须紧紧围绕职业目标这条主线展开，从而体现文章论述的逻辑性和连贯性，要将重点放在自我评估、环境评估、目标实施上。职业生涯规划是对自己将来的规划，这个规划只有建立在对自我和职业的充分认识的基础上才能体现出它的科学性和可行性。

(四) 目标明确，科学合理

撰写职业生涯规划书应围绕论述的中心展开，职业生涯目标不能过于理想化，应择己所爱、择己所长、择世所需、择己所利。职业生涯规划书撰写是否成功，在很大程度上取决于有无正确、适当、切实可行的目标。

(五) 有据可依，措施具体

目标分解、实现路径选择要有理论依据，而且备用路径之间要有内在联系性。目标组合要注意时间上的并进、连续，功能上的因果、互补作用，全方位的组合要涵盖职业生涯、家庭生活、个人事务等方面。

(六) 格式清晰，图文并茂

大学生职业生涯规划书的撰写要体现完整性、层次性。完整性即不能缺少职业生涯规划书内容中的任何一部分；层次性即格式清晰，每部分内容安排得体，分析翔实，有理有据，逻辑性强。文字配合图表共同阐述问题，这样会使内容更具有说服力，增强感性认识，便于理解。

二、职业生涯规划书撰写步骤

一份完整的职业生涯规划应当包括自我分析、职业环境分析、职业定位、职业生涯规划设计与实施和反馈调整五个步骤。

（一）自我分析

职业生涯规划是一个动态过程，其最基础的工作首先是要知己，即要客观、全面地认清自我，充分了解自己的职业兴趣、能力结构、职业价值观、行为风格、优势与劣势等，进行自我评估。自我分析是职业生涯规划的基础，也是能否获得可行的规划方案的前提。只有正确地认识自己，知道自己想要干什么、能干什么，了解个人的优势与劣势、个人职业发展目标的设定及设定的原因、达到目标可能得到的助力与遭遇的阻力、达到目标所需要的教育与培训等，才能准确进行职业定位，才能选定适合自己发展的职业生涯路线。要做到客观认识自我，至少需要了解以下五个方面。

（1）职业兴趣。即喜欢干什么。

（2）适合干什么。即个人特质，包括个人的能力、气质和性格特征。

（3）最看重什么职业价值观。即进行职业锚类型分析。

（4）人与岗位是否匹配。即岗位的胜任力特征如何，与个人条件是否匹配。

（5）个人现状如何。即当前个人具备的有利条件和不利条件是什么。

（二）职业环境分析

充分了解与认识相关的外部环境，评估环境因素对自己职业生涯发展的影响，分析环境条件的特点和发展变化情况，把握外部环境因素的优势和限制，扬长避短，才能找到适合的发展方向。如果缺乏对外部环境的了解和分析，个人的职业生涯规划只能成为"水中月，镜中花"。外部环境评价主要包括社会政治环境、经济环境和组织（企业）环境的分析，即评估和分析社会的需求，本专业、本行业的地位、形势及发展趋势，企业与组织的需求，家庭的期望，技术的发展和经济的走向，以及组织在职业生涯选择与规划等方面的员工政策等。

（三）职业定位

职业定位就是要选择一种职业类型，为职业与自己的潜能及主客观条件谋求最佳匹配。职业定位是自我定位和社会定位的统一，只有在了解自己和职业的基础上才能够给自己做准确定位。良好的职业定位是以自己的最佳才能、最优性格、最大兴趣、最有利的环境等信息为依据的，也就是说，要充分考虑第一步的自我分析和第二步的职业环境分析的结果。进行职业定位应注意如下四点：

（1）立足现实，依据客观现实，考虑个人与社会、单位的关系；

（2）树立辩证发展观，要厘清当前职业与未来发展的关系，选择条件更合适、更符合自己特长、更感兴趣、经过努力能很快胜任、有发展前景的职业；

（3）扬长避短，权衡个人能力，寻找能够发挥个人所长的职业；

（4）审时度势，及时调整。

（四）职业生涯规划设计与实施

1. 确定职业目标

职业生涯规划的核心是制订自己的职业目标。制定个人职业生涯规划的最终目的就是实现自己的职业目标，职业目标选择的正确与否，直接关系到人生事业的成功与失败。职业生涯规划中所确立的目标，应该是可预想到的、有一定实现可能的目标，包括人生目标、长期目标、中期目标和短期目标。人生目标是个人的最终理想，短期目标一般是指时间为 1～2 年的目标，中期目标一般是指时间为 3～5 年的目标，长期目标一般是指时间为 6～10 年的目标。目标确立的方法通常是先结合自身条件和现实环境选择最适合自己发展的人生目标和长期目标，然后通过目标分解，分化为切合职业生涯各发展阶段实际情况的中期目标、短期目标。人生目标和长期目标需要个人经过长期的艰苦努力和不懈奋斗才有可能实现，确立时要立足现实、慎重选择、全面考虑，使之既有现实性又有前瞻性。短期目标更具体，对人的影响也更直接，是长远目标的组成部分。

2. 设计与实施

有效的职业生涯设计需要有确实能够执行的职业生涯策略方案。实现职业目标要由具体的行为措施来保证，要制定周详的行动方案。制定行动方案是指把目标转化成具体的方案和措施。这一过程中比较重要的行动方案有职业生涯发展路线的选择、相应的工作、教育和培训计划的制定等。

职业目标确定后，向哪一条路线发展，就是职业生涯发展路线的选择：是向行政管理路线发展，还是向专业技术路线发展，或者是向市场营销路线发展，或先走技术路线，再转向行政管理路线；在具体的岗位方面也需要作出选择，是行政管理，市场营销、技术研发还是服务支持。

（五）反馈调整

职业生涯规划是一个动态的变化过程。影响职业生涯设计的因素很多，有些因素是可以预测的，有些因素是难以预见的。当今社会处于激烈的变化过程中，职业生涯规划难以预见个人发展将要遭遇的种种现实状况，因此原定职业生涯目标在策略实施过程中往往会出现偏差。成功的职业生涯规划需要时时审视内外部环境的变化，在实施中检验自己的方案，及时诊断职业生涯规划各环节出现的问题，根据反馈的情况，及时反省、修正规划目标并调整规划方案。

生涯轶事：新生活是从选定方向开始的

三、大学期间的生涯管理

对于大学生活，每个同学会有不同理解和任务安排，按照年级来划分，不同年级各有侧重。

（一）大学一年级

大学一年级为探索期，重在认识自我、了解专业及进行初步的职业探索。

这一时期大学生刚刚入学，需要适应大学的学习生活，而一些从前很少接触的问题也会渐渐地浮现出来：我是怎样的人？我所学的专业将来能做什么？我在就业方面有哪些需求……这也是行动的开端。大学一年级，要通过参加课程学习、学生活动、社会实践、志愿服务、竞赛测评、人物访谈、查阅资料等方式，尽可能地探索个人兴趣、性格、能力、价值观等特征，深入了解所学专业的特点、核心课程、应用领域和发展前景等内容，养成良好的学习习惯，主动接触和收集不同行业、不同职业信息，掌握不同职业对人才的要求。

（二）大学二年级

大学二年级为拓展期，重在发现个人发展的多种可能，形成有效的学习方法，拓展职业世界信息。

经过大学一年级的适应和探索，大学生对自己、专业、职业世界有了初步理解，形成了一整套学习、实践、工作及与他人互动的模式。例如，喜欢从事与人打交道较多的社团活动，喜欢在实验室进行实验操作，喜欢参与公众演讲等，多尝试不同的发展模式，为未来职业发展创造更多可能。

掌握学习方法、形成学习习惯是应对未来不确定因素的重要法宝，要努力形成一套适合自己的学习方法，例如，了解自己的学习效率曲线、习惯的学习环境、常用的学习工具和形式等。可以向身边的榜样请教，通过观察他们有效的学习方法，做到"为我所用"。

继续丰富和拓展感兴趣的职业库，在查阅资料、人物访谈等间接方式的基础上，通过实习实践、调研、志愿服务等形式，增强对职业世界的直观体验，掌握一手资料信息，初步形成职业选择意向。

（三）大学三年级

（1）大学三年级上学期。为评估期，重在对自我认识、职业世界进行全面评估，盘点学习成果，确定就业方向。

这一学期可以说是大学学习成果的重要总结阶段。通过两年的学习实践可以问问自己："究竟是一个怎样的自己？我所感兴趣的职业方向在哪里？能力水平是否满足目标职业要求？哪些实例可以证明我所具备的能力？我对人对事的态度、行为模式和习惯方式是什么？我所看重或期待的状态是怎样的？毕业后我将走向何方？"

这一阶段也是开启求职之路前最关键的环节。在招聘会上，时常会看到目光茫然的毕业生，他们只关注招聘信息、简历撰写、面试技巧等程序性内容，却忽视了对大学期间学习实践的全面回顾和总结，既缺乏自我认识，又缺少职业信息。对于即将踏上的毕业之路，不论直接就业、继续升学深造，还是自主创业，对毕业生都有哪些要求？自己是否已经具备这些能力？还有哪些不足需要继续努力或改进？

只有重新审视好自己，明确职业世界对人才的要求，客观理性地评估入学以来的收获和不足，才能制订出切合实际的就业目标和行动计划，为下一阶段工作做好准备。

（2）大学三年级下学期。为行动期，重在确定就业目标，准备求职材料，参加应聘，成功就业。

大学三年级下学期是毕业生就业的重要阶段。求职的同学此时应通过各种渠道，进一步收集和深入分析目标单位招聘信息，提前准备好简历、推荐信、成绩单、资格证书、获奖证明等求职资料，积极参加校园招聘会和各类面试。

求职过程既是大学学习成果的综合检验，又是发现自身不足和差距的机会。求职可能经历挫败，但也正是暂时的失败，重新认识自己，适时地调整认知。

四、常见问题分析

1. 认识自我的内容不够全面

大部分学生只分析了个人的兴趣、爱好、特长、性格、价值观、个人的优缺点和个人的健康，没有谈到个人的情商。情商（Emotional Quotient，EQ）又称情绪智力，是近年来心理学家提出的与智力和智商相对应的概念。它主要是指人在情绪、情感、意志、耐受挫折等方面的品质。以往认为，一个人能否在一生中取得成就，智力水平是最重要的，即智商越高，取得成就的可能性就越大。但现在心理学家普遍认为，情商水平的高低对一个人能否取得成功也有着重大的影响作用，有时甚至要超过智力水平。美国哈佛大学心理学家丹尼尔·戈尔曼最早提出了"情商"的概念。他指出："真正决定一个人能否成功的关键，是情商而不是智商。"他认为，情商包括以下几个方面的内容。一是认识自身的情绪。因为只有认识自己，才能成为自己生活的主宰。二是能妥善管理自己的情绪，即能调控自己。三是自我激励，它能够使人走出生命中的低潮，重新出发。四是认知他人的情绪。这是与他人正常交往，实现顺利沟通的基础。五是人际关系的管理，即领导和管理能力。

情商的水平不像智力水平那样可以用分数较准确地表示出来，它只能根据个人的综合表现进行判断。情商水平高的人具有如下的特点：社交能力强，外向而愉快，不易陷入恐惧或伤感，对事业较投入，为人正直，富于同情心，情感生活较丰富但不逾矩，无论是独处还是与许多人在一起都能怡然自得。

2. 内容关联度不大

例如，有人谈到兴趣爱好是旅游，但职业选择却是与旅游相去甚远的职业，如做大学教师。诸如此类的兴趣还有打篮球、打羽毛球、听音乐、看电视、上网、书法、跳舞、定向越野、绘画、文艺等。另外，多数人将自己的社会实践活动不加分别地列上去，而且没有任何评价，这些与未来职业没有实质上的关联。如未来职业是教授，社会实践是参加销售电话卡、书籍等；未来职业是总经理，社会实践是家教。

正确的做法应该是，兴趣、社会实践经验和能力的展示应与未来职业有一定的关联度，而且要认真地分析它们对未来职业有何帮助。如果没有，就没有必要列出来。有了职业生涯规划，学生的社会实践就不会盲目而是有所选择。如果未来职业目标是房地产销售经理，那么社会实践就选择与房地产销售有关的活动。

3. 计划可操作性不强

计划应分为总体计划和阶段性计划。总体计划是指一生总的职业目标。阶段性计划至少是两大部分：一部分是在校期间；另一部分是大学毕业后。大学期间应该具体详细，既要有年计划，也要有学期计划；既要有月计划，也要有周计划，最好每天都要有计划。每天除了常规的上课外，应有自己的读书计划，双休日怎样度过、如何安排勤工助学与学习的时间、寒假准备去哪家企业调研、暑假准备去哪家公司参加社会实践活动等。

计划中应包括提高学习和工作效率所采用的措施，如计划学习的专业知识、掌握的职业技能、提高的业务能力、开发潜能的方法、如何提高自己的情商、如何坚持计划、如何应对遇到的挫折等相应措施。

4. 重考证，轻实践

大多数学生特别强调英语四、六级证书，商务英语证书，计算机等级证书，计算机软件工程师证书等，但是很少提到与职业相关的社会实践。社会实践对在校大学生非常重要，通过寒暑假期参加社会实践才能知道自己所学是不是将来职业所需，自己能不能胜任工作。这对今后的大学生活有极大的指导作用。

课堂活动

生涯幻游

1. 活动说明

在舒缓的背景音乐下，请大家以舒服的姿势坐好，深呼吸，放松。由教师或一位同学以缓慢轻柔的语言念出下面的指导语：

让我们一起坐着时光隧道机，来到十年后的世界，也就是××年的世界，请算一算，此时你是多少岁？容貌有变化吗？请你尽量想象十年后世界的情形，越仔细越好。好，现在你正躺在家里卧室的床铺上，这时候是清晨，和往常一样，你从睡梦中醒来，先看到的是卧室的天花板。看到了吗？它是什么颜色？

接着，你准备下床。尝试去感觉脚趾头接触地面那一刹那的温度，凉凉的？还是暖暖的？经过一番梳洗之后，你来到衣柜前面，准备换衣服上班。今天你要穿什么衣服上班？穿好衣服，你照一照镜子。然后你来到了餐厅，早餐吃的是什么？一起用餐的有谁？你跟他们说了什么话？

接下来，你关上家里的大门，准备前往工作的地点。你回头看一下你家，它是一栋什么样的房子？然后，你将搭乘什么样的交通工具上班？

你快要到达工作的地方，首先注意一下，这个地方看起来如何？你进入工作的地方，你跟同事打了招呼，他们怎么称呼你？你还注意到哪些人出现在这里？他们正在做什么？

你在办公桌前坐下，安排一下今天的行程，然后开始上午的工作。早上的工作内容是什么？跟哪些人一起工作？工作时用到哪些东西？很快，上午的工作结束了。中餐如何解决？吃的是什么？跟谁一起吃？中餐还愉快吗？

接下来是下午的工作，跟上午的工作内容有什么不同吗？你在忙些什么？快到下班的时间了，或者你没有固定的下班时间，但你即将结束一天的工作，下班后你直接回家吗？或者要做一些什么样的活动？到家了，家里有哪些人呢？回家后你都做些什么事？晚餐的时间到了，你会在哪里用餐？跟谁一起用餐？吃的是什么？晚餐后，你做了些什么？跟谁在一起？睡觉前，你正在计划明天参加一个典礼的事。那是一个颁奖典礼，你将接受一项颁奖。想想看，那将会是一个怎么样的奖项？颁奖给你的是谁？如果你将发表得奖感言，你打算讲什么话？

该是上床的时候了，你躺在早上起床的那张床铺上，回忆一下今天的工作与生活，有哪些事情让你感到愉快和满足？为什么？如果许愿可以实现，你想许什么样的愿望？渐渐地，你很满足得进入梦乡。安静地睡吧！一分钟后，我会叫醒你。

（一分钟后）我们渐渐地回到这里，还记得吗？你现在的位置不是在床上，而是在教室里。当你准备好时，请你慢慢地睁开眼睛，静静地坐一会儿。

2. 讨论与分享

请将你在"生涯幻游"的活动中感受到的细节记录下来，对比幻游中的理想和目标与当下的异同点。若幻游实现，你将要做些什么？

📖 导师点拨

在当今分工日益精细的市场经济条件下，每个人擅长某一领域，而不可能样样精通。每个人都有自己独特的技能、天赋和能力。要想在当今社会有一个好的发展，首先要对自己的性格、兴趣、能力、价值观等有一个清楚的认识；其次是要对自己的职业生涯有一个合理的规划。如果说人生是一次旅行，职业规划就是一个旅途导航仪，它可以帮大学生选择合理的路线，以最短的时间，走最少的弯路，到达目的地。本章主要介绍大学生职业生涯规划的有关知识。如何度过大学时光，如何为未来的职业发展做好准备，这是每一位同学面临的重要课题。职业发展、人生成功需要职业生涯规划。"一个人的悲哀不在于目标未达成，而在于没有目标可达成。"成功没有捷径，但有方法；选择比努力重要，方向比速度重要。只要目标有了，方向对了，成功的路途就不会遥远。

生涯手册

个人职业生涯规划展示

一、操作指南

活动目标：根据自身实际，制定一份行之有效的职业生涯规划并立即着手实施。通过展示自己的职业生涯规划，锻炼实际动手能力和口头表达能力，提高分析问题和解决问题的能力。

操作步骤：

（1）每4～6个人分为一组。小组成员既可以自由组合，也可以由教师指定组合，每小组推选小组长一名。

（2）同一小组的学生围坐在一起，教师向学生说明本次活动的目的与要求，以小组为单位，推选出本组最佳的职业规划。

（3）各组分别派一名代表（最好是最佳职业规划作者本人），向全班分享本组最佳的职业规划。

（4）其他小组成员就该职业规划的特色、优点和不足提问。由作者进行解答，该小组其他成员可做必要的补充。

（5）根据课堂活动情况，每位同学参与程度与表现，采取小组互评和教师评价相结合的方式，确定每位同学的得分。作为课程考核评价的依据之一。

二、讨论与分享

1.通过本章内容的学习，我懂得了：

（1）＿＿＿＿＿＿＿＿＿＿＿＿＿＿＿＿＿＿＿＿＿＿＿＿＿＿＿＿＿＿

（2）＿＿＿＿＿＿＿＿＿＿＿＿＿＿＿＿＿＿＿＿＿＿＿＿＿＿＿＿＿＿

（3）＿＿＿＿＿＿＿＿＿＿＿＿＿＿＿＿＿＿＿＿＿＿＿＿＿＿＿＿＿＿

2.我的职业定位是＿＿＿＿＿＿＿，其主要依据有：

（1）＿＿＿＿＿＿＿＿＿＿＿＿＿＿＿＿＿＿＿＿＿＿＿＿＿＿＿＿＿＿

（2）＿＿＿＿＿＿＿＿＿＿＿＿＿＿＿＿＿＿＿＿＿＿＿＿＿＿＿＿＿＿

（3）＿＿＿＿＿＿＿＿＿＿＿＿＿＿＿＿＿＿＿＿＿＿＿＿＿＿＿＿＿＿

3.我准备从以下几方面入手，学会做人，学会做事：

（1）＿＿＿＿＿＿＿＿＿＿＿＿＿＿＿＿＿＿＿＿＿＿＿＿＿＿＿＿＿＿

（2）＿＿＿＿＿＿＿＿＿＿＿＿＿＿＿＿＿＿＿＿＿＿＿＿＿＿＿＿＿＿

（3）＿＿＿＿＿＿＿＿＿＿＿＿＿＿＿＿＿＿＿＿＿＿＿＿＿＿＿＿＿＿

拓展阅读：目标的分量　　　拓展阅读：目标设定的SMART原则　　　拓展阅读：目标实现需要行动和坚持　　　拓展阅读：职业生涯规划书模板

下 篇

大学生就业指导篇

第六章
高瞻远瞩：就业形势与择业定位

学习目标

知识目标：

1. 了解国内就业形势及影响就业的因素。
2. 熟悉大学生就业的基本政策。
3. 掌握择业的主要原则及一般过程。

能力目标：

1. 能够熟练运用就业政策，尤其是对于大学生的专项就业政策。
2. 能够准确地进行择业定位。
3. 能够对自身情况进行分析，并确定大学生的就业形式。

素养目标：

通过对当前就业形势和政策的学习，培养学生的家国情怀，根据区域经济发展需求，解决就业问题。

知识链接

第六章数字资源库　　　第六章知识链接

第一节　了解当前就业形势

引导案例

难题

小陈，男，23岁，计算机专业，大专学历，家庭条件一般，在校成绩不错，没有实习经历。小陈一直想要找一份离家近、月薪6 000元以上的工作。老师、同学介绍了几家公司，小陈因为薪资没有达到期望值或者离家太远而拒绝了。在校园招聘会上，小陈面试了两家符合预期的企业，但因为面试表现不好，没能成功应聘。毕业半年了，看着其他同学都高兴地去上班，小陈很着急，自信心受到了打击。

案例思考

结合小陈的主要特征，谈谈小陈没找到工作的原因是什么。

案例启示

小陈的求职经历是当今很多大学生都会出现的情况。对于小陈来说，他没有对当前的就业市场和就业形势有一个充分的了解，对薪资情况更不了解；对职业体验的缺乏，导致小陈的求职目标过高，不能进行准确的定位；同时，小陈也缺乏应试技巧，导致他的面试成功率不高。

一、大学生就业形势分析

中国正从总量性人口红利时代转为结构性人才红利时代，早年依靠劳动力优势和出口优势支撑的经济高速发展时代逐渐过去。随着劳动力人数的下降和劳动力成本的上升，中国亟须以技术驱动发展，未来中国的经济发展与人才的发展密不可分。

当前，高校毕业生规模巨大，已成为我国就业市场监测的重点群体。据教育部统计，2022年的应届毕业生首次突破千万。除了国内高校的应届生，同时还有大量回国留学生、未找到工作的往届生，实际上的求职人数更多，求职更是难上加难。

2022年我国公务员考试、国家研究生入学考试报考人数均创新高，反映出2022届毕业生对于未来就业市场前景的担忧，外加部分出国留学学生的归国潮，未来的大学生就业市场将面临更加严峻的挑战。

目前，我国就业趋势多样化，在求职过程中，哪些趋势对自己有利，哪些不利趋势需要避免，是大学生需要提前关注和考虑的。

1. 就业态势总体稳定

我国不断强化就业优先导向的宏观调控，并持续完善就业政策体系，稳就业政策对特定群体产生了很好的效应，新业态和灵活就业群体日益扩大。随着我国经济的持续向好，整体就业韧性比较好，就业形势总体好于预期。

2. 结构性矛盾越来越突出

（1）人才供给与消费需求不平衡。一些经济发达的大城市，由于高校众多，劳动力资源丰富，可选择性大，人才高消费现象日益严重。如打字、复印等行政工作，不需要高学历，但个别企业追求人才高消费，将招聘的门槛抬得很高，企业行政文员岗位也非重点院校不招。高学历人才被招来后分配其简单的工作，时间一长这些人才几乎都流失。企业招聘员工时，不考虑人才和岗位是否匹配，就很难发挥各个层次人才的特长和优势。

（2）各学科专业之间的需求不平衡。近年来，随着技术的进步和社会经济的发展，不同学科、不同专业之间毕业生的就业问题存在较大差异。总体来说，对大学毕业生的专业需求总量是理工科大于文科。而一些传统专业，如哲学、历史学及考古专业、基础教育学、社会学等专业的就业形势比较严峻。

（3）各院校之间的需求不平衡。总体来看，教育部直属高校的毕业生就业情况较好，初次就业率较高，部门高校次之，而地方院校较差；综合性大学毕业生就业情况较好，非综合性大学、专业性大学就业情况次之。目前，综合性大学毕业生的就业市场处于相对稳定和相对理想的状态，重点大学、名牌大学的名牌效应对其毕业生的就业有着很大的影响。

（4）各地区之间的需求不平衡。毕业生就业的地域呈现出"东部多，西部少；城市多，农村少"的特点。近年来，东部沿海地区、经济发达地区及一些中心城市对大学毕业生的需求比较旺盛，有的地方需求总量甚至大于当地生源数；而边远省区和经济欠发达地区的需求则相对不足。

3. 社会要求不断提高

（1）更加注重毕业生的个人品德素养。德才兼备、品学兼优成为许多用人单位的招聘标准之一。毕业生的诚信程度、是否吃苦耐劳、是否具有事业心和责任感，成为直接关系到其是否会被录用的重要条件。近年来，三好学生、优秀学生干部、学生党员等毕业生普遍受到了社会用人单位的欢迎。

（2）更加注重毕业生的专业水平和知识结构。是否获得奖学金、是否发表过专业论文，也成为社会用人单位考虑的重要标准。

（3）更加注重毕业生的社会经历和工作经验。在校期间积极参加各种社会活动，提高自己的交际能力和领导能力，使自己投身工作后能够独当一面；在假期，主动寻求单位进行专业或非专业实习，增加自己的社会经历，这种经历对于缺乏工作经验的毕业生来说是弥足珍贵的。

（4）更加注重毕业生的创新精神和团队协作精神。创新精神是一个企业发展的灵魂和源泉。只有不断地创新才能使企业拥有勃勃的生机，拥有强大的生命力。团队协作精神是一个企业发展的助推力。用人单位在招聘毕业生的时候不仅要求其富于创新精神，更要求其具有很强的集体协作能力，而那些思想保守、集体观念淡薄的毕业生则是不受欢迎的。

4. 突发性因素增多

2020 年，突然暴发的新型冠状病毒让每一个企业都措手不及。由于新冠肺炎疫情的影响，工业、制造业和服务业受损严重，众多小微企业和个体经济陷入生存危机，进一步加剧了近年来就业市场的低迷状况。最新统计数据显示，近年来我国 31 个城市失业率持续上升，2022 年初失业率达 5.4%。同时，考虑到退出劳动市场的人口会导致失业率分母虚低，而停薪留职的人口会导致失业率分子虚高，实际失业情况要比表现出来的失业率更加严重。

国家统计局数据显示，2020 年全年城镇新增就业 1 186 万人，比 2019 年少增 166 万人，年末全国城镇调查失业率为 5.2%，城镇登记失业率为 4.2%。但在 2020 年，我国是全世界唯一实现经济正增长的国家，尽管受新冠肺炎疫情的影响严重，我国还是取得了可喜的成绩。

尽管新冠肺炎疫情的影响比较广泛，但是对就业情况的破坏性并不是长远的。2021 年，随着经济的快速复苏，我国实施双循环制度，继续扩大开放，外资投资企业的比例快速攀升。经济的快速发展带来工作岗位的进一步增加，就业压力因此得到缓解。

生涯轶事：给有准备的人

二、影响大学生就业的因素

（一）人力资源市场供需失衡

大学毕业生就业市场供需的结构性矛盾导致大学培养出来的毕业生不能满足市场对以下几类人才的需求。

1. 劳动技能型人才

由于中国国际分工地位处于国际分工的底部，新增加的劳动就业岗位主要是劳动密集型的就业岗位。近年来的人才市场需求供给情况反映，各技术等级的劳动力呈现供不应求的局面，以机械加工为主的技术、技能型人才短缺。大学生在校期间不可能学会这些技术、技能，也不愿意毕业后从事这些技术型工作。

2. 农业人才

据统计，我国平均每百名农业劳动者中科技人员数量及每百亩耕地平均拥有科技人员 0.0491 名，远远落后于发达国家水平，农业从业人员中大部分没有接受高等教育。

3. 落后地区的人才需求

我国西部、农村、基层、工作条件艰苦的行业急需引进大量知识型人才，帮助改变贫困落后的状况，却乏见大学生的身影，每万人中大学生占有量非常小。

（二）高校教育与社会需求失调

随着国家对教育投入的增加，我国高等学校虽然在软、硬件设施建设上有了较大的发展，但并不能缓解高校毕业生与社会需求脱节的压力。

1. 专业课程设置与社会需求的矛盾凸现

大学生就业与产业结构的调整以及地区经济发展周期有较大的关联。随着产业结构不断调整升级，高校专业设置调整逐渐滞后以致错位。此外，学校对经济社会发展趋势预测能力不足，对学生的教育与培养的重视程度不够，也是导致高校教育培养与社会需求的结构性矛盾凸现的原因。

2. 大部分高校培养的学生质量不高

在就业市场中，大学生与各类人群在一个平台上竞争岗位，其核心竞争力是学得多、学得快、转化率高。因此，衡量大学生的综合素质指标之一就是学到了什么、掌握了什么、学会并转化成为自己生存发展的能力是什么。由于高校专业或课程设置的滞后，学生具备的能力素质不能满足企业的需求。

（三）大学生自身因素

大学生自身面对严峻的就业形势，缺少正确就业观念的引导，职业生涯模糊，自信心不足，综合素质不高，社会适应力较差，这些都对大学生解决就业问题带来了消极的影响。

1. 职业生涯模糊，就业准备不足

大学生在进入大学时就应该对大学的学习做出明确的目标计划，为今后的职业生涯发展打好坚实的基础。但在实际中，很多大学生对市场变化、社会变化关心度较低，注意力和精力都用来应付考试，没有"生涯"的概念，对职业目标相对模糊，没有把兴趣培养起来。

2. 大学毕业生自身综合素质不高

首先是适应社会的能力较差，难以符合用人单位的要求。很多大学生没有目标，缺乏对自己的清晰定位，在学校里只满足所学课程的要求，忽视了对广博知识的积累和对实际能力的培养和锻炼。社会实践经验不足，加之语言表达能力不足，在应聘场合紧张、胆怯，不能充分展示自己，从而错过了许多工作机会。对家长的依赖性强，我国部分大学生在大事处理方面还要请家长做主，完全独立靠自己的意愿选专业、定职业、找工作的大学生不足一半。

生涯轶事：地毯上的纸团

第二节　熟悉大学生就业政策

引导案例

吉林省促进高校毕业生等重点群体就业创业若干措施

一、支持企业稳定就业

提升产业吸纳就业能力；延续实施社会保险稳岗政策；实行企业用工补贴政策；强化企业用工服务保障。

二、拓宽渠道增加就业

稳定公共部门和国企岗位规模；发挥中小微企业吸纳就业作用；拓宽基层就业空间；引导农村劳动力转移就业；推进退役军人安置就业；鼓励自主创业和灵活就业。

三、强化服务促进就业

实施未就业高校毕业生服务攻坚行动；开展青年专项技能提升行动；优化线上线下招聘服务；提升公共就业服务质量。

四、鼓励创业带动就业

支持创业载体建设；加强创业服务；提供创业贴息贷款；给予创业补贴；支持开展创业活动。

五、优化环境保障就业

维护劳动者合法权益；开展人力资源服务机构稳就业促就业行动；构建和谐劳动关系。

案例思考

为贯彻党的二十大精神，加大政策支持力度，多措并举稳定和扩大就业岗位，确保全省就业形势稳定，吉林省根据实际情况制定了促进高校毕业生等重点群体就业创业若干措施，对于即将毕业的大学生，在步入社会之前，你还了解哪些就业政策呢？

案例启示

大学生是社会发展的主力军和生力军，稳定大学生就业具有重要意义。为了解决好大学生就业问题，国家、各省市陆续出台了很多优惠帮扶政策。刚毕业的大学生要多方了解，并能充分利用好这些对自身发展有利的政策，提升就业质量。

一、就业政策的概念与特点

就业政策是指党和政府为促进经济和社会发展，为劳动者创造就业机会、解决就业问题而制定并推行的行为准则，是促进新生劳动力就业和失业人员再就业的有效手段。大学生就业政策是党和国家就业政策的重要组成部分，是专门针对大学生就业工作而制定的一系列规章制度的总称。

　　大学生就业政策对促进大学生就业具有重要意义，党和国家高度重视大学生就业工作。2020年，国家针对大学生就业工作出台了更多政策，稳就业居"六稳"工作之首，保就业居"六保"任务之首，具体举措包括扩大硕士招生和专升本规模、扩大重点领域招聘、扩大基层服务、扩大项目招聘、强化困难帮扶等。党的二十大报告把就业摆在了更加重要的位置，强调就业是最基本的民生，要实施就业优先战略，强化就业优先政策，健全就业促进机制，促进高质量充分就业。所谓"就业优先"，就是通过促进经济增长创造更多高质量的就业岗位，更加注重加大人力资本投入，政府在制定实施财政、货币等政策时，也将更加强化对稳就业保就业的支持。

生涯轶事：翻阅领导的文件

二、就业政策的类型

　　大学生就业政策是国家就业政策中的重要方面，作为国家极其珍贵的青年人力资源的大学生，其顺利就业对国家人才培养目标的实现起着至关重要的作用，也是实现社会稳定的一个重要方面。有关政府职能部门（特别是人事部门、教育部门）担负着大学生就业政策的制定、执行和监督调控的重要作用。

（一）市场规制政策

　　毕业生就业市场是在国家有关方针政策的指导下，运用市场机制和必要的客观调控手段，通过双向选择、自主择业等途径，优化毕业生人才资源配置的一种方式。广义地讲，就业市场是利用市场规律调节高等学校毕业生人才供求的一种机制，它由毕业生、用人单位及其服务机构、交流洽谈场所、社会保障制度等组成。狭义上讲，就业市场是指毕业生供求双方直接进行见面洽谈、相互选择的场所，如人才交流会、招聘洽谈会等。

　　毕业生就业市场是如此重要，国家自然需要出台一系列政策法规来维护和支持。毕业生就业市场是随着社会主义市场经济体制的建立和劳动人事制度的改革而发展起来的，因此社会主义市场经济的法律规章和劳动人事制度改革的精神都适用于毕业生就业市场。就业市场规制政策从性质上大致可以分成以下三个层次。

1. 相关的法律法规及规定

　　人民代表大会制定的法律法规和国务院根据法律制定的一些规定：最重要的有《中华人民共和国劳动法》《中华人民共和国公司法》《人才市场管理暂行规定》等。

2. 相关的部门规章、重要通知

　　国务院各部门在遵守法律的情况下制定的部门规章、重要通知等，如《普通高等学校毕业生就业工作暂行规定》《高等学校毕业生就业后调整办法》《就业服务与就业管理规定》等。

3. 地方性政策规定

各地区或者各学校出台的地方性政策规定，如《吉林省人才市场管理条例》等。

（二）就业准入政策

就业准入政策是指大学生就业获准进入某些地区、专业、职业等的相关政策。高等学校毕业生是国家和社会的宝贵财富，我国高校毕业生就业的方针中规定毕业生要贯彻统筹安排，合理使用，加强重点，兼顾一般和面向基层，充实生产、科研、教育第一线的方针。在保证国家需要的前提下，贯彻学以致用，人尽其才的原则。

1. 地区准入政策

每个地方都会有进入本地的用人指标，相应的会出台一些具体的进入政策，特别是大城市。如北京、上海等，每年都会出台接收普通高等学校非北京、非上海生源毕业生有关问题的通知和政策。从发展趋势来说，该类政策会逐渐萎缩，但在一个特殊的历史时期，在一定的地区和一定的时间段，该类政策的存在具有一定的合理性。

2. 职业方面的就业准入

职业方面的就业准入是指根据《中华人民共和国劳动法》和《中华人民共和国职业教育法》的有关规定，对从事技术复杂、通用性广、涉及国家财产、人民生命安全和消费者利益的职业（工种）的劳动者，必须经过培训，并取得职业资格证书后，方可就业上岗。实行就业准入的职业范围由人力资源和社会保障部确定并向社会发布。

（三）招考录用政策

招考录用政策主要是指在选拔毕业生的过程中的一系列关于招考的规定，是国家在大学毕业生人口上所制定的一系列限制性原则和措施。在招考国家公务员层面主要是公务员招考的相关制度，在企事业单位录用大学生方面主要表现为符合企业制定的招考程序上的一系列规范。关于国家公务员招考录用的一系列政策就是典型调查的招考录用政策。

（四）权利维护政策

权利维护政策是指在就业过程中对就业者本人和就业单位权力维护的一系列原则、规范。对于就业者本人，主要是维护其平等的就业权，对于用人单位主要是保护用人单位的一系列利益，权利维护政策有利于就业过程的规范化和秩序化。

权利维护政策最主要的是对毕业生的保护政策。毕业生作为毕业生就业的一个重要主体，在就业过程中享有多方面的权益，根据目前就业规范的有关规定，毕业生主要享有信息权、接受就业指导权、被推荐权、选择单位权、公平待遇权、违约及求偿权等。

（五）宏观调控政策

宏观调控政策最主要的是指政府为了促进我国人才结构的平衡而出台的一系列关于大

学生到基层、中小城市企业、乡村、西部等地区去就业的鼓励性措施。例如，鼓励和支持高校毕业生到农村基层支教、支农、支医、扶贫等工作，经过两三年锻炼，根据工作需要从中选拔优秀人员到县、乡（镇）机关和学校或企业事业单位担任领导工作，或充实到基层金融、工商、税务、审计、公安、司法、质检等部门。

（六）创业扶持政策

创业扶持政策是积极劳动政策体系中最直接、最积极的政策，也是现阶段效果比较显著、作用比较持久的措施。我国非国有经济的迅速崛起和第三产业的飞速发展，为毕业生提供了宽广的发展空间。随着高等教育从精英化向大众化转变，大学生的就业观念也需要发生转变，自主创业、先就业后择业应该成为新的发展途径。

我国为适应多种所有制经济的发展，各级人事部门应鼓励毕业生多种渠道、多种形式就业，支持毕业生自主创业。各级人事部门已经出台各种政策和措施积极为自主创业的毕业生提供所需的社会化服务，解除其后顾之忧。近几年，为鼓励大学生积极创业，政府出台了一系列大学生创业优惠政策。

除国家法律和政策方针以外，地方和高校也出台了一些创业扶持政策。高校毕业生创办的科技小企业，可享受注册、税收等一系列优惠政策。除此之外，每年都有全国性或地区性的创业大赛举行。

（七）社会保障政策

相应地，国家除了出台一些促进就业的政策外，还出台了一些相关的社会保障政策，以解除在就业上属于困难群体的大学生的后顾之忧，更好地支持和服务大学毕业生的就业。

劳动保障部门关于大学生社会保障的相关政策主要有：将高校毕业生就业工作纳入当地就业工作整体规划，在宏观调控和增加就业岗位等方面进行统筹安排；积极组织实施"毕业生职业资格培训工程"和多种形式的创业培训，为毕业生自主就业创造条件；发挥公共职业介绍机构的作用，加强职业指导和就业信息服务，为高校毕业生择业提供更多帮助；加强失业登记和组织管理，对未就业和生活困难的高校毕业生，在失业、求职期间给予生活和就业方面的帮助；加强劳动力市场的管理，为高校毕业生就业创造良好的环境。

（八）指导服务政策

就业指导也被称为"择业指导"或"职业指导"，有狭义和广义之分。狭义的就业指导是给求职择业的劳动者传递就业信息，帮助其求职和择业，为其与职业的结合牵线搭桥。广义的就业指导是为劳动者选择职业、准备就业以及在职业中求发展、求进步等提供知识、经验和技能。它包括预测就业市场，汇集、传递就业信息，培养劳动技能，组织劳动力市场，以及推荐介绍和组织招聘等与就业有关的综合性社会资讯服务活动。在我国，就业指导还应包括就业政策导向和与之相适应的思想工作，就业指导的目的是使无业者有业，有业者敬业，敬业者乐业，乐业者创业。

（九）其他相关政策

还有一些以上没有涉及的，但与大学生就业相关的政策，一般都是一些特殊问题的处理原则。例如，人事代理制度、特殊毕业生就业政策、大学生入伍当兵的有关规定等，与前面的政策一起构成了完整的中国大学生就业政策。

生涯轶事：被电话
铃打断的面试

三、大学生就业的基本政策

1. 定向生的就业政策

定向生原则上是按入学时签订的合同就业，确因特殊困难不能回原定向单位就业的，须征得原定向单位同意，将原定向单位同意解除合同的函件和新接收单位及其主管部门同意接收的函件上报就业主管部门批准，并缴纳相应的违约金和培养费后，方可调整就业。

2. 专升本毕业生的就业政策

我国在2020年扩大了普通高等学校招生规模，招生方向由职业教育专业和应用型专业转向产业升级和改善民生急需的专业，如电子信息类、计算机类、生物医学工程类和预防医学、健康服务与管理、应急管理、养老服务管理、护理等。统招专升本和高考本科都是教育部承认的本科学历。

3. 毕业生自费出国留学的就业政策

毕业生可以凭国（境）外大学的录取通知书，在学校规定的期限内申请自费出国留学（申请自费出国的毕业生不参加就业）。经学校教务处和毕业生就业管理部门审核同意后，这类毕业生不列入就业计划。同时，在集中离校时未办妥手续的毕业生，原则上应将其户口转至生源地，继续办理出国手续。

4. 应届毕业生报考国家公务员的就业政策

国家行政机关、其他国家机关和参照国家公务员制度管理的事业单位从高校应届毕业生中录用国家公务员，一律实行考核、择优录用的办法。高校应届毕业的研究生、本科生、专科生（非委培、定向生）符合国家规定报考条件的均可报考。被录用为公务员的应届毕业生与组织者的人事部签订就业协议，也在就业范围内。

5. 患病毕业生的就业政策

高校应在派遣前认真对毕业生进行健康检查，对不能坚持正常工作的，应让其回家休养。一年内治愈的可以随下一届毕业生就业，一年未痊愈或无用人单位接收的毕业生，自谋职业。

6. 残疾毕业生的就业政策

高校应帮助残疾毕业生就业，确有困难的，按有关规定由生源所在地的民政部门安置。必要时，高校可与民政部门联系安排残疾毕业生的工作单位。

7. 结业生的就业政策

结业生就业必须在就业报到证上注明"结业生"字样。已被录用的结业生，在国家财政拨款单位就业的，其工资待遇按照国务院有关文件规定比国家规定的普通高校毕业生工资标准低一级。结业生在一年内补考及格换发毕业证书的，国家承认其毕业资格，工资待遇从补发毕业证书之日起按毕业生对待。

8. 肄业生的就业政策

对于肄业生，高校发放肄业证书，并将其档案和户口转回生源地。国家不负责为肄业生办理就业手续，肄业生自谋职业。

生涯轶事：因电话
而失去的面试

四、大学生专项就业政策

（一）鼓励高校毕业生到基层及中西部地区就业

基层就业就是到城乡基层工作，国家近几年出台了一系列优惠政策以鼓励高校毕业生积极参加社会主义新农村建设和城市社区建设。一般来讲，基层既包括广大农村，也包括城市街道社区；既包括县级以下党政机关、企事业单位，也包括社会团体、非公有制组织和中小企业；既包括单位就业，也包括自主创业、自谋职业。

（1）对到农村基层和城市社区公益性岗位就业的高校毕业生，给予社会保险补贴和公益性岗位补贴；对到农村基层和城市社区其他社会管理和公共服务岗位就业的高校毕业生，给予薪酬或生活补贴。

（2）对到中西部地区和艰苦边远地区县级以下农村基层单位就业并履行一定服务期限的，由政府补偿学费，代偿助学贷款。

（3）对有基层工作经历的高校毕业生，在研究生招录和事业单位选聘时优先录取。

（4）对参加"选聘高校毕业生到村任职""三支一扶"（支教、支农、支医和扶贫）、"大学生志愿服务西部计划""农村义务教育阶段学校教师特设岗位计划"等项目的高校毕业生，给予生活补贴，按规定参加社会保险；项目服务期满并考核合格的高校毕业生，报考硕士研究生，初试总分加10分，高职（高专）学生可免试入读成人本科；相应地，自然减员空岗，全部聘用项目服务期满的高校毕业生。

（二）鼓励高校毕业生应征入伍服兵役

国家鼓励高校学生应征入伍服义务兵役的政策如下：

（1）由政府补偿学费，代偿助学贷款。

（2）在选取士官、考军校、安排技术岗位等方面，优先录取。

（3）退役后参加政法院校基层公检法定向岗位招生考试时，优先录取。

（4）具有高职（高专）学历的高校毕业生，退役后免试入读成人本科，或经过一定考核，入读普通本科。

（5）退役后报考硕士研究生，初试总分加10分；荣立二等功及以上的高校毕业生，退役后免试推荐入读硕士研究生。

（三）鼓励优秀高校毕业生参与国家和地方重大科研项目

高校毕业生在参与项目研究期间，享受劳务性费用和有关社会保险补助，户口、档案可存放在项目单位所在地或入学前家庭所在地的人才交流中心。聘用期满，根据需要可以续聘或到其他岗位就业，就业后工龄与参与项目研究期间的工作时间合并计算，社会保险缴费年限连续计算。为提高骨干企业人力资源质量和科研项目质量，国家对有技术专长的毕业生、高校优秀毕业生等采取相应的鼓励政策。

（1）鼓励企业更多地吸纳高校毕业生。国有大中型企业特别是创新型企业要更多地吸纳有技术专长的高校毕业生。高新技术开发区、经济技术开发区和高科技企业要集中吸纳高校毕业生。高校毕业生掌握现代化知识和技术，符合这类企业的用人需求，因此《国家促进普通高校毕业生就业政策公告》指出，要鼓励吸纳，以加强人才培养和储备，各地、各有关部门要根据实际情况制定具体的鼓励措施。

（2）鼓励困难企业更多地保留高校毕业生。在应对国际金融危机实施企业减负稳岗措施中，支持困难企业更多地保留大学生技术骨干，按规定给予其社会保险补贴、岗位补贴或职业培训补贴。人力资源和社会保障部、财政部、国家税务总局《关于采取积极措施减轻企业负担稳定就业局势有关问题的通知》对此项政策有具体规定。

（3）鼓励科研单位聘用高校毕业生。承担国家和地方重大科研项目的单位要积极聘用优秀高校毕业生参与研究。一是给予毕业生劳务性费用和有关社会保险费补助，由项目经费列支。二是参与项目期间，毕业生的户口、档案可存放在项目单位所在地的人才交流中心。三是聘用期满可续聘或到其他岗位就业，聘用期间工龄、社会保险缴费年限连续计算。高校毕业生参与科研项目，既可以促进科研的发展，又可以延长学习和研究的时间，对缓解当前就业压力起到了积极作用。

（四）鼓励和支持高校毕业生到中小企业就业和自主创业

国家鼓励和支持高校毕业生到中小企业就业和自主创业。

（1）对企业招用非本地户籍的普通高校专科以上毕业生，各地城市应取消落户限制（直辖市按有关规定执行）。

（2）为到中小企业就业的高校毕业生提供档案管理、人事代理、社会保险办理和接续等方面的服务。

（3）符合条件的个体经营者，免收行政事业性费用并享受国家相关扶持政策。

（4）登记失业并自主创业的高校毕业生，如自筹资金不足，可申请5万元小额担保贷款；对合伙经营和带动就业的高校毕业生，可按规定适当提高贷款额度。

（5）参加创业培训的高校毕业生，按规定给予职业培训补贴。强化高校毕业生的创业指导服务，提供"一条龙"创业服务；建设完善的大学生创业园和创业孵化基地，给予相关政策扶持。

（6）灵活就业并符合规定的高校毕业生，可享受社会保险补贴政策。

（五）强化对困难家庭高校毕业生的就业援助

对困难家庭高校毕业生的就业援助有以下政策：

（1）就业困难或零就业家庭的高校毕业生，可享受公益性岗位安置、社会保险补贴、公益性岗位补贴等就业援助政策。

（2）机关、事业单位免收困难家庭高校毕业生招聘报名费和体检费。

（3）高校可根据实际情况给予困难家庭高校毕业生适当的求职补贴。

（4）对离校后未就业回到原籍的困难家庭的高校毕业生，由各地公共就业服务机构免费提供就业服务并组织就业见习和职业技能培训。

生涯轶事：失败的
试讲

五、大学生基层就业项目

（一）大学生志愿服务西部计划

大学生志愿服务西部计划由共青团中央、教育部、财政部等部门共同组织实施，每年招募一定数量的高校应届毕业生或在读研究生，到西部贫困县的乡镇从事为期 1 ~ 3 年的志愿服务工作。

（1）选拔标准：到岗之前获得毕业证书或学位证书，通过西部计划体检，有志愿者服务经历或担任过各级团组织学生干部的优先录用。

（2）岗位：到西部贫困县的乡镇从事基础教育、医疗卫生、农业科技、扶贫以及青年中心建设和管理等工作。

（3）服务期间身份：西部计划志愿者。

（4）日常管理：县级成立领导小组和项目管理办公室，主要负责协调指导、服务指导工作和对志愿者进行日常管理。

（5）主要服务地：内蒙古、广西、重庆、四川、贵州、云南、西藏、陕西、甘肃、青海、宁夏、新疆等西部省（自治区、直辖市）和海南省，新疆生产建设兵团及湖南湘西土家族苗族自治州，湖北恩施土家族苗族自治州，吉林延边朝鲜族自治州部分地区贫困县的乡镇。

（6）待遇：

①政策支持，报考研究生初试总分加 10 分，同等条件下优先录取；服务期满考核合格，享受相应的学费补偿和助学贷款代偿政策等。

②经费保障，志愿者服务期间，中央财政给予一定生活补贴，为志愿者统一投保（人

身意外、伤害保险），提供体验费等。

（二）"三支一扶"计划

从 2006 年开始，全国每年招募 2 万名高校毕业生，主要安排到乡镇从事支教、支农、支医和帮扶乡村振兴等服务，服务期限一般为两年。

例如，2020 年湖北省"三支一扶"计划具体情况如下。

（1）招募数量：2020 年湖北省选拔招募 2 000 名"三支一扶"志愿者，服务期限为两年。

（2）招募对象：2018 ～ 2020 年毕业（截止时间为 2020 年 7 月 31 日）的高校毕业生。

（3）日常管理：用人单位负责安排工作岗位并承担日常管理工作，县级人事部门负责年度和服务期满考核工作，服务期满考核合格的，经省级办公室审核颁发证书。

（4）岗位：支农、支教、支医和扶贫。

（5）服务期间身份："三支一扶"志愿者。

（6）待遇：服务期间，为志愿者发放生活补贴，并按有关规定为其办理服务期内的企业养老、医疗、工伤保险。服务期满三年内报考硕士研究生的高校毕业生，初试总分加 10 分；已被录取为研究生的参加"三支一扶"项目的应届高校毕业生，学校应为其保留学籍。

（三）大学生村官计划

2008 年，国家决定让高校毕业生到农村担任村委会主任助理、村党支部书记助理或团支部书记、副书记等职务，工作期限一般为 2 ～ 3 年。报名条件之一是经学校党委推荐的中共党员（含预备党员）或学生干部。

（1）选聘对象：30 岁以下应届和往届毕业的全日制普通高校专科以上学历的毕业生，应届毕业和毕业 1 ～ 2 年的本科生、研究生。原则上为中共党员（含预备党员），非中共党员的优秀团干部、优秀学生干部也可以选聘。

（2）岗位：一般安排村党组织书记助理，村委会主任助理，村团组织书记、副书记，村党组织书记、副书记等职务。

（3）日常管理：选聘的高校毕业生工作管理及考核，按照公务员有关规定进行，由乡镇党委政府负责。

（4）岗位性质：为"村级组织特设岗位"，非公务员身份，其工作、生活补助和享受待遇应缴纳的相关费用由中央和地方财政共同承担。

（四）农村义务教育阶段，学校教师特设岗位计划

特设岗位分为新机制教师、城镇义务教育学校教师、各地自主公开招聘农村义务教育学校教师。报考新机制教师的年龄应在 30 周岁以下。资教生（含特设岗位生）、"三支一扶"服务期满人员报名参加考试的，年龄可放宽至 35 周岁以下。报考国家或省定的扶贫开发工作重点县（市、区）、武陵山、大别山、秦巴山、幕阜山连片特困地区所属县（市、

区）的，年龄可放宽至 40 周岁以下。

（1）日常管理：高校毕业生在聘期内由地方教育行政部门对其进行跟踪评估。

（2）服务期间身份：特设岗位教师。

（3）岗位：特设岗位教师原则上安排在县以下农村初中，适当兼顾乡镇中心学校。报考各地城镇义务教育学校、各地自主招聘的农村义务教育学校教师岗位的考生，除应满足招聘所列的基本条件外，还须满足各地招聘公告中公布的其他条件。具有研究生学历的考生可报考各地的免笔试岗位。每个省份政策不同。

生涯轶事：面试时的好口才

◆ 导师点拨

他山之石，可以攻玉。大学生在就业前，要做到知己知彼，既了解自己的优势，又能充分利用好国家提供的政策，在国家政策的帮扶下解决好就业问题，为国家的发展贡献一份力量。

第三节　树立正确的择业观

◆ 引导案例

择业观

王某，男，合肥科技职业学院毕业，软件工程专业，本人为铜陵市枞阳县贫困劳动者，父母离异，跟随爷爷、奶奶生活，毕业后一直在外打工，从事过销售、仓管、保安和体力劳动。为帮助其实现稳定就业，铜陵市公共就业服务机构的领导亲自协调，介绍并带领其到该市一家招商引资重点企业去应聘。该企业非常重视，行政经理和人力资源部经理亲自面试并给出两条职业发展路径：一种是走专业技术道路，到研发部门；另一种是到企划部门，从事计划制订与分配管理工作，并考虑到企业地处开发区，路途偏远，可提供宿舍。王某表示考虑两天给予答复。一个月后，该企业人力资源经理反馈王某一直未与其联系。后经过询问，才了解王某已到合肥市与同学创业，由于市场竞争激烈，生意举步维艰。

◆ 案例思考

上述案例中的王某毕业于软件工程专业，从事过销售、仓管、保安和体力劳动等工作，在职场中处处碰壁，是什么影响了他的求职方向、目标定位和职业选择呢？

📚 案例启示

大学生的择业观直接影响就业的定位。近年来许多大学生在就业方面表现出了盲目性，究其原因，有很多是因为大学生毕业后缺乏职业生涯规划，不知道将来要干什么，片面追求工作报酬、工作环境、工作地位和待遇。这直接影响大学生个人的求职方向、目标定位和职业选择。

一、大学生择业定位

大学生走进职场的时候要明确两个问题：确定自己是谁、适合做什么工作；告诉别人你是谁、擅长做什么工作。

(一)职业定位的含义

职业定位就是清晰地明确一个人在职业上的发展方向，它是人们在整个职业生涯发展历程中的方向性问题，也是根本性问题。良好的职业定位建立在充分了解自己的兴趣、爱好、家庭、才能、性格等诸多因素的基础上。除此之外，还要考虑性格与职业的匹配、兴趣与职业的匹配、专长与职业的匹配、成长环境与职业的匹配等。

(二)职业定位的作用

（1）定位准确，能持久地发展自己。很多人事业上发展不顺利，不是因为能力不够，而是选择了不适合自己的工作。很多人没有认真地思考自己是谁、适合做什么，也因为不清楚自己的目标，无法体会如愿以偿的感觉，把时间用于追逐不适合的工作上。准确地定位，可以获得更加长足的发展。

（2）定位准确，能善用自己的资源。集中精力地发展，而不是多元化发展，是职业发展的一个规律。很多人涉足很多领域，学习很多知识，但没有精通的一项，没有很强的竞争力。

（3）定位准确，能抵抗外界的干扰，不会轻易地放弃。有的人选择工作，用现实的报酬作为准则，开始可能在待遇上存在一些差距，但是后来这个差距越来越小。只有给自己准确地定位，才会理性的面对外界的诱惑。

(三)职业定位的步骤

职业中的诱惑越来越多，竞争也越来越多，如果不能给自己进行定位，那么可能出现的现象是有机遇看不到，找到的又不是适合自己的；或者找错了大方向，改变起来很难；或者得到的又轻易失去，走很多弯路；或者精力分散，失去自己的优势地位。

定位是自我定位和社会定位两者的统一，一个人只有在了解自己和了解职业的基础上才能够给自己做准确的定位。

第一，要了解自己，主要是核心价值观、动力系统、个性特点、天赋能力、缺陷等。

可以利用自我探索、请他人作评价、借助心理测验等方法充分地了解自己。

第二，要了解职业，包括职业的工作内容、指示要求、技能要求、经验要求、性格要求、工作环境、工作角色等。可以参照业内成功人士，也可以询问业内专家等方法来了解职业。

第三，要了解自己和职业要求的差距。需要仔细地比较各个方面要求的差距。可能有多种职业目标，但是每个目标的好处和弊端不同，需要根据自己的特点仔细地权衡选择不同目标的利弊得失，然后根据自己的现实条件确定达到目标的方案。

生涯轶事：扶起笔筒的人

第四，要确定如何把自己的定位展示给面试官和上司。确定了自己的职业取向和发展方向之后，需要采用适合的方式传达给面试官或者上司，以期获得入门和发展的机会。

二、择业的主要原则

1. 择己所爱

心理学把兴趣界定为人们为了乐趣或享受而做的那些事。兴趣是最好的老师，是职场成功的关键因素。从事一项自己喜欢的工作时，工作本身就能带来成就感和满足感，自己的职业生涯也会充满幸福和快乐。调查表明，兴趣与职场成功概率有着明显的正相关性。大学生在规划自己的职业生涯时，首先要考虑自己的性格特点和兴趣爱好，择己所爱，选择自己喜欢的职业。

2. 择己所长

任何职业都要求从业者掌握必需的知识和技能，每个人都有自己的优势和专长。大学生在进行职业发展路线规划时要择己所长，选择有利于发挥自己优势的职业，从而更好地实现自己的职业理想。

3. 择己所利

职业具有经济性，在现实生活中，职业是个人谋生的一个重要手段，其目的在于追求个人和家庭的幸福。所以在择业时，首先要考虑自己的预期收益——个人和家庭幸福最大化。大学生在进行职业选择时应该综合考量职业收入、社会地位、幸福感和工作强度、工作时间等付出因素，综合权衡各方面，找出最优方案，这就是职业选择中的收益最大化原则。

4. 择世所需

随着社会经济的不断发展，职业分工越来越细致，社会对人才的需求不断变化，求职者自身条件也在不断发生变化。大学生在规划自己的职业生涯时，应与时俱进，重视观察、分析社会发展的动态和职业需要的变化，始终把自己放在社会经济需要的主流当中。为了更好地实现自身的职场价值，要不断优化自身条件，加强学习，以更加积极主动的态度进行职业选择。

生涯轶事：我是37号

三、择业的一般过程

（一）准备阶段：自我评价与定位

选择职业的过程本身就是一个发现自己、认识自己的过程。对于刚刚迈出人生第一步的大学毕业生来说，在整个就业过程开始之前，对自己的大学生活做一个总结，认清自己的优点、缺点、长处、短处是很有必要的。自我总结、评价和定位可以分为以下几方面：

（1）为什么上大学？

（2）为什么选择现在的大学？

（3）为什么选择现在的专业？

（4）对大学的老师、同学、朋友的印象如何？

（5）在大学期间通过各种方法所学到的知识和所拥有的经验（特别是专业以外的）是什么？

（6）自己的优缺点、兴趣爱好是什么？

（7）自己的人生观、价值观和理想是什么？

（8）周围的人包括父母、亲属、老师、同学对自己的评价、看法和期望是什么？

（9）大学生活对自己将来的影响怎样？

通过这几方面的总结与思考，对自己的大学生活会有一个清晰的印象。

（二）实施阶段

1. 全面理解职业内涵

首先列出自己所希望的三种工作，从工作内容、工作方式、工作角色和工作要求等方面，思考自己对即将从事的工作了解多少。如果有很多内容自己不甚了解，那就应该对工作内容进行深入地探究，找出自己的不足之处，找到解决办法。

2. 收集处理运用就业信息

求职择业，不仅取决于整个社会的政治、经济状况以及自身的能力素养，还取决于是否占有大量的就业信息。就业信息是大学毕业生求职择业的重要基础和必备条件，及时准确的求职信息能够获得工作的主动权。大学生必须充分利用各种渠道、运用各种方式，准确地收集与择业有关的各种信息，为择业决策做好充分准备。

这里介绍几种获取信息的渠道供大学毕业生在实践中参考：本校的毕业生就业指导机构；毕业生就业市场；社会上的传播媒介；社会实践活动；社会关系；自己刊登求职广告、发求职信、电话联系或亲自拜访；网上求职信息。收集到的大量信息中，由于信息的来源和获得方式不尽相同，内容必然是杂乱的，有些是相互矛盾的，也难免有虚假不实的，求职者可结合自己的实际情况，对获得的信息进行去粗取精、去伪存真的分析、筛选、整理、鉴别，取其精华，使信息具有准确性、全面性和有效性，更好地为自己择业服务。

3. 权衡取舍，确定求职单位

从以下方面分析和评价自己最希望从事的两种工作：能力可能性和价值观可能性，即自己的能力与工作是否相符，自己的价值与企业是否相容；目标可能性和匹配可能性，即工作内容、方式、报酬等与自己的期望是否相符。理想职业与现实职业是有一定距离的。如果最希望的工作评价体现在以上的四个可能性当中占据多数，那证明选择是有一定的现实基础的，反之，如果不可能占多数，那需要重新考虑现实职业了。

在对工作有了全面理解之后，就可以进行志愿单位的排序。主要考虑条件有：地理条件、单位性质、单位规模、行业、提升机会、专业对口度、工作环境、福利、调动工作的可能性、稳定性等。列出三个志愿单位之后，针对以上所列出的一些内容进行适合度的衡量，如对单位的了解、对从事岗位的了解、现实的可行性如何等。

任何一个就业单位，都有其有利条件和不利因素，十全十美的就业单位毕竟是少数。在选择时，对一些条件能够妥协，而对其他条件则无法妥协，这些无法妥协的条件就是制约条件。因此，必须对这些制约条件进行全盘考虑，并决定最终的取舍。其作用的制约条件有：工资水平、单位性质、工作地点、工作时间、工作内容、业余时间分配、专业对口程度、福利以及对单位的总体印象（如形象、风气和文化）等。评价有两种标准，即不能妥协的和能妥协的。如果不能妥协的条件占大多数，也许应该重新考虑志愿单位。结合前面所列出的职业兴趣、价值观等比较，去除这些制约条件，从中找出最符合的职业兴趣、角色兴趣、价值观等因素的就业单位。

4. 供需见面双向选择

在熟悉相关就业政策、了解就业管理部门的工作程序和就业方案的形成过程、了解就业信息、做好材料准备和心理准备的基础上，就进入下一个关键程序，即"供需见面，双向选择"。"市场导向、政府调控、学校推荐、双向选择"是目前我国大部分毕业生的就业机制。就现阶段而言，由于我国就业市场处于逐步健全和完善阶段，大规模的应届毕业生"供需见面、双向选择"活动，主要由学校发起组织，即由学校出面组织，在一定的时间内将用人单位和毕业生相邀到一定的场所，进行面对面洽谈、咨询，确定取舍的就业市场形势。另外，各地区负责毕业生就业调配部门也会在一段时间内举行大型的招聘会。在"供需见面、双向选择"这一程序中。主办方、用人单位、毕业生各自充当不同的角色，承担着不同的职责。主办方，即供需见面会的组织者，不仅要保障供求双方的利益，而且要努力创造良好的供需双方相互选择的环境，在回忆程序、场地安排、信息宣传、安全保卫、咨询服务等方面尽可能提供周到细致的服务，并使整个供需见面会在有组织、有纪律、有秩序的状态下进行。用人单位，是需求的一方，要在供需见面会上向学校和毕业生提供详细、准确、真实的单位状况。地域特征、工作条件、生活待遇和需求信息，对洽谈中出现的问题要及时与学校取得联系。毕业生，是供方角色，要认真分析用人单位提供的需求信息，在洽谈见面过程中，要尽可能向用人单位提供准确、真实的个人资料和去向意愿。不明白的地方要问清楚，自己的特殊要求和看法要当场提出，在整个洽谈中，要有礼貌、勤思考、善判断。供需双方都有选择的权利。

5. 签订就业协议或接受录用通知

通过供需见面会，毕业生与用人单位针对录（聘）用毕业生达成一致意见后，即进入用人单位、毕业生及培养学校签订就业协议书的程序。当遇到问题而犹豫不决时，应及时向学校就业指导老师询问，征求他们的意见，经过深思熟虑后方可签约。由用人单位、学校和毕业生本人三方签订的协议书，要统一汇总纳入学校的毕业生就业建议方案，报上级就业主管部门审批，形成正式方案下达执行。至此，毕业生的求职择业程序完成，毕业生可领取就业报到证，待办完离校手续后，便按照报到证规定的期限和约定的地点去单位报到上班。目前，有不少用人单位通过双向选择后，对专科生和中专生并不签订就业协议，而是发出录用通知（个人或一批人），它也是双向选择表达意向的一种形式。

生涯轶事：到什么山唱什么歌

四、大学生就业的主要形式

（1）录用。录用是与用人单位建立劳动关系或者通过第三方建立劳务关系等。

（2）聘用。聘用是与用人单位已签订劳动合同，或用人单位出具接收函，不需要就业报到证，到用人单位工作。

（3）定向、委培毕业生回到原定向、委培单位就业。

（4）自主创业、自主就业等灵活的就业方式就业。自主创业是指创立企业（包括参与创立企业），或是新企业的所有者、管理者，包括个体经营和合伙经营两种类型。自由就业是指以个体劳动为主的一类职业，如作家、自由撰稿人、翻译工作者、中介服务工作者、某些艺术工作者等。（自主创业、自由职业和其他灵活就业也需要证明材料。）

（5）升学。升学包括专科毕业生升本科、本毕业生考取研究生等。

（6）境外就业（出国）。境外就业（出国）是指出国留学和就业等（包含港澳地区就业）。

（7）项目就业。项目就业是指参加国家、地方项目就业（选调生、西部计划、特岗计划、三支一扶、"村官"、党建组织员、预征入伍、农村教育硕士等）。

生涯轶事：我没救过人

（8）其他兼职等非全日制工作形式。

🎓 导师点拨

只要有志向就会有事业，只要有本事就会有舞台。三百六十行，行行出状元。任何职业都不会埋没人才，也不会束缚人的创造力，关键在于对待职业的态度。

习近平总书记十分关心高校毕业生就业情况，在四川考察时强调"要进一步挖掘岗位资源，做实做细就业指导服务"，勉励大学生"保持平实之心，客观看待个人条件和社会需求，从实际出发选择职业和工作岗位"。重要指示、殷殷嘱托，明确了政府和社会各方面在支持大学生就业上的责任，为大学生树立正确的择业观、就业观指明了方向。

👤 生涯手册

2008年1月1日，我国正式施行《中华人民共和国就业促进法》，确立了就业工作在国家经济社会发展中的突出位置，促进就业走上了法治化轨道，为解决大学生就业问题提供了坚实的法律保障。

拓展阅读：国务院办公厅关于进一步支持大学生创新创业的指导意见

拓展阅读：吉林省促进高校毕业生等重点群体就业创业若干措施

第七章
宁静致远：就业心理调适

📝 **学习目标**

知识目标：

1. 认识大学生就业心理内涵及特点。

2. 了解大学生常见的就业心理问题和不良就业心理形成的原因。

3. 熟悉求职就业应做好的心理准备，掌握大学生求职就业的心理调适方法。

能力目标：

1. 能够结合就业心理内涵及特点，培养健康的就业心理。

2. 能够结合常见的就业心理问题剖析自身产生的问题。

3. 能够正确进行自我心理调适。

素养目标：

1. 通过学习大学生就业心理调适相关知识，树立科学的择业就业观，提高分析问题、解决问题的能力。

2. 调适消极求职心理，形成健康的求职心态。

👤 **知识链接**

第七章数字资源库　　　第七章知识链接

第一节 大学生就业心理概述

引导案例

求职中的理想与现实

某职业院校的小张在校期间是一个成绩相对优异的学生，但是她毕业已经好几个月了却还没有找到工作。小张在毕业前曾经在大型超市做过一段时间的兼职导购员，当时她觉得：学校课程快结束了，有很多的空余时间做这份兼职，工作不累，还能够有一定的收入，未尝不是件好事，且离毕业还有一段时间，找工作不着急。因此，她没有用心求职，将近毕业时才在招聘网站上注册投简历，仅选择自己有兴趣的职业投递简历。简历投了不少，但却都是"大海撒网"漫无目的。同时，她偶尔也会去招聘会，但每次内心比较紧张，也觉得对一些工作没有兴趣，觉得工作和自己不匹配。因此，毕业到现在她还没有找到她认为适合的工作，只能待在家里等待家人安排。

案例思考

从案例中客观分析，小张是一个自主就业能力较差的典型代表，她在校期间没有充分地为自己的就业做出合理的规划。虽然在校期间学习成绩优异也有一定的社会经验积累，但是对未来从事的工作有较高的期望值，与现实有差距，始终不能从招聘会中找到一份理想工作。请思考：将来在求职就业中，如何平衡理想与现实？

案例启示

面对人生的重要选择，每个人都想找到一份称心如意的工作。但现实社会中存在着激烈的职业竞争。毕业生在走上工作岗位之前，一直处在学习阶段，很少经历社会的磨炼，很容易产生理想化的想法，就业目标定得很高。当满怀希望到社会上求职时，才发现现实社会和理想的差距是那么大。在实际就业中，经常出现诸如"鱼与熊掌想兼得""此山望见那山高"等多种矛盾冲突，在这种冲突面前，许多毕业生不知所措，很是苦恼。其实矛盾冲突是不可避免的，关键在于遇到这类冲突时怎样做出理性的选择。在就业过程中毕业生要及时调整自己的求职期望值，抛弃理想化的东西，抓住每个机会，尽全力争取，同时，认识到职业不是一步到位的，机会永远存在。

大学生就业的成功与否，不仅取决于其专业能力、道德素质、文化素养等方面，还取决于其就业心理状况和心理调适能力。良好的心理素质不仅可以使大学生在求职期间保持良好的心态，适时调整自己的行为，促进其顺利就业，而且可以使其在求职后能顺利地适应职业及环境，尽快发挥自己的才能，求得职业能力更快的发展。因此，良好的求职心理，是打开就业成功之门的关键。

一、大学生就业心理内涵

大学生是一个特殊群体，是从"自然人"走向"社会人"的重要过渡阶段。在这一阶段随着社会发展的不断变化，被动或主动地进行着"人的社会化"，被社会所塑造；同时，这种塑造与他们本身所具有的思维方式和行为模式有冲突。面对这种冲突，大学生的心理会表现出这样或那样的问题，当内心想法与外在因素发生矛盾时，产生各种心理矛盾和心理冲突，进而表现出各种心理反应。

大学生就业心理是指大学生在考虑就业问题、为获得职业做准备及在寻求职业的过程中产生的各种心理现象。如何就业是大学生活中必须准备的重要内容，也是大学生的主要目标之一，多数大学生从进校起就会考虑自己的前途问题，并为未来的就业做准备，因此，就业心理贯穿整个大学的学习和生活中。同时，就业心理也与大学生的其他心理特点如人格、需要、学习心理等都有着密切的联系，如大学生学习心理中的"辅修热"、大学生课外活动中的"兼职热"等都或多或少与未来的就业准备有关。因此，大学生的就业心理是以就业为中心，在其他心理的共同作用下形成的，它的产生、变化、发展过程较为复杂。大学生的就业心理可以归纳为就业心理倾向、就业心理素质、就业心态三个方面。

二、大学生就业心理特点

在社会经济体制发生重大改革的今天，大学生的就业取向出现了双向选择和自主竞争的新特征。市场经济的迅速发展促进了大学生自我的觉醒，培养了他们积极的进取心理，激发了他们的创造性和开拓精神。大学生思想理念新，观念更新快，市场认同度高，经济意识强。在市场经济大潮的强烈冲击和荡涤下，他们更加重实际、讲实干、求效益，不愿墨守成规。他们身上反映出知识经济时代的鲜明特征，体现了21世纪文化新青年朝气蓬勃和积极进取的精神风貌。

（一）就业心理倾向稍有起伏

就业心理倾向是指对大学生就业有推动与指向作用的那些具有心理动力性的心理因素。它决定着大学生对就业活动的认识、评价与态度，并在很大程度上影响着大学生的就业行为。它主要包括大学生的职业需要、动机、兴趣、价值观等成分。当前大学生的就业心理倾向表现为三大特点。

1. 多元化与一致性

不同的就业标准都会得到大学生的一定认可与宽容，价值标准的多元化因此凸显。同时，不同地区、性别、专业的大学生在职业选择标准上也存在一定的一致性，不同类型的大学生的总体就业观念差异不大。

2. 务实性

大学生把"地位""声望"等看得比较淡，而更重视个人发展、经济收入等实际的功利化的因素。

3. 变化性

就业意识市场化，竞争意识不断增强。大学生就业过程是一个复杂的心理过程，它受到个体心理、群体心理以及社会心理等因素的影响与制约。虽然重视经济收入、个人发展是近几年来大学生的主要就业心理倾向，但是也重视稳定性强、福利好的工作。

（二）就业心理素质相对稳定

就业心理素质是指对大学生就业有重要影响的心理能力、活动水平及人格特点，它涉及的内容非常广泛，主要包括业务能力、职业成熟度、就业人格特点三个部分。就业心理素质是大学生在大学期间的就业准备及其他活动，如学习、社会实践影响下形成的比较稳定的就业心理特点，是大学生顺利就业、应对就业挫折、实现职业适应与成功以及各种就业心态等形成的心理基础。大学生就业心理素质一般具备以下几个特征。

1. 业务能力相对稳定

大学生的业务能力的获得是一个长期的过程，主要是通过学习、训练与实践得来，一旦形成就比较稳定，它与人的智商、动手能力等心理因素密切相关。业务能力又可以分为专业内的业务能力和专业外的业务能力两个部分。目前社会要求大学生具有一专多能的业务能力特点。

2. 职业成熟度略有起伏

大学生的职业成熟度主要是指与求职密切相关的职业心理能力与活动的发展水平。如果大学生能清醒地认识自己的心理特点，能对自己的心理特点及自己的职业要求进行合理而科学的匹配，做出职业选择，并采取可行的措施，那么其职业成熟度就高，反之则低。

3. 就业人格特点变化不一

大学生的就业人格特点是指对大学生就业活动关系密切的人格因素，是大学生的人格特点在就业中的具体表现。它包括职业道德、挫折忍受力、压力应对方式、自信心、人际交往、积极性、竞争性、合作性、进取精神、冒险精神、创新精神等方面。这些人格特点会影响大学生能否成功就业，以及就业过程中的心理健康水平。

（三）就业心态各异

就业心态是指大学生在涉及有关就业问题时，特别是在准备就业与寻求职业的过程中形成的具体的心理状态，如焦虑、情绪高涨、失落、犹豫不决等状态。大学生的就业心态既与他们的个性品质、个人能力、职业价值观等较稳定的心理特征有关，也与就业时所遇到的情景有关，如就业顺利与遭受挫折的大学生心理状态就不一样。就业心态是了解大学生就业心理倾向、就业心理素质的重要渠道。大学生就业中产生的种种心理健康问题常常是通过各种不正常的就业心态表现出来的。当代大学生的就业心态表现出以下特点：

（1）渴望竞争，但缺乏勇气。

（2）对公平竞争机制持怀疑态度。

（3）成就动机水平高，但害怕面对现实。

（4）就业心理期望高，但缺乏足够的竞争力。

（5）实现自身价值愿望强，但缺乏艰苦奋斗的心理准备。

（6）素质重要性意识强，但自身欠缺并且培养不够。

三、大学生健康就业心理表现

在就业形势依然严峻的今天，大学生更应注重提高和完善自己的心理素质以应对激烈的就业市场竞争。社会的发展和时代的进步，对人的素质提出了更高的要求，特别是心理素质，它在一个人的整体素质结构中处于基础地位，因此，心理素质的好坏直接影响着人的全面发展，而当前大学生群体的心理素质状况却不容乐观，不健康的心理素质已严重地影响了大学生的学习和生活质量，同时，也影响了高校人才培养目标的实现。良好的心理素质是大学生成才就业不可缺少的因素。当今社会和时代的变革，使健康的心理素质的重要作用持续凸显，大学生在就业过程中，必须以良好的心理素质作为前提。

美国著名管理学教授霍尔曾指出，一个人的目标、意向和期望对其活动方向和成功都具有强有力的影响。换言之，意欲所往，则无往不达，假如你知道自己要去哪儿，你最终达到该地的可能性就会大得多。因此，每个大学生都应突破专业、书本的局限，从进入高校起，就逐渐树立合理的职业意向，有针对性地进行职业资格准备，如心理素质的修养、技能的培养等。我国大学生的心理素质状况令人担忧，根据国家教育部对12万多名大学生的抽样调查显示，全国有20.23％的大学生不同程度地存在心理障碍，甚至患有心理疾病。因而加强大学生心理素质修养，以健康的就业心理面对求职就业十分重要。

（一）客观冷静地认识社会和评价自我

认识社会和评价自我是进行自我调适的基础。大学生作为社会的个体，不可能脱离社会而存在，在求职择业前，首先应认清就业形势，了解职业对择业者的要求，同时，正确地认识和评价自我，既要充分挖掘自身优势，也要理性看待自我的不足。在面对各种矛盾和冲突时，首先能冷静地、理智地思考自我，认识自我，评价自我，找到自我的确切定位。而对于择业，除了要客观分析就业环境外，最主要的是要正确地认识自我和评价自我，应当明确自己的专业发展方向、爱好特点、性格气质、最适合从事的工作等。只有通过理智、冷静的自我思考，才能对自己有个客观的评价，使自己在择业过程中处于主动的位置。

（二）积极调整自己的职业意向与职业抱负

大学生要使自己跟上经济社会的发展形势，使自己有广泛的适应职业的能力，就要培养积极主动的就业意向，经常了解专业的发展趋势、信息、前景、培养目标及使用方向，不断汲取新的专业知识，不断修正就业意向。在求职过程中，大学生应当使自己的心理定位与就业目标相一致，做最坏的打算，尽最大的努力。另外，应从长远目标着手，积极谋划自己的未来职业规划。当获得理想职业的时机还不成熟时，应学会调整自己的目标，先就业，再择业，在工作中不断积累工作经验，增长阅历，为今后的职业生涯做更充分的准备。转变"一次到位"的择业思想，这对于大学生顺利就业来说是十分重要的。

（三）克服盲从心理，增强自信心

自信与否，在很大程度上决定个人能否成功。在就业形势日益严峻的今天，大学生在就业过程中要不断增强自主择业的意识，对自己充满信心，主动出击，学会展示自我、推销自我。在就业过程中，要坚定自己的立场，不能随波逐流，根据自己所学的专业尤其是自身的特点去选择职业。即使暂时失败了，也不能悲观气馁，要迅速找到失败的原因，并积极调整自身定位，对自我做出客观的分析，这样一来，择业的信心也不会随着暂时的失败而消失。大学生要有适合自己的抱负水平或者理想目标。即在选择从事何种工作之前，先估计自己所能达到的理想目标，也可以说是一种对职业的定位。而个体自身的条件，包括素质、性格、兴趣、特长、能力、潜力等是有差异的。实践证明，个人职业的定位越符合自身实际，实践的成效就越好。因此，大学生不仅要考虑"我想干什么"，还要考虑"我会干什么"，更要考虑"社会需要我干什么"，不要刻意追求力所不能及的事情。

（四）能够自我欣赏与自我接纳，具有耐挫伤的能力

在求职择业过程中遭受挫折在所难免。大学生要正确对待挫折和失败，要学会自我欣赏与自我接纳，对自己的本来面目抱认可、肯定的态度，敢于竞争，不怕失败。如求职失败时，可以运用理性情绪宽慰自己，借"成功是失败之母""天生我材必有用"等减轻或消除所受挫伤。大学生在认清自己的过程中，需要了解自己的素质、性格、兴趣、特长、能力、潜力等，知道自己适合做何种工作，准确定位，选好就业目标，尽早对自己作出客观全面的评价，才能在就业竞争中少受挫和不受挫。

（五）建立良好的人际关系，维护和增强心理健康

良好的人际关系有利于师生之间、同学之间、朋友之间倾诉衷肠，分忧愁，解苦闷，使人情绪开朗，返回理性的自我，维护和增强心理健康。大学生择业中处于焦虑、抑郁等状态时，不能一味地把这些情绪藏在心底，而应进行适当地宣泄，可以适度地向知心朋友、老师倾诉，甚至可以大哭一场，使紧张的情绪得以缓解或消除。

（六）能够自我转化不良情绪

当不良情绪不易控制时，可以进行情绪中心转换。按照条件反射学说，人在发怒时，会在大脑皮层出现强烈的兴奋中心，这时如果出现新的兴奋中心，便可以抵消或者冲淡原来的兴奋中心。不良情绪产生后是不易控制和消除的，可以把自己的精力和情感转移到其

他方面，从而消除不良情绪带来的影响。

（七）更新就业观念，培养就业所需的心理品质

长期以来，专业对口、学以致用是求职就业中的重要原则。随着市场经济的不断发展，社会上出现了许多新行业和新的多学科交叉的行业，从而迫切需要大批复合人才。随着知识经济时代的到来，又需要人们贯彻终身学习理念，不断更新知识结构，即使大学毕业后也要继续学习，否则就不能适应时代和社会不断发展的需求。因此，在校大学生不能仅限于专业学习，应在学好专业知识的基础上，辅修其他专业的知识，在求职就业时不能一味要求所学专业与从事工作完全对口，不能要求一职定终身，而应自觉扩大自己的就业范围，在考虑自己专业特长的同时，将自己的适应能力和继续学习的因素都考虑进去。丰富的知识和全面综合的能力有助于就业心理素质的提高。无论专业好坏，积极学习是必要的，不能把学习当成负担，在学好专业技能和专业知识的同时，还要加强系统和综合知识的学习。宽厚的知识基础，善于创造的智力能力，开放的眼界，科学的观念，健全的心智，必然培育出良好的心理素质，对大学生的职业选择产生良好的推动作用。

要培养大学生健康的就业心理素质，最主要的还是要求大学生在求学期间树立正确的人生观、价值观、就业观，磨炼坚强的意志，培养乐观豁达的生活态度。同时，学校各级就业部门也应加强大学生就业心理问题的关注，更有针对性地开展职业指导。只有这样，学生才能在择业的重要关头，始终保持积极向上的精神状态和健康的心理。

生涯轶事：落入枯井的驴子

🎓 课堂活动

20 个我是谁

1. 活动说明

这是帮助你认识自己的一种方法，分两步进行。

第一步：问你自己 20 次：你是谁？以"我是一个……的人"的句式写出 20 条最能反映自己特点的自我评论，在较短的时间内把头脑中浮现出来的答案一一写出来。

第二步：对自己的答案进行分析。分析的内容包括答案的数量和质量，即一共写出几个答案，看看答案中哪些方面的内容最多。

回答内容的表现方式，有下列三种情况：

（1）符合客观情况的，如"我是大学生""我是男生""我是女生"等。

（2）主观解释的情况，如"我是个老实人""我胆小"等。

（3）中性情况，即谁都不能做出判断的情况。

2. 讨论与分析

如果主观评价和客观评价都有，可以认为取得平衡；如果倾向于主观或客观，则不能取得平衡。在主观评价中，最好是既说到自己好的方面（令人满意的特征），也说

到自己的不足之处（令人不满意的特征）。如果只说优点，会使人自满；如果只做不好的评价，又会令人失去信心。

　　请分析：自己回答的内容是否涉及自己的未来。哪怕只有一个答案涉及未来，也说明自己有理想和抱负，在现实生活中充满生机。如果没有一个答案涉及未来，则可能说明自己对未来考虑不多。在书写的过程中，像剥洋葱一样，卸下一层层面具，逐渐理清自己的思路，靠近真实的自己。

🔶 导师点拨

　　对大学生而言，求职就业是人生的必经之路。选择适合自己的职业，充分发挥自己的潜能，是每一个有进取心的大学生梦寐以求的事。但是，选择职业是人生道路中面临的一次重要抉择，将会遇到比以往任何时候都要严肃的课题、复杂的矛盾和深深的困惑。面对选择与被选择，以及竞争日益激烈的就业市场，大学生做好就业心理的准备就显得非常必要。大学生要了解就业心理准备的内容，理解就业阶段常见的心理问题，掌握就业心理的调节方法，能够以良好的心态应对严峻的就业形势和激烈的就业竞争。

第二节　做好求职就业心理准备

👤 引导案例

为何如此慌张？

　　小张是计算机专业的毕业生，一天某公司人事部门经理约他去面试。经理看过他的简历后对他说："你学计算机专业的，正好我这有份文件你帮我打印出来吧。"经理起身顺手把计算机关了。小张坐在计算机前，信心满满地开始启动计算机，热启动不行，冷启动也不行。黄豆大的汗珠顺着脸颊往下淌，他急得如热锅上的蚂蚁，暗想："完了！"他抬头无助地望着经理，说道："这台计算机好像真的有问题，可是刚才还好好的，您还用来着。"经理对他说："忘了告你，刚才我把电源线的插头拔了。"小张呆住了，他无地自容地什么也没说，拿着自己的简历走出了经理办公室。

🔶 案例思考

　　从案例中客观分析，小张属于在面试过程中过于紧张，导致发挥失常。在众多的应试者中绝大多数人会不同程度地产生紧张情绪进而影响面试成绩。

　　请思考：在日常学习生活或者工作中是否遇到类似的情况，要如何避免呢？

📖 **案例启示**

　　紧张情绪是焦虑情绪的一种表现，属于情绪心理障碍的范畴。在面试中，面试者还会产生其他的心理问题，如自卑、依赖、嫉妒和畏难心理等，这些心理问题都会影响大学生客观地对待自己和他人，从而在一定程度上影响了就业结果。要学会自我反省、自我松弛，发掘自己的闪光点，树立自信，保持一个良好的心态，在求职成功前充实自己，不把时间浪费在负面情绪上。

　　随着就业竞争愈加激烈，大学生的心理问题也日渐增多，如果没有良好的心理素质，大学生在择业期间不能保持良好的心态，适时调整自己的行为，就不能实现顺利就业和适应职业环境；只有具备良好的就业心理，才能以积极的精神状态参与激烈的竞争，实现自己的社会价值。因此，正确认识大学生常见就业心理问题，了解影响大学生就业心理的因素，针对性地缓解和消除就业过程中的负面情绪，培养自己良好的心理素质，做好充分的求职就业心理准备并进行自我心理调适就极为重要。

一、大学生常见的就业心理问题

　　大学生从学生转变为职业人是一次重要的人生转折，其内心世界必然发生种种反应、变化。大学生的就业心理是指大学生因就业问题而引发的心理活动。每个大学生自身实际情况不同，就业心理表现不同：有的大学生乐观、自信，敢于竞争，有风险意识，为自己的就业目标不懈努力；有的大学生则悲观、自卑，缺乏进取意识，陷入消极的心理误区。

（一）焦虑心理

　　当前激烈的就业竞争环境给大学生带来较大的心理压力，当个人愿望与客观现实出现矛盾时，常常会陷入苦闷与焦躁之中。引起大学生焦虑的主要问题有：自己的理想能否实现，能否找到一个适合自己专业特长、工作环境优越的单位；担心被用人单位拒之门外；选择的单位是否是最佳的选择方案等。特别是一些基础学科专业或学习成绩不佳、学历层次不高的大学生，表现得更为焦虑。焦虑心理还反映在选择单位上，在对用人单位了解较少的情况下就匆匆签约，一旦发现未能如愿又后悔莫及。尤其是一些在规定的期限内未落实单位的大学生，心理更加焦虑。处于焦虑状态的大学生往往在情绪上表现为紧张烦躁、心神不宁、意志消沉、萎靡不振，严重影响正常的学习和生活，影响正常择业。

（二）依赖心理

　　大学生崇尚自我和自我价值的实现，可在择业中又缺乏自主性，存在很强的依赖心理，主要表现在对社会、学校和家庭的依赖。国家就业政策指导下的"供需见面双向选择"的就业制度使许多存依赖心理的大学生陷入困境，不能主动适应市场经济的要求，消极地等待学校安排，或把希望寄托在父母身上，希望通过父母亲友的努力为自己安排一个好的单位。一些大学生过惯了校园生活，一旦独立面对社会，面对社会角色的客观要求，面对复杂的社会关系，常常产生逃避心理和抵触情绪，这种心理往往导致消极等待。具有这种心理的人一旦进入就业竞争的行业往往落聘风险极大，只有面对现实积极参与才有出路。

生涯轶事：到底是谁在求职？

（三）矛盾心理

大学生在求职择业的过程中面临各种心理冲突，因而产生种种矛盾的心态：他们希望自主择业，但又不愿意承担风险；渴望竞争，又缺乏竞争的勇气；胸怀远大理想，却不愿意正视眼前现实；重事业、重才智的发展，但又在实际价值取向上重物质、重利益；对自我抱有较充足的信心，但在遇到挫折之后又容易自卑；既崇尚个人奋斗、自我价值实现，又有较强的依赖感等。许多大学生在求职择业上十分迷惘困惑，形成心理上的矛盾冲突。

（四）嫉妒心理

嫉妒心是就业竞争中的一种不正当的以极端个人主义为核心的有害心理，有很大的危害性，使自己与他人关系疏远，从而处于孤立无援的境地。嫉妒心产生的原因是多方面的，如心胸狭窄、虚荣心太强、名利思想太严重等，其实质是自私的表现。它主要靠加强自我修养和提高道德水平来克服。如果体察到自己有嫉妒心，就要通过自我意识的控制、调节，及时把这种不良意识排除在自我人格之外。要坦然对待自己的不足，下决心弥补或转移竞争方向，在其他方面努力做出成绩。

（五）攀比心理

在就业工作中，由于每个人的能力、性格、生活背景及所遇的机遇不同，因而在职业选择上不具有可比性。但有的大学生争强好胜，虚荣心强，容易引发攀比心理，形成较高的就业期望值，完全忽视对自我客观的认识，不考虑实际情况。究其原因在于自我理性认识不足，脱离社会，对社会缺乏认识。有的大学生认为自己比别人强，所以所选择的职业不能落后于别人。这种攀比心理使很多大学生在择业过程中碰壁，从而产生强烈的失落心理。

（六）从众心理

从众心理是人们日常生活中常见的一种心理现象，将多数人的意见当成评价自己的依据是从众心理的一个特征，这种从众行为忽略了人与人之间的差异及自己的兴趣与特长，这种人缺乏积极进取的精神和独立意识。大学生在求职择业时往往会出现这种情况。一些大学生在求职现场热衷于热门职业，热门职业应聘的人数越多，他们对热门职业的渴求就越大；也有大学生看到别人都去经济发达的地区或热门企业就业，就跟着效仿。这部分大学生缺乏对自身客观的认识，没有"量体裁衣"的求职意识，把自己限制在狭窄的求职道路上，从而错失不少就业机会。

（七）自卑心理

自卑现象多见于自我意识发展不健全的大学生，特别是性格内向的大学生。他们在择业中因自己生理或出身等各方面原因而担心别人瞧不起自己，自我否定，自我封闭。他们往往缺乏自信心，在遇到挫折时容易产生强烈的自卑心理，觉得自己事事不如人。自卑不但使一些大学生悲观失望、忧郁孤僻、不思进取，而且有碍自身聪明才智的正常发挥。大学生过度自卑，还会产生精神不振、心灵扭曲及沮丧、失望、孤寂、脆弱等心理现象。自卑心理使一些大学生自我评价偏低，在求职过程中表现得缩手缩脚、言行拘谨，甚至悲观失望、不思进取、缺乏勇气，不敢参与市场的激烈竞争，从而错失良机。

（八）自负心理

有的大学生在择业过程中孤芳自赏，好高骛远，择业条件苛刻，形成自负心理。他们往往自我评价过高，高估自己的知识和能力水平，认为自己无所不能，自负地认为所有的工作都能胜任，因而在求职择业过程中挑三拣四、眼高手低，给用人单位留下浮躁、不踏实的印象，很难找到自己满意的工作。一旦产生自负心理，很容易脱离实际，以幻想代替现实，使自己的择业目标和现实产生很大反差，会诱发挫败感、失落感。他们的情绪就会一落千丈，从而产生孤独、失落、烦躁、抑郁的心理现象。

二、大学生不良就业心理形成的原因

（一）客观因素

1. 家庭因素

家庭因素对大学生的就业心理有潜移默化的影响。民主型家庭中的大学生求职就业往往自信、乐观，敢于面对挑战；溺爱型家庭中的大学生往往依赖性强，容易无助、自卑，寄希望于家长的帮助。有的家庭希望子女能在锻炼自己、有发展空间的单位发展，有的家庭希望子女能获得一份报酬优厚、风险性较小的工作。有的父母希望子女留在身边，有的父母不愿子女到民营或个体企业就业。家庭的教育模式、教育方法和价值观念等影响着大学生的心理发展，更影响大学生的职业选择和就业心态。

2. 现行教育体制和人才培养模式

教育改革不能一蹴而就，我国现行的教育体制和学院人才培养模式存在着缺陷与不足，不能有效进行应用型人才的培养，不能完全实现大学生从学校到社会的顺利过渡，使许多大学生在职业能力、职业技能和就业心理方面无法满足用人单位的要求，容易产生心理问题。

3. 学校教育

大学生所在院校的人才培养模式、教学模式、校风、文化等潜移默化地影响其就业心理。现在许多高校非常重视学生的全面素质教育，为了学生能尽早适应社会和岗位需要，对大学生进行社会化的教育与培训、岗位认识的教育，使大学生在社会化教育环境中不断积累生活阅历，提升知识技能，掌握社会生活的本领，从而使心理不断走向成熟。

4. 社会就业环境

我国的就业制度不断改革与发展，经历了统包统分—供需见面—双向选择—自主择业等几个不同的发展阶段，现在国家鼓励大学生自主创业和灵活就业，大学生在有了更大的自主权和选择权的同时，竞争已成为就业的主旋律。近几年高校毕业生人数激增，大学生就业难问题愈加突出，社会人才供求矛盾更加严峻，经济发展对不同专业人才需求的差异、区域性经济发展不平衡、社会上仍存在任人唯亲和不正之风等，都在不同程度上影响大学生的就业，从而影响大学生的就业心理。

5. 社会价值导向

市场经济要求等价交换和竞争，它在唤起人们的热情和积极性的同时，也促使人们最大限度地追求个人的物质利益，实现人生价值。人们普遍认为，获得高薪的工作职位即实现了自身价值，职业待遇的高低成了衡量大学生价值的尺度，使大学生在择业过程中产生个人主义和功利主义的倾向。

（二）主观因素

1. 个人就业动机

大学生的就业心理主要受就业动机影响，就业动机不同，就业心理就不同。大学生的就业动机主要考虑因素是经济报酬、自身价值实现、专业对口程度、发展空间、地理位置、劳动强度、工作自由度、自身的适应性等。在市场经济环境下成长起来的大学生普遍对经济问题非常敏感，希望工作待遇优厚；大部分大学生比较关注专业对口问题，因为专业对口有利于发挥个人专长和实现个人价值；受传统的"安稳型"择业职业观的影响，许多大学生有追求稳定的倾向。

2. 个人生理和心理发展状况

大学生的年龄大多数在 18～23 岁，有其独特的心理结构和人格特点，生理发育已经成熟，但心理还不够成熟。大学生是社会的一个特殊群体。他们主体意识较强，追求独立人格，主张"自我选择"，强调"自我发展"。他们走出校门，进入社会，希望找到实现自我价值的场所。但是当面对社会复杂环境及就业环节中的种种压力时，他们不善于调整自己、克服"危机"，容易产生心理障碍。

3. 专业知识技能和求职技能不足

专业知识技能是大学生的就业核心竞争力，也是用人单位选择大学生必备的核心素质。在实际工作中，一些大学生因种种原因没有掌握相应的专业知识和技能，又缺乏对岗位的认识和实践经验，因而工作能力、思想素质和心理素质都无法尽快适应用人单位的需求。还有一部分大学生忽视求职准备，缺乏求职技巧，在求职就业中遭遇失败，产生心理问题。

4. 自我认知不足

一些大学生对自身能力和用人单位的需求认识不足，自我评价过高，高估了自己的能力水平；不能进行合理的职业定位，没有合理规划职业发展；缺乏脚踏实地、吃苦耐劳的精神，择业时拈轻怕重、嫌脏怕累，又缺乏实际工作的经验和能力；在理想和现实出现矛盾时不能正视现实与调整自己，就会产生心理落差。

生涯轶事：坚持就是胜利

三、大学生求职就业应做好的心理准备

在严峻的就业形势下，大学生由于受到自身教育及自身生理、心理因素和家庭社会等因素的影响或制约，在就业过程中经常出现一些心理不适应的现象，走进一些心理误区，受到一些心理问题困扰。实际上，就业过程也是一个复杂的心理过程。为了适应职业需要，大学生除了应做好就业知识和能力方面的准备外，还应有充分的心理准备，调整好择业心态，正确认识自己所处的求职地位，了解社会需求。

（一）正确的自我认知

面对择业中的各种矛盾和问题，大学生要正确认识和评价自我，应该全面、恰当地认识和了解自己的理想、价值观、素质、气质、性格、兴趣爱好、能力、知识，甚至身高、外貌等，不能以己之长比他人之短而自大，也不能以己之短比他人之长而自卑，要在实事求是地肯定自己的长处的同时善待自己的不足，通过努力逐步克服缺点；应当明确自己今后的职业发展方向、自己的性格气质特点、自己最适合的工作、自己的优势和劣势等；应客观、全面地分析自己的实力，做出对自己实事求是的评价，高估自己和低估自己都会导致择业上的失利，以社会需求标准来衡量自己，把个人客观性与社会客观性统一起来，注重个人服从社会；认真分析用人单位的录用条件，看看自己具备了哪些条件，不能把就业理想建立在不切实际的幻想之中。

大学生只有在择业过程中正确、客观地评价自己，保持健康良好的心态，做到扬长避短，才能最终获得成功。

（二）正确的职业认识和评价

不同的人有适合自己的不同职业，职业对适合从事的人群也有要求。例如，推销、公关性质的职业需要性格外向的人，而在流水线上工作的人最好具有严谨、认真、耐心等气质特征。

大学生需要对职业要求有一定的认识。大学生最好不要将自己的职业选择限定在某个范围内，摆脱轻视体力劳动或服务性劳动的传统思想，而要根据社会需要和自己的特点选择适合自己的职业，从而拓宽就业渠道。

（三）对严峻就业形势的心理准备

随着我国教育的发展，高等教育从"精英教育"过渡为"大众化教育"，人才出现"相对过剩"的现象，大学生的就业形势更加严峻。即将毕业走向社会的大学生对目前的就业形势要有充分的认识，做好求职道路上将可能遇到艰辛和曲折的心理准备。

所谓人才"相对过剩"，是指就业市场呈现出需求不平衡的状况，如边远地区、基层单位、小企业和某些岗位招不到需要的人才。所以，希望回报社会、展示自己的才华和实现人生价值的大学生应该审时度势，做好心理准备。

（四）克服依赖心理，实现真正自立

在我国，大学生在毕业前大多数仍依赖父母、教师的帮助与指导，没有实现真正意义上的自立。有些大学生在择业过程中缺乏自信，把希望寄托在"关系"上。有的大学生甚至由家长出面与用人单位洽谈就业事宜，这样做的结果：用人单位对大学生产生缺乏开拓能力、独立生活和工作能力差的印象，最终事与愿违。因此，大学生一定要实现自主择业，靠自身实力叩开职业大门，充分做好不依赖任何人的心理准备，实现真正自立。

（五）做好遭遇挫折的心理准备

求职过程也是一个竞争的过程，有竞争就会有失败者。当前受多种因素的影响，大学生的就业理想与现实出现一定的差距，如所学专业与社会需求不尽吻合而感到无所适从，与别人竞争失败而怅然、迷惘，在"双向选择"时发现自己的知识、技能不能适应用人单位的需求而追悔、逃避，遇到求职失败对就业失去信心和勇气。

新时代的大学生应该对自己和就业形势有清醒的认识，预想可能出现的障碍和挫折，不怕失败，及时总结经验和教训，促进择业成功。

（六）做好期望值与现实有差距的心理准备

大多数大学生是怀着对未来的美好期望离开学校，走向工作岗位的。一帆风顺的成长过程可能使大学生梦想着在社会这个大舞台一展身手，实现自己的人生价值。但大学生由于职业意识的缺乏和工作能力的不足，可能遭到领导或同事的批评或冷遇，使其失去心理平衡。

例如，将大学时期懒散的生活习惯带到工作中；好高骛远，大事做不来，小事不愿做；对工作挑肥拣瘦，拈轻怕重；工作责任心不强，敷衍了事，不能按时完成领导交办的任务；过于看重自我得失，不思奉献；缺少集体观念，对事妄加评论，造成不良影响；感到工资低，领导对自己不重视而牢骚满腹；业务不熟练，造成工作差错等。这些情况都可能使意气风发的大学生受到批评或冷遇。遇到这样的情况，有的大学生能够冷静下来分析其中的原因，不断进步；但有的大学生一气之下"跳槽"走人，造成不必要的损失。

对每个人来说，以往的成败得失只能代表过去，新的起点需要重新开始，应以自己的

实际表现来赢得别人的尊重和信任。因此，大学生要对期望值与现实的差距有一定的心理准备，宠辱不惊，不断完善、提高自己。

（七）树立积极主动的就业意识

很多大学生在对学校或专业的选择上，因受这样或那样因素的影响并没有把自身情况与职业生涯有机地联系起来，或者选择了自己并不了解或自己并不喜欢的专业，对将来自己所适应的职业等问题处于盲目状态，应抓紧了解自己的专业，明确自己所学专业的培养目标及岗位方向，树立专业思想，主动将个人发展与社会需求结合起来，变被动为主动，提高自己的综合素质，提升自己的竞争力。在毕业前，大学生要注意收集社会各方面特别是本专业的用人信息，树立自我推销的求职意识，凭借自己的实力叩开职业大门。

（八）树立"转业"意识

以专业对口为择业标准的这种观念，制约着一部分大学生的就业。有不少强调专业对口的大学生在求职过程中往往更加难以找到用人单位，有的大学生不能实现一次性就业，与其就业观念有很大关系。有关专家指出，一个大学生在校期间所学知识仅占其一生中所需知识的10%左右，终身学习理念已被越来越多的人所接受。

目前在发达国家，一个人全部在业期间平均更换四次工作岗位，从业期间的再学习已非常普遍。"从一而终""一步到位"的就业观念已不能适应社会发展需要，更不利于个人发展。大学生应具备转业意识，树立"先就业再择业，先生存后发展"的就业理念。

生涯轶事：成功择业的绊脚石

四、大学生求职就业的心理调适方法

大学生求职就业是其人生中的一次重大转折，在这一过程中困难与挫折、不顺心、不如意的情况可能时有发生，可能出现焦虑、恐惧、自卑、退缩等不良心理反应，直接影响其就业和身心健康。大学生要及时调整好心理状态，并以最佳状态投入求职择业的大潮中。

（一）焦虑、恐惧心理的调适

平时很少独立地与陌生人打交道，也很少独立地解决生活中难题的大学生，在缺乏基本的求职技巧的情况下害怕进入人才市场，害怕应聘失败，从而表现出对求职的焦虑、恐惧心理，进而影响其正常求职状态或求职效果。大学生一旦出现这种情况，应予以及时调适，可以尝试如下办法。

1. 参加模拟面试

如果在经过充分准备的情况下进行模拟招聘实践，大学生既可以充当求职者角色，也可以充当招聘者角色，从而获得"临场"经验，增强实战信心。平时比较内向、人际交往能力差的大学生应该从由易到难的渐进过程来锻炼自己，可以先与自己同寝室同学或好朋友进行模拟招聘演练，然后扩大至与班级其他同学，最后与同年级其他班级同学甚至同校其他系的同学进行模拟招聘演练，从而克服对求职的焦虑、恐惧。

2. 制订计划，明确目标

有些大学生之所以紧张、烦躁不安，甚至焦虑、恐慌，是因为不知道自己的想法。为解决这一问题，大学生应冷静下来想一想自己"愿意从事何种职业""现在需要做些什么"，然后给自己制订出明确的行动计划，如学习提高完善自我的计划、收集就业信息的计划等，用具体的行动来占据以前胡思乱想的头脑，从而克服焦虑、不安心理。

3. 学会放松

放松是缓解焦虑、恐惧，达到心理平衡的有效方法之一。大学生可以尝试以下方法快速减压。

（1）自我慰藉法，如"五十步笑百步"精神胜利法。

（2）深呼吸，闭上双眼进行深呼吸。

（3）闭目冥想，在脑海里构思出宁静、安详的画面。

（4）听轻松音乐，以让自己更加平静、放松。

（5）短途散步，有助于吸入更多的氧气，提高兴致和情绪。

（6）开怀一笑，即想点儿让自己开心一笑的事情或者笑话。

（二）自卑心理的调适

自卑感主要来源于：能力方面的消极自我暗示，生理上的某些不足而引起的消极自我暗示，对自己个性特点的不良自我评价而产生的消极暗示。自卑感会夸大对自己不足的认识，甚至产生以偏概全的全面自我否定，严重影响求职效果，可以尝试从以下几个方面进行调适。

1. 积极暗示，增强自信心

自卑感强烈的大学生可以将自身的优势和长处用书面形式罗列出来（如个性方面的优势，专业知识技能方面的优势，特长、道德修养、人际交往方面的优势等），把这些优点张贴或放在自己容易看到的地方并经常默念，以冲淡自我否定的思想意识，增强自信心。另外，也可以把自己人生中曾经的成功案例罗列出来，并以这些成功的案例激励自己，以增强自信心，达到积极暗示的效果；或者制订阶段性的易于达到的目标，并按计划完成。

除了寻求积极的自我暗示外，大学生也可以找自己要好的朋友或老师交流。人有时不能客观地认识自己，通过与他人的交流可得到其对自己的客观评价，特别是自己的优势和长处方面的信息，以期收到积极暗示，修正不良认知，重拾自信心。

2. 避己之短，扬己之长

每个人都有长处和短处，大学生要进行客观自我评价，既要看到自己的优势，也要意识到自己的劣势。在求职过程中，要充分发挥强项和长处，挖掘和发展自身潜力，以最佳状态出现于人才市场，从而达到求职的成功。例如，专业技能强而人际交往能力差的大学生不去应聘营销或公关方面的工作，避开自己的不足。

3. 正确对待失败，客观总结失败的经验教训

大学生由于能力、经验等方面的不足，在求职过程中难免会有失败。有的大学生面对失败的打击往往无法排解，进而产生自卑感，自卑又影响下一步的择业，从而形成恶性循环——失败导致自卑，自卑引起再一次失败。其实，失败并不可怕，关键是对待失败的态度。大学生在求职时应正确对待失败，及时总结经验教训。

（三）挫折心理的调适

挫折是一种普遍存在的心理现象，是个体从事有目的的活动时遇到无法克服的障碍或干扰而产生的紧张状态和情绪反应。生活中时常可以看到面对同一挫折情境，有的人反应轻微，而有的人反应强烈。例如，对求职失败这一事件，求职者的反应就有很大差别，有的人一笑了之，但情况严重的会出现打击报复或不敢再到人才市场的严重后果。

1. 对挫折应有的心理准备

在求职择业过程中，对可能遇到的困难或失败的预期可以降低大学生的失望值，减少其心理落差，理智地对待出现的挫折，并能够审时度势地适当调整就业目标与自己的行为方式，采用积极的应对方式增强挫折承受力。

2. 多用问题定向应对策略，少用情绪定向应对方式

有调查表明，大学生采用问题定向应对策略的效果明显优于情绪定向应对方式。所以，大学生在择业过程中遇到挫折时应该冷静地分析主、客观两方面的原因，找出问题的症结所在，为下一步行动做准备，而不是停留于痛苦、失望、自怨自艾等情绪反应上。

3. 进行合理的宣泄

在求职遇到挫折时，大学生会处于焦虑、愤怒、冲动的情绪状态，如果得不到妥善化解，就可能表现出种种消极的行为反应，给个人和社会带来不良后果。因此，采用不伤害他人，合乎社会规范的方式宣泄受挫折后的不良心理，尽快恢复心理平衡，对求职压力很大的大学生来说是很有必要的。

宣泄的方式有多种，如到空旷无人的地方喊叫、哭泣，到运动场上做运动量大的活动，找朋友倾诉，到心理咨询室"倾倒苦恼"。

4. 做"合理化"的解释

做"合理化"解释是面对挫折的一种常见的应对方式，即当个体达不到追求的目标时，为避免或减轻因挫折而产生的焦虑、痛苦，并维护自尊等，总是从外部寻找某种理由对自己的行为给予"合理"的解释。做"合理化"解释是为了缓解压力，达到暂时的心理平衡，但过一段时间，等心理平衡了，还是要寻找自身的问题，做好继续求职的准备。

5. 转移注意力

受到挫折以后，面对难过的心境，进行注意力转移是一种有效的策略，如进行体育活动、和朋友聊聊天、看场电影或到教室、图书馆看书等。

6.寻求支持，分担痛苦，汲取力量

遇到挫折时，应学会倾诉和寻求帮助。这并非软弱和无能的表现，没有必要害怕遭人讥笑，因为它是一种情感的疏泄和痛苦的分担过程。大学生在这一过程中也有可能得到他人的帮助，从而摆脱挫折困境。大学生在求职挫折中积极寻求社会支持，有利于受挫者汲取社会的力量，在他人或群体、组织的支持、引导下改善心态，调整行为，缓解挫折感，摆脱由挫折引发的烦恼、痛苦。

当挫折既成事实时，沮丧、痛苦都于事无补，大学生可以苦中找乐，树立乐观向上的信念，如"塞翁失马，焉知祸福""天将降大任于斯人，必先苦其心志，劳其筋骨，饿其体肤"。大学生转变看待问题的角度，可能出现柳暗花明的新局面，重新找到希望。

课堂活动

疑惑的小张

1.活动说明

请阅读以下案例：

小张性格十分内向，一到人多的场合就脸红。最初的时候，一听到要去面试，内心就打鼓，底气不足，与面试官讲话舌头发僵，思维阻滞，平时的机警慧黠全不见了。

尽管每次小张都跟自己说："要自信，要放松，我比他们都强"，但是到重点时刻准没用，该忘的仍是忘，不该忘的也想不起来。为此在最初的三个月里，小张没有找到一家合适的单位。

小张心灰意冷，不抱任何希望地去试最后一次，内心说："就这样吧，面试完了就回老家山东，不再在这里混了。"由于已经预知了这次也不会成功，倒很随意，和人事经理聊得很投机，反正就是一个路人而已，就当聊聊闲天吧。一放松下来，思路就特别清晰，天南地北地谈了很久，最后走出来的时候，小张感觉前所未有的轻松。

回去后稍微收拾了一下简单的行李，到火车站买票，看着广场上人流涌动，心中感触万千：自己好歹也是个大学生，未想到竟在这城市无一立足之地，看来是无缘留在这方热土了。正当小张准备踏上回家的火车时，手机却突然响了起来，于是小张与那位人事经理成了同事。

2.讨论与分析

试分析：当事人在最初的三个月里为什么没有找到工作？而最后一次应聘为什么会成功？

生涯手册

从三个维度进行择业

一、任务目标

认识择业的三个维度，正确看待择业，树立正确的择业观。

二、任务形式

教师指导，学生独立完成。

三、任务步骤

（一）从自己的角度认识职业选择

职业选择是自己把握自己命运的开始，选择机制要求人们树立自立的精神，以主动者的身份对待职业选择。择己所爱、择己所长，从而获得较高的职业满意度、提高事业的成功率。

图 7-1 为人的内在世界和职业世界的关系图。可以看出每一个人的人格特征、兴趣爱好、能力所长和价值观在一定程度上跟职业的选择有一定关系，因此要做到从自己角度进行职业选择，就从认识自我去选择职业。

（二）从竞争的角度认识职业的双向选择

选择必有竞争，选择是双向的。当求职者按照自己的意愿进行择业时，用人单位也在按照职业的要求进行选择。因此，这一部分大学生要分析自己是否具备职业要求的素质，如果不具备的话，就会在竞争中失败。对于职业素质存在的不足，要采取有效的措施，制订职业成长计划进行弥补。

图 7-1　人的内在世界和职业世界的关系图

你的理想职业是：

该职业的岗位职责、职业要求、必备技能是：

你具备哪些职业素质：

还有哪些欠缺：

如何弥补：

（三）从创造和发展的角度进行职业选择

树立发展的职业观，以创造为动力，适时调整自己与周围的关系，使个人潜力得到最大限度发挥。

拓展阅读：1850 次
求职被拒

拓展阅读：大学生择
业时的心理误区

拓展阅读：如何消除
恶劣情绪

第八章

谋定后动：就业信息获取与求职材料制作

📑 **学习目标**

知识目标：

1. 了解就业信息的主要内容。

2. 熟悉不同的信息收集渠道，通过不同的信息收集渠道获取自己所需的求职信息。

3. 掌握求职信的基本内容和制作注意事项。

4. 掌握简历的基本内容和制作注意事项。

能力目标：

1. 能够熟练地通过各种途径查阅、收集就业信息。

2. 能够根据自身实际情况认真地筛选、整理信息，做出正确的处理。

3. 能够写作较高质量、较高水平的求职信。

4. 能够熟练制作求职简历并识记投递简历的技巧。

素养目标：

1. 通过学习养成认真、仔细、负责的态度，成功实现就业。

2. 提高认知能力，谨防上当受骗，增强自我就业保护意识。

👨‍💻 **知识链接**

第八章数字资源库　　　　第八章知识链接

第一节　就业信息获取

引导案例

掌握信息，赢得先机

临近毕业，小林在计算机前不停查找着各种招聘网站信息，如智联招聘、应届生求职网……他在根据自己的专业和兴趣选择就业岗位时，总是面带愁容。而他的舍友小马早已胸有成竹，手中早就握着几个单位的就业意向书，从国企到民企。

小马说："我觉得自己能够脱颖而出，除自身的综合素质过硬外，主要是因为我手头有很多就业信息。从学校就业指导中心提供的就业信息，到我自己关注已久的公司官方网站上的招聘信息，再到一些企业的微信公众号，我都尽可能多地收集和利用，我是赢在起跑线上的。"

案例思考

1. 是什么让同专业、同寝室的小林和小马在就业的重要关头出现如此不同的境况呢？

2. 获取就业信息的渠道有哪些？

3. 毕业生该如何处理就业岗位信息？

案例启示

就业信息对于每一位谋求工作的毕业生来说至关重要。就业决策的过程实质上就是一个与就业有关的信息收集、处理和转换的过程。在就业过程中，无论是职业目标的确定、求职计划的设计，还是决策方案的选择，就业信息的收集和处理都是基础。

就业的第一步是进行市场调查，通过市场调查了解公司需求，合理自身定位，而不是盲目地写简历、求职信。

一、就业信息概述

就业信息主要是通过各种媒介传递的有关就业方面的消息和情况，包括就业政策、干部人事制度、毕业生资源、用人单位岗位需求的相关信息等。就业信息的价值具有"会用则有，不会用则无"的特性。

就业信息可以帮助毕业生：了解政策、掌握和运用好政策；了解市场、了解需求、了解自我；增加就业机会，提升就业成功率。

根据所包含的信息内容，就业信息可分为政策形势信息，社会需求信息和用人单位信息三类。

（一）政策形势信息

政策形势信息主要包括国家关于就业方面的政策方针、法律法规及各个省、直辖市、自治区及地方有关就业方面的具体政策。这类信息具有较强的宏观指导作用，是影响职业供求的主要因素。近年来，国家与地方政府均出台了一系列推动和促进高校毕业生就业的方针政策。

（二）社会需求信息

社会需求信息即各级、各类用人单位对毕业生需求的情况，主要包括用人单位对毕业生的学历层次、专业、性别、人数以及对所需人才的具体要求等。毕业生要特别关注近几年地区、行业间的人才需求状况，避免把注意力集中到那些对人才需求已经饱和的地区和行业，还要关注当年的就业趋势预测。该类就业信息可以通过行业协会网站、专门咨询机构与图书馆的相关数据库获取。

（三）用人单位信息

用人单位信息即用工需求信息和招聘单位的信息。这类信息能够帮助求职者了解用人单位的性质、隶属关系、工作条件、工资待遇等，可分为内部信息和外部信息两类。

1. 用人单位内部信息

用人单位内部信息通常有如下内容：

（1）发展历史与发展趋势（是否有大量增加用人的需求、是否有可持续发展的新业务）；

（2）发展目标与管理文化理念（是否与你的职业价值观相一致）；

（3）主要领导人的姓名和业绩；

（4）规模（员工数量）与内部机构设置；

（5）总部及分支机构的业务及地理范围；

（6）产品或服务的内容与类别；

（7）职工绩效考核、培训和薪酬等管理制度；

（8）正在招聘的职位描述及能力要求；

（9）员工有什么样的职业发展路径和前景。

2. 用人单位外部信息

用人单位外部信息主要以下几个方面：

（1）服务客户类型与规模；

（2）与同类单位的比较优势和劣势；

（3）单位或企业的社会声誉。

二、就业信息获取途径

毕业生一般可以通过以下六条渠道获取就业信息。

（一）学校就业指导部门

学校是用人单位招聘毕业生的一个主要窗口，是连接毕业生和用人单位的核心纽带。除会议通知或电话通知等传统渠道外，学校还会利用就业信息管理系统、社交网络、短信等信息化平台以及宣传栏等实时发布用人单位需求信息，学校就业指导部门提供的信息量大、真实具体、针对性强、成功率高，是毕业生求职最主要的信息来源。

（二）人才交流会

各级毕业生就业指导部门每年都会举办多次分层次、分区域、分领域的人才交流会、毕业生供需见面会，有的地区、企业还专门组团到其他地区和学校举办专场招聘会；一些职业中介机构也会适时开展中小型人才交流会。人才交流会有大量的用人单位在现场设点招聘，学生可以在较短时间和数量众多的用人单位直接洽谈、深入交流。这种途径方便供求双方相互了解，能快速落实招聘意向。通过这一渠道获取的需求信息比较及时。但对就业信息的评价分析时间较短，很多毕业生往往在犹豫徘徊中失去了一个个就业机会。

（三）各种社会关系

各种社会关系是获得就业信息的另一个重要途径。毕业生尤其要重视专业老师和校友提供的就业信息，他们熟悉本专业相关行业、企业的人才需求信息，了解本专业的就业方向和范围，能提供具体的用人信息。这种途径获得的信息针对性强、成功率高。

（四）报纸、杂志、广播电视等传统大众媒介

通过报刊上登载的人才需求广告和广播电视发布的企业宣传广告获取信息。毕业生特别要留意周末的报刊信息，这些报刊通常会集中刊发用人单位及周末各人才市场的人才需求信息，这种信息内容详细、覆盖面广、快速及时。

（五）通过社会实践和顶岗实习

学生在学校所进行的社会实践和顶岗实习与所学专业紧密相关，毕业生可以利用社会实践和在企业顶岗实习等机会收集所在企业的就业信息。这种途径获取的信息针对性强，

与本专业结合紧密，一部分毕业生在毕业实习期间通过优异表现得到用人单位的认可，被用人单位优先录用。

（六）计算机网络

现在网上求职、网上招聘已越来越普遍，用人单位往往也利用专业人才交流网站或者公司网页及时发布人才需求信息。从网上获取就业信息是信息时代一种高效、便利的途径，但网上信息往往真伪难辨，毕业生需要不断提高自己的辨别能力，有效规避求职陷阱。

选择哪一种或几种就业信息获取渠道并不是最重要的，重要的是要有意识地、科学地寻找、收集和利用相应的信息。这个寻找机会的过程本身就是很好的职业训练、自我认识与锻炼提高的过程。

生涯轶事：有效利用人际关系求职

课堂活动

搜一搜身边的就业信息

1. 活动目的

运用多种手段与途径收集所学专业有关的就业信息。

2. 活动步骤

（1）分组：每5～6位同学为一组。

（2）请各小组做好任务分工安排，尝试利用多种渠道收集就业信息，做好记录，完成"岗位信息记录表"的填写。

（3）最后各组共享信息。

活动建议：建议分别通过查找各类人才招聘网站、院校就业网站及隶属政府机关的各类大学生就业信息网等多途径进行收集，找到后用 Excel 表格汇总，如图 8-1 所示，以便于后期就业信息的处理。

表 8-1 岗位信息记录表

序号	招聘单位名称	工作地点	岗位名称	基本要求	联系人	联系方式	信息来源渠道
1							
2							
3							
4							
5							

第二节　就业信息应用

引导案例

没有单位地址和联系电话的招聘启事

　　某年元旦前夕，某集团有限公司在一家知名报纸"人才求职"专版上刊出了招聘四名市场营销专业应届大学毕业生的启事，招聘启事里明确规定了应聘条件、工资待遇和笔试、面试的时间等内容，可是从头到尾找不到招聘单位的地址和联系电话。这是一件怪事！到底是招聘单位疏忽还是报纸排版发生了错误？

　　在某职业技术学院的一个男生宿舍里，住着即将毕业的孙明、王刚、张强、陈皓四名大学生，都是市场专业，他们对这则招聘启事十分关注，都积极采取了不同办法和途径搜寻该公司的地址和电话。

　　孙明人称"网络大侠"，他在搜狐搜索引擎上输入公司名称，十分轻松地知道了该公司的地址、电话和其他信息。王刚拨通了114，一下就查出了该公司的电话号码，他给公司打了一个电话，马上就知道了该公司的地址。张强人称"小金猴"，拿着报纸发呆，忽然，他一拍大腿，"真巧，前几天去超市买东西，看过这家公司的商品广告牌，广告牌上一定有地址和电话。"于是，张强直奔超市，找到那个广告牌，上面地址、电话和邮编等一应俱全。陈皓则经一位叔叔介绍去市工商行政管理局企业登记处查了企业名录，很快就找到了这家公司的名称，接着便查到了公司的电话和地址。

　　在该公司招聘启事刊登出后的第三天，公司人事部收到了四封求职信。公司人事部通知预约这四名大学生前去面试。经供需见面，双向选择后，老总决定给这四名大学生办理签约和录用手续。

　　"老总，招聘启事中不是说还要考试吗？"张强奇怪地问。

　　"你们不是已经考完了吗？"老总笑着回答。

　　"考完了？您还没有给我们出试题呢？"四名应聘者都觉得莫名其妙。

　　老总说："其实，考试的题目就藏在招聘启事之中，但是很多大学生没有很好地动脑子，他们不是认为招聘启事弄错了，就是认为报纸疏忽了，结果错过了求职的机会。作为一名现代市场营销人员，就是要思路开阔，举一反三，这是市场营销人员必须具备的能力和素质。你们四位同学机智灵活，在短时间内找到本公司的地址和电话，这就说明你们已经出色地完成了我们公司出的试题。"

　　此时此刻，四名年轻的大学生才恍然大悟！

案例思考

1. 这个案例给你的启示是什么？
2. 如何收集就业信息？
3. 对收集到的就业信息该如何整理和甄别？

案例启示

"冰冻三尺，非一日之寒。"大学生就业信息的收集和整理，犹如韩信点兵——多多益善。但是把握及时有效的就业信息时，还应注意精加工和细整理。这四名大学生机智灵活，应用多种办法和各种渠道，想方设法找到了招聘单位的地址和电话，终于与该公司取得了联系，抓住了择业的机会，找到了专业对口的工作。

一、就业信息的选择

现代社会是一个信息社会，如果没有用人信息，择业就变得异常困难。反之，用人信息越多，可供择业的范围就越广，但随之而来的对获取的就业信息进行处理就显得更加重要。善于利用各种渠道获取用人单位信息，善于归纳整理，这是求职活动的基本功。由于信息的来源和获取的方式不同，内容必然虚实兼有、互相矛盾，因此，对收集到的信息进行去粗取精、去伪存真的整理和筛选，是使用信息的前提。

要想收集到适合自己的、高质量的就业信息，必须把握以下四个原则。

(一) 准确性、真实性

准确性、真实性是信息的生命。近年来，社会上出现了各种各样以营利为目的的中介——职业介绍机构。有个别的中介用一些过时的或虚假的信息吸引学生，致使毕业生为此徒劳奔波。对此应当加以警惕，尤其应当防止"陷阱"性信息导致毕业生误入传销圈套之类的恶性事例的发生。收集信息过程中，一定要了解清楚信息来源的准确性、真实性。

(二) 实用性、针对性

要充分认识自己，然后根据自己的专业、特长、能力、性格、气质等方面的综合因素收集信息，避免范围过大且无法利用的无效信息。

(三) 系统性、连续性

将各种相关的、零碎的信息积累起来，然后分析、加工、整理与分类，形成一种能客观地、系统地反映当前就业市场、就业政策、就业动向的有效就业信息，为择业提供可靠的依据。

（四）计划性、条理性

要明确收集信息的目的，明确自己所需就业信息的范围，做到有的放矢。

二、选择就业信息的注意事项

（1）从众行为。即缺乏主见，人云亦云。

（2）轻信行为。即一味盲从，认为亲友告诉的信息就一定可靠，报刊上的信息就是百分之百的准确，因而未做筛选就做选择。

（3）模棱两可、举棋不定。即陷入大量信息的漩涡中不能自拔，在眼花缭乱的信息面前左思右想、犹犹豫豫，拿不定主意，其结果只能是"竹篮打水一场空"。

（4）急于求成。有的毕业生由于缺乏社会经验，真正到了人才市场，就心慌意乱；有的自感择业条件不如人，怕落空，找不到单位，因而一旦抓住信息，不经深思熟虑，就匆忙作决定；有的不慎重，在没有广泛收集信息时便作决定，而当获取新的信息后，便又要推翻已作的决定。

很多毕业生在处理就业信息时，极易犯卜述一些错误。随着人才竞争的加剧和毕业生就业市场的逐步完善，毕业生在获取信息后要按照一定的步骤对信息进行处理，去伪存真、高效利用。同时，也要克服那些不利于自己就业的行为和想法。

生涯轶事：谨防
"招聘"圈套

三、就业信息真伪的辨别

（一）虚假就业信息的基本特征

（1）公交车站、大马路、广场等一些公共场合粘贴的招聘小广告。

（2）门槛低、薪酬高、设置责任底薪，必须完成规定业务额。

（3）莫名而来的就业机会。

（4）要求毕业生交纳数额不菲的工作保证金。

（5）不透露公司的名字或名字像化名，公司的基本资料不完整，找不到地址等。

（二）就业"陷阱"的形式

（1）以招聘为名骗取钱财：以招聘方式收取报名费、抵押金、培训费、服装费等，钱骗到手，就人去楼空。

（2）以招聘为名盗取信息：以此骗取求职者身份证号码、信用卡号、银行账号、照片等，倒卖个人隐私。

（3）以招聘为名获得劳动力：通过高职、高薪等条件来诱骗劳动力。

（4）以试用期为名榨取劳动力：利用试用期与签约的时间差，来榨取劳动力。

（5）以"霸王条款"克扣毕业生工资：用人单位通过苛刻的条件来剥夺毕业生的既得利益。

（6）以"培训"为名骗取培训费：以高薪就业、保证就业，诱惑求职者参加岗前培训，但培训结束仍然不能工作或者安排的工作根本不适合大学生，变相逼迫大学生自己违约。

（三）如何应对招聘骗术

（1）应该进入信誉度高的专业人才网站应聘，如各教育部门的官方网站。

（2）拒交各种名义费用。凡是附加了报名费、考试费等条件的招聘信息，一定要高度警惕。

（3）不要随意公开重要信息，求职者在填写网络求职登记表时，不要到处填写自己的求职信息，更不要轻易公开个人的重要信息，尽可能做一些必要的保留，特别是自己的家庭住址最好不要填写。

（4）不轻易许诺马上去外地工作，无论其待遇多么好。只有掌握了这家单位的真实情况，证明其可信之后，才可以去工作。

（5）不要将重要证件作抵押，尤其是身份证、毕业证等。

（6）多种途径了解公司背景，注意招聘单位的营业执照等相关证件。

（7）签订"普通高校毕业生就业协议书"或者"劳动合同"时，一定要注明双方谈妥的福利、保险、食宿条件等，毕业生与用人企业签合同时要"三看"：一看企业是否经过工商部门登记以及企业注册的有效期限，否则所签合同无效；二看合同字名是否准确、清楚、完整，不能用缩写、替代或含糊的方式表达；三看劳动合同是否有一些必备内容。

（8）接到陌生单位打来的电话时，要详细了解对方的情况，如对方名称、经营范围等，进行核实后再作决断。

四、就业信息的应用

（一）建立个人就业信息管理库

因为毕业生就业信息多处于随机状态，时断时续、时多时少，收集到的信息也是五花八门、各式各样，如不进行有效的信息管理，收集到的信息就会如一团乱麻，给自己造成许多麻烦，以致顾此失彼，错过许多机会。一些毕业生不想做信息处理工作，总认为现在时间太紧张，就业信息抄下来及时行动就行了，没有必要再去做这项工作。还有一些毕业生则是不会做信息处理，平时懒散惯了，做事情本来就缺少条理性，在处理就业信息时就更杂乱无章。其实，建立一个简单的个人就业信息管理库非常必要，利用 Word 或其他软件就可以完成这个工作。

当然，如果毕业生个人计算机能力和数理统计分析能力比较强，可以对若干重要指标设立权重系数。如对单位地理位置、经济状况、福利待遇、发展前景等分别赋以权重，再利用数理统计公式得出一个用人单位的综合评价。这样就能够较客观地对一个信息进行量化处理，从而避免在比较条件相似的用人单位时，出现左右摇摆、拿不定主意的情况。

(二)咨询"智囊团"

毕业生从小到大，一直处在学校环境中，由于缺乏社会经验，在对就业信息进行分析和处理时难免主观幼稚、有失偏颇。因此，毕业生在处理信息时也要"民主决策"，最好是有一个自己的就业信息咨询"智囊团"。当然，这并不是要毕业生正式地去请一些人来担任自己的就业参谋，而是要求毕业生在处理收集到的就业信息，特别是对一些自己没有把握、不能判断的信息进行抉择时，要有意识地主动去请教一些能提供帮助的人。例如，就业指导老师、辅导员、家长、已参加工作的校友等，有意识地经常去请教这一部分人，征求他们的意见，他们实际上就成了你的义务智囊团。"兼听则明，偏信则暗。""三个臭皮匠，顶个诸葛亮。"毕业生在就业时应多方听取有工作经验的过来人的意见，特别是在辨别信息的真假、鉴别单位的优劣、选择适合自己将来发展的单位等问题上，他们会提供非常有益的指导。

课堂活动

学会如何做就业选择

当你同时面临几个选择，不知道如何作出选择时，需要将收集的信息分别加以整理，对不同的情况进行比较。

处理信息要使用以下五个参数：

(1)职位描述，包括一般责任、工作层次和有关单位。

(2)工作地点，包括你将参加工作的地理区域和物理环境。

(3)发展机会，包括晋升机会和工作保障。

(4)雇佣条件，包括薪水、奖金、工作和着装规范等特殊要求。

(5)入门条件，包括要求具备的教育和培训经历。

利用"职业评价工作表"(表8-2)对收集的信息进行处理和选择。可依次判断该工作是否符合你的理想，以及对你的休闲娱乐、与亲朋好友的交往的影响。评价时根据以下标准，在该工作每个参数所对应的评价框中简单评析，在该工作每个参数所对应的评分中选择对应分值。

"5"表示该工作对你有绝对的吸引力或非常强烈的吸引力。

"4"表示该工作对你的吸引力一般。

"3"表示该工作对你有点吸引力。

"2"表示该工作对你没有太大的吸引力。

"1"表示该工作对你一般没有吸引力。

"0"表示该工作对你完全没有吸引力。

请把"职业评价工作表"中评分数字相加，得出总分，就会反映出你对该工作总的兴趣有多大。如果有三个单位都发出了录取通知，可以按要求把三个单位的情况分别填入三张表中，根据得分的多少，比较出对这三个单位的取舍。

表 8-2　职业评价工作表

评价因素	评价	评分
工作特点		
职位描述		0　1　2　3　4　5
工作地点		0　1　2　3　4　5
发展机会		0　1　2　3　4　5
雇佣条件		0　1　2　3　4　5
入门要求		0　1　2　3　4　5
总得分		

第三节　求职材料制作

引导案例

不适合以常理判断（罗永浩写给俞敏洪的求职信）

俞校长您好：

下面是我的简历或自述。

在吉林省延吉市读初中的时候，因为生性狷介，很早就放弃了一些我当时认为讨厌的主课，后来只好靠走关系才进了当地最好的一所高中，这也是我刚正不阿的三十多年里比较罕见的一个污点。

因为我和我国教育制度格格不入又不肯妥协，高中二年级的时候就主动退学了，退学之后基本上我一直处于自我教育。

基于"知识分子要活得有尊严，就得有点钱"这样的认识，我先后筛过沙子，摆过旧书摊，代理过批发市场招商，走私过汽车，做过期货，还以短期旅游身份去韩国销售过中国壮阳药还有其他补品，但这些都没有让我"有点钱"……

我渐渐意识到我也许不适合经商，对一个以知识分子自许的人来说，这并不是很难接受的事……

我大概收集有上千张英文唱片，为了听懂他们在唱些什么，我开始学习一度我深恶痛绝的英文。我在一个本地的三流英语学校上了三个月的基础英语课，后来因为他们巧立名目拒付曾经答应给我的奖金，我只好又开始自学了。

……

……到天津大学夜间开办的口语班上课，一个班 20 多个人，一个外国留学生和我们天南地北地胡扯，一共上了四期这样的班，我口语就差不多了……

过了元旦，一个小朋友突然问我，为什么不到新东方教书呢，我说我倒是喜欢讲课，但是一个民办教师有什么前途呢？他说如果年薪百万左右的工作不算前途，那他也没什么可说的了。

我得说我很吃惊。我把我能找到的关于新东方的材料都看了一遍，我觉得这个工作适合我……在我尽管懒散无为却又是勤于思考的三十多年里，好像还是第一次看到一个很适合我，并且我也很感兴趣的工作……

旧历新年的时候，因为不确定是不是需要大学文凭才行，我试着写了一封应聘信给俞老师，提到我只有高中文凭，结果得到的答复是欢迎来面试，除了感激我还能说什么呢？

我是说即便没有文凭不行，我还是会到新东方做教师的，但是可能不得不伪造一下证件，作为一个比大多数人更有原则、以知识分子自诩的人，如果可能，我还是希望不搞这些虚假的东西，俞校长的开明使我得以保持了人格的完整，这是我时常感念的……

我只喜欢陈圣元一个人的课，所以后来也就只去上他一个人的课，陈圣元除了胡扯闲聊比较有水平之外，治学态度曾经也让我觉得非常好。现在他那本填空教程就在我手边，仅在 No.4 的 52 道题中，我就找到了 18 处错误……第二次考试之后我一直做填空的备课。在解题思路上修正了陈圣元书中所有不严谨的地方，我的这本填空教材，那是最接近完美的那一本，希望我的坦率不会倒了您的胃口。

……

给我个机会去面试或者试讲吧，我会是新东方最好的老师，最差的情况也会是"之一"。

📒 案例思考

1. 罗永浩的求职信为什么能做到与众不同？
2. 求职信写作有什么规律可以遵循？有什么技巧？

📒 案例启示

为数不少的毕业生认为求职信可有可无，常常低估其重要性。单页简历传达的是关于求职者能力素质的信息，点句式表达，言简意赅。求职信则以更加感性的方式表达出更多独特的信息，比如说明你与其他竞争者有何不同，你能利用自己所长为公司发展做出什么贡献，你对该公司的了解和行业发展的见解，你的强烈愿望等。

一、求职材料准备

"工欲善其事，必先利其器。"求职材料是毕业生走向人才市场、赢得用人单位信任的重要工具，也是用人单位初步了解毕业生基本情况的重要途径。通过准备的书面求职材料，用人单位可从中了解到毕业生的身份、能力、综合素质等基本情况，以判断和评价毕业生的学习成绩、工作潜力，从而确定能否给毕业生提前面试的机会。

求职材料，是毕业生反映个人总体情况和综合素质的书面材料。毕业生准备求职材料的直接目的，是引起用人单位对自己的兴趣，使自己能够最终被录用。用人单位最初是通过求职材料来了解求职者的，因此，求职材料是毕业生与用人单位交流信息的载体，是用人单位透视和了解学生的窗口及决策的重要依据。所以，求职材料的质量，对于求职者谋取职位，有着不可估量的作用。

一份完整的求职材料一般包括求职信、个人简历和其他辅助求职材料（可称之为附件）。

二、求职信撰写

求职信也常称为自荐信，是求职者向用人单位介绍和推荐自己的正式书面材料，属于对特定的用人单位写的特定的自荐材料，主要表述求职者的主观愿望和特长，以求吸引招聘者的注意力，取得面试机会。有人做过调查，在招聘单位人事部门，阅读每位求职者的求职信的时间一般只有 20 ～ 30 s，只有那些表述得体、确有特色和亮点的信，才能吸引招聘单位人事部门工作人员的眼球。相反，那些比较俗套、毫无特色可言的信件，往往在被快速"扫描"几秒后即被退回。因此，在成百上千的求职信中，如何使你的求职信与众不同且能脱颖而出，让用人单位给你一个难得的面试机会，求职信的质量可谓至关重要。

求职信与书信的格式比较类似，有相对固定的书写格式，一般包括称呼、正文、结尾、落款四部分。

（一）称呼

求职信的开头要写明称呼。在格式上，称呼要在第一行起笔的位置书写，单独成行，以示尊重。如果对用人单位的性质及负责人比较清楚，可直接写出负责人的职称、职位。如"××单位××负责同志"字样，也可以是"尊敬的××总经理"字样，相对而言后者更好一些。如对用人单位的性质及负责人不清楚，可写成"尊敬的领导"。假如你对对方了解得比较多，知道对方是公司人事部门经理，同时，他可能具有博士学位或教授头衔，此时，你若称呼他为"×教授"或"×博士"效果可能会更好，当所有的人称呼他经理的时候，你称呼他为教授或博士，说明你对他了解。称呼之后用冒号，然后另起一行，写上问候语"您好"之类的话，紧接着写正文。

在信的开头，就抓住对方的眼球，吸引对方把信读下去。

（二）正文

简单来说，正文实际上就是"我有什么＋我能做什么／我要做什么"，是整个求职信的核心部分，可概括为"三个简单，一个请求"，具体内容如下：

（1）简单介绍个人基本情况，包括姓名、毕业学校以及所学专业；

（2）个人所具备的条件，如学习过什么样的课程、受过何种奖励、社会实践情况、职业经历以及参加各种竞赛情况等，简单说明自己的知识结构和能力；

（3）简单说明自己对对方单位的了解，简述自己从事用人单位某一具体岗位的优势条件，简单描述对该用人单位及具体岗位的认识；

（4）表达期望到用人单位工作的心愿，即请求用人单位给予一次面试的机会。

正文部分可写内容比较多，所以一定要简明扼要，重在突出自己就是最适合这个职位的人选，写明自己对招聘单位的了解程度、应聘这个岗位和胜任本岗位的各种能力。

（三）结尾

结尾部分的作用在于最后表明自己的意愿，希望获得用人单位的面试机会。结束语可提醒用人单位希望得到他们的回复或回电，以表达希望用人单位给面试机会的心愿，如可以写上"希望得到您的回音为盼""盼复"等。当然，最后一定不要忘了写上致对方的祝福话语，或者以"此致敬礼""致礼"替代。

（四）落款

落款包括署名和日期。在形式上，信可以打印，但署名一定要用手写，而不能打印，以示郑重和敬意。署名应写在结尾助词的下一行的右后方，要注意字迹清晰。日期应写在名字下方，一般用阿拉伯数字，并且要把年、月、日写上。

求职信从形式到内容都应给人以美感。在文字表达方面应注重语言流畅，层次分明。一封文字优美、表达流畅的信，既能体现出求职者的文字运用能力和语言表达能力，又能给招聘者以美的享受。当然，表述还应当注意分寸，既不要夸大其词，也不要闪烁其词；既要措辞恳切，真诚流露出自己对用人单位的情况有所了解，又恰如其分地勾画出自己的突出亮点，这种勾画应当富有个性，不落俗套。

还要注意的是，给不同单位的求职信应该是不同的，千万不要用一篇求职信应对所有的单位。那样会显得缺乏诚意，给人草草应付的感觉。由于文化上的差异，一般来说，对外资企业可以较充分地展示自己的能力，强调自己的特长；而对国企、国家机关、事业单位等则应如实介绍自己的理论基础、特长、爱好。

三、个人简历撰写

一般来说，简历的格式由七个部分组成：个人基本信息、求职意向、教育背景和荣誉、工作经验和社会实践、培训经历、语言水平证书、自我评价。

（一）个人基本信息

（1）简历标题：不宜使用"简历"两个字作为标题，直接用你的名字"×××"。这样显得更突出，一目了然。

（2）出生年月：一定要按实际填写并与身份证上的信息相符。

（3）联系电话：把手机和固定电话都写进去。尤其是一定要填上可以长期找到求职者的固定电话号码。不少求职者经常会更换手机号码，或者手机碰巧没有电，错失了人事部通知面试的机会。电话号码最好放在靠前醒目的位置，这样便于人事部与你联系。

（4）电子邮箱：尽量用自己常用的私人邮箱，不要用各大招聘网站分配的邮箱，否则显得很没有诚意和不专业。

（5）户籍所在地：如果是本地生源，务必写上，有些企业或者机关单位会指定只要本地生源。

（6）政治面貌：如果应聘的是国企或政府单位，政治面貌是党员的话，一定要填上，这一项会是加分项。

（7）学历和专业等其他信息。一般专业对口的话，可以写，不对口建议不写。

（二）求职意向

求职意向必须写清楚。很多公司会同时招聘很多职位，对于没有写清楚申请职位和职位编号的简历，筛选人员是无法进行职位分类的。因此，这类无名无分的简历很有可能在第一时间被删掉。

（三）教育背景和荣誉

该部分主要写与求职目标有关的专业，最好是与目标有关的在班级中做过的最成功的例子（例如，团队或个人项目），以及其他重要的事实（例如，荣誉、奖励、证书、成就等）。切忌在醒目位置罗列所有课程。

写荣誉时，要注意强调奖励的含金量，可使用数字和比例，以营造比较优势。例如，奖励年级排名前5%的学生，这种表述就能突出其含金量。如果奖励众多，要有所选择，注意奖励与职位的相关性。同一种奖励，写一项即可，可表述为多次获得"优秀三好学生"。

（四）工作经验和社会实践

这部分是所有企业都关心和注意的地方。这一项写得好与坏，直接决定用人单位是否有兴趣把简历的其余部分读下去。

写出在校期间参加各种实践活动的经历，如在校担任过哪些职务、是否参加过志愿者工作、有哪些兼职等，这些经历能很好地说明相关的工作能力。这对没有参加工作的大学生来说是非常重要的，可以视为工作经验。

下面的技巧有助于写好工作经验。

1. 回顾与职位相关的实践经历

仔细思考，罗列出以往所有的短期实践经历。记住，哪怕做过一天的社会实践，只要和申请的职位有关系，也要把它写下来，这可以成为丰富简历的良好素材。例如，申请的是"市场专员"这个职位，有以下这些实践经验：

（1）2020年暑假，在××外语学校担任英语教师；

（2）2020年11～12月，为三星公司做兼职手机促销员；

（3）2021年3月，为××咖啡新产品的上市做前期市场调查；

（4）2021年暑期，在某电视台新闻频道实习；

（5）2021年9月，参与××学校培训产品的市场推广策划。

经过分析，只有（2）、（3）、（5）条是和申请的职位有直接关系的，可以把它们提出来进行加工润色，和目标职位没有直接关系的实践经历可以省略。

2. 细致描述社会实践活动

这是工作经历撰写的重点与核心，罗列做过的活动详细描述。例如，参加了一个周末为某公司进行的市场促销活动，可以根据工作内容罗列如下：

（1）新款手机产品性能的讲解；

（2）协助进行现场活动抽奖；

（3）发放并回收新产品上市的市场调查问卷；

（4）收集现场客户资料。

这样一来，工作实习的内容就变得丰富多彩了。

3. 用专业术语和数字描述

同一件事情，用不同的方式表达，产生的效果可能相差很大。在保证真实的情况下，尽可能用专业化的语言来表达，这样从另一个侧面反映专业素质。例如，原来从事"秘书"工作，可以表达为"助理"；"传单发放"可以表达为"传播产品信息"等。同时，数字的使用会让整个简历变得更有说服力，这远远比那些只用了"很多""大量"等含糊语言的简历更能够吸引招聘主管。如把上列的工作内容加工成以下文字：

（1）在大型市场推广活动中，为潜在顾客进行产品展示和产品性能解说。

（2）在展会活动中，参与组织和安排大型抽奖活动，当天吸引3 000名潜在顾客参加活动。

（3）协助公司进行××手机的市场调查，组织20人发出2 000份调查问卷并有效回收90%。

生涯轶事：HR的
关注点

（4）用多种方式进行客户资料收集、分类，进行客户资料管理。

（五）培训经历

求职者可以把自己在业余时间学习的与职位有关的课程写上去，如各个名牌企业的认证培训课程（如微软 MCSE 认证和思科 Cisco 认证培训课程）、英语进阶课程、计算机课程、海外学历培训课程、管理课程等。但要遵循的一个原则还是培训经历必须与所申请的职位相关，没有针对性则毫无用处。

（六）语言水平和证书

英语水平要注明等级。英语四级是企业最基本的要求，六级和专业八级要特意说明。

应聘欧美外企的时候，如有托福（TOFEL）和雅思（IELTS）成绩为佳，但最好是托福达到 600 分以上和雅思平均分达到 7 分以上才写上去，并要说明近期没有出国的计划。

应聘日资企业，除了英语证书外，一般要求国际日语水平测试二级以上。

如果应聘翻译工作，要有高级翻译、口译等证书。

（七）自我评价

自我评价要符合职位要求，求职意向跟所应聘的职位是一致的。尽量三言两语说清楚，不要自我主观发挥，更不要写成抒情散文，如"我经过""我觉得""通过什么……我学到了……"等这些句子。

四、辅助求职材料

辅助求职材料也称附件。附件包括在校成绩单、获奖证书、技能培训证书、主要成就复印件和学校毕业生就业推荐表复印件等。附件必须是具有绝对的说服力的材料，可以使招聘者直接了解毕业生的能力，这关系到是否会得到面试机会。

高校应届毕业生一般都有由学校统一制作的推荐表，上面填上所修课程，由学校加盖公章，并由相关负责人填写推荐意见，相当于对该生做的政治、学业和社会实践的鉴定。

如果不是学校的应届毕业生，可以找有名望的人士或在谋求的某个职业方面的知名专家，请其写一封推荐信或在自制的推荐表上的指定栏目填上推荐意见，也可起到推荐的作用。

证明材料有很多种，凡是能证明的有某种素质和能力的书面的东西都可以整理成证明材料，常见的有毕业证、学位证、外语和计算机等级证书、获奖证书、技术鉴定证书、职业资格证书和职称水平证书。如果参加过某种培训并结业，也可以将结业证书附在求职材料的简历后面。证明材料多用复印件，最好要有证明材料目录，这样既便于招聘单位的审核，也会给对方留下"办事周到，有条不紊"的好印象。建议求职者收集尽可能多的证明材料，以提高自己的"身价"。

拓展阅读：HR 启示：我是这样看简历的

第四节　求职材料投递

引导案例

"破格聘用"背后的阴谋

案例一：

某大学应届毕业生韩某在网上相中了一家公司。按照该公司提供的电子邮箱，将简历发了过去。很快，该公司回了一封言辞恳切的信，决定破格聘用韩某并给予高薪，韩某非常高兴，准备赴约签就业协议。但韩某了解到，进这家公司，每人要收取200元的服装保证金，用于制作工作服，离开公司的时候，200元可以原封退还。一个月后，韩某按照公司的约定来到公司的办公地点参加培训，却发现该公司和主管人员早已人去楼空，才知自己上当受骗。据了解，在这起诈骗案中，有150多名求职者上当受骗，其中大多数都是刚刚毕业的大学生。

案例二：

张某是某高校美术专业的毕业生。一天，张某接到朋友周某打来电话，希望他来公司工作。张某来到公司后，周某让他签订了一份合同书，并让他要交押金3 000元，并承诺如辞职离开公司，押金随时如数退还。张某认为周某与自己是朋友，又有合同和承诺，便交了押金。当天下午，周某就带三人开始岗前"培训"。"培训"主要是讲怎样赚钱，怎样暴富和赚钱，要不择手段以及"发展下线、金字塔"理论等。经过几天"培训""洗脑"后，公司让他"上班"，就是打电话、蒙骗认识的、想找工作的人来"工作"。

案例思考

1. 韩同学求职中遇到什么问题？张同学求职中遇到什么问题？
2. 网上求职还会遭遇哪些骗局？应当如何防范？

案例启示

随着互联网在中国的普及，越来越多的学生在网上求职，但网上求职是一把"双刃剑"。一方面给很多大学生带来了方便，可以不出家门就找到工作，不必去招聘会上和大家争抢，另一面却也有不少的陷阱，稍不注意，就有可能给大家带来不必要的麻烦和损失。

一、简历投递

（一）有的放矢

试探性的网上求职成功率低，很大因素是由于学生对用人单位的具体要求不了解。求职者要留心考察每条招聘信息的真实性和有效性。求职者必须仔细浏览招聘单位简介、招聘职位介绍、信息发布时间、有效期等，必要时还可登录该公司的主页了解更多相关信息。留意对方的用人计划及招聘要求，在全面详细地了解招聘职位的信息后根据自己的实际情况投递简历。

（二）直接向用人单位投档

托人递送，招聘单位过目的可能性最大，因此求职者在求职过程中，要充分利用人脉，让亲朋好友帮忙投递合适岗位，既节约时间成本，又提高了成功的可能性。有用人需求的公司，多数会在公司网站的人力资源部中留出招聘专区，直接向其投档，比在求职网站中投档的命中率高。

（三）按招聘方要求投递简历

如果用人单位对简历的格式、投递方式有特别要求，就要尽量按照对方的要求操作。如有些企业要求简历标题为"姓名＋应聘岗位"；如果企业没有要求，建议采用"申请的职位＋姓名＋职位要求的工作地点"，这样保证人事（Human Resources，HR）能够快速获取求职者的基本信息。

（四）电子邮件投递时间

周一，HR 要总结上周的工作，也要计划本周的安排，基本上上午开会，下午在整理计划。HR 看简历的心情非常浮躁，所以对简历的分量要求很高。周二到周四，是简历到达的合适时间，其中周三到达最佳。周五，HR 基本上都要做一周总结或者外出参加一些会议。所以周五收到的简历，HR 当天基本不看，通常积压到下周一才会看，但是通过周六周日两天累积了大量邮件。周六到周日，HR 休息，非工作日投出的简历很可能与周末的垃圾邮件混杂在一起，结果被周一来上班的 HR 统统删掉。

另外，投递简历最好挑 HR 上班的时间，这样你的邮件通知就会在电脑的桌面上直接跳出来。其中，上午比下午效果好，而上午又以 9：30—11：00 为佳，下午以 13：30—15：30 为佳。太早 HR 没进入工作状态，太晚 HR 等着下班休息，早没了看简历的心情。

（五）忌向一单位申请多职

在网络求职中，向一家单位同时申请多个职位的求职者不在少数。前程无忧人力资源网的专家建议，向一个单位同时申请多个职位，并不能表明求职者的能力超人，相反，用人单位会认为求职者非常盲目，没有自己的目标，缺乏主见。因此，向一家单位同时申请多个职位的做法不可取。

二、网申

生涯轶事：小一号的简历

网申（网络在线申请）是求职者通过互联网查询招聘信息，填写求职信和个人简历，并通过电子邮件（E-mail）或者网上提交系统提交给招聘单位。用人单位在获得求职者的求职信息后，给予部分求职者面试的机会，以进行下一步招聘工作。

利用网络求职，最重要的是要写好自己的简历和求职信。

（一）实践经验是求职简历的核心

在求职者的简历中，重中之重是"实践经验"部分。写实践经历时最忌讳的是含糊、笼统。另外，求职者的实践经历必须和目前应聘的职位密切相关。在真实的基础上，投入主要精力，精确、扼要、逻辑清楚地梳理实践经历，让求职者从众多的竞聘者中脱颖而出。

（二）求职信要有很强的针对性

求职信缺乏个性和针对性，是导致网络求职效果不好的一个重要原因。很多求职者在求职时往往只准备了一份求职信。当他在网上浏览时，相中谁就给谁投一份，根本不考虑发出的求职信是否和用人单位的企业文化和理念相吻合，是否和所应聘的岗位要求相吻合。从用人单位的角度考虑，如果求职者能相对多地了解他们的公司文化、发展现状、未来前景，说明求职者对用人单位做了一定程度的研究，这使求职者能最快地被挑选出来，取得下一轮竞聘的机会。

（三）常见的网上求职陷阱

网上求职给很多大学生带来了方便，可以不出家门就找到工作，但方便的同时却也有不少的陷阱，主要有以下几种常见陷阱。

1. 变相收费

这是求职陷阱中出现频率最高的一种犯罪活动。不法分子利用网上求职双方互不见面的特点，以种种名义骗取求职者的钱财。网上求职的骗局通常有两类：一是骗子公司动不动就要求付费。求职者往往被要求汇款作为报名费、押金、手续费等。二是巧立名目，如收取所谓的"保证金""服装费"等。凡是这类情况，求职者应当立即放弃，甚至可以举报。

2. 无限期试用

有的企业招了人，就无限期地让学生实习，待遇也是按实习发放。依据有关规定，试用期人员劳保用品、物质奖励、各种保险和其他福利等与正式职工享受不同。因此一些用人单位为降低人力资本，大量招募短期员工，且不签订劳动合同，待三个月试用期满，就以各种各样的借口予以解雇。这样一来，求职者总是辛辛苦苦给单位低薪干活，然后被扫地出门。

3. 通过招聘剽窃求职者作品

企业以选人为名，在笔试、业务考察等环节中让求职者撰写策划案、翻译文章，提供习作，而这些都应是公司员工的本职工作。有专家说，除了把求职学生当免费劳力外，学生在简历中把自己的毕业设计和研究理念写得一清二楚，也让不少企业坐享其成。

4. 传销公司

大学生网上求职要选择一些大型的、正规的招聘网站，不要轻易在不熟悉的网站填写简历。求职过程中，要注意甄别用人单位，查实用人单位是否正规、真实、可靠。

5. 以假高薪骗取应聘者放弃"三金"

一些不良的用人单位为了剥夺求职者的权利，经常会在合同中出现一些不合法的内容，比如声称支付所谓的"高工资"，但却以不给职工交纳社会保险为条件。因此，大学毕业生在签订合同时要仔细审阅内容，当合同中出现异议时，善于运用沟通技巧与用人单位谈判，争取自己应得的利益。

6. 骗色

不法分了从应聘者中寻找那些经历简单、处世单纯的女大学生，冒充招聘人员，采用手机联系，单独约见应聘者在宾馆、度假村等高档消费场所面试，趁机进行犯罪活动。有的多次约见应聘人，甚至故意交给应聘人一些文字材料，让其整理等，麻痹被害人。面对高薪诱惑，大学生们放松了警惕。有的在孤立无援的状态下，成了不法分子的猎物。

(四) 网络求职陷阱的防御

1. 严防个人隐私信息泄露

大学生常常在自己的个人主页或者在网上公开自己的求职简历，其中包含了自己的电话号码、电子邮件地址，甚至家庭电话和住址，使犯罪分子有可能会利用相关信息进行诈骗。

一个真实的事例：毛某是大学毕业生的家长，日前在家中接到一个长途电话，称其儿子在车祸中撞伤，正在医院抢救，急需手术费5万元。毛某闻讯立即拨打儿子手机却怎么也打不通，相信真的出事了。就在此时，一个自称是儿子学校领导的人又打来电话，证实确有其事，并留下一个账号。毛先生连忙筹集了5万元汇过去。几个小时后，毛先生终于打通儿子电话，方知上当受骗。

大学生按照网上提供的简历模板填写个人信息时，要注意把握分寸，不要将重要的个人信息留在不该填写的位置。尽量不要使自己的个人简历处于无条件公开的状态，避免给一些不法分子留下可乘之机，在网上求职最好留电子邮件地址。

2. 查核公司的详细情况

一般骗子公司都不敢留下真实地址。通过搜索引擎来浏览有关这个公司的一些信息，仔细查核招聘公司的网站内容；或者打电话查询或通过当地的亲友了解一下。如遇骗可在网上揭露骗子公司的面目，以防其他同学上当受骗。

3. 对招聘信息进行鉴别

虚假招聘信息：一般联系地址不详细或根本没有；联系电话为手机，没有固定电话；招聘要求非常低，工资待遇异常高；以各种理由收取求职者费用；以公司手续正在办理中为由不出具相关资质证明。对这些招聘信息，求职者要慎之又慎。求职者通过查询公司所在地的 114 信息台，能够轻松查得电话号码所在位置及类型。拨打 12315 电话或者在"12315 平台"网上咨询，即刻就能查到公司是否为合法注册公司。

4. 对用手机预约面试要谨慎

一般用人单位都会在工作时间用公司座机与求职者约定面试时间，很少用手机与应聘者预约。如接到用手机约求职者到单位以外的地方见面就要特别小心，一定要问清楚面试地点和联系电话，如果害怕，最好在去之前，打一下面试地点的电话假装问地址，确定有没有问题。或者在面试时约几个亲朋好友陪同前往。

5. 注意面试环境

正规单位一般都有固定的办公场所，若网上面试地点选在宾馆等临时租借来的场地，要高度注意，谨防上当受骗。如面试时间安排在晚上，为保证人身安全，可以和单位商量改到白天的工作时间，尽量不要晚上赴约，特别是女学生宁愿放弃也不可贸然赴约，以免上当受骗。

6. 尽量找大型、知名的职业网站

一般正规网站在刊登人才需求信息时，都会仔细验证招聘单位的真实性，要求对方能提供单位营业执照、办理人员的身份证件以及加盖公章的单位证明等，严防虚假信息。求职者在无法确定所要应聘单位的真实性与可靠性时，可以登录当地的工商局网站查询一下企业的注册情况，或者直接在搜索网站中输入"公司名＋骗子"，看一下搜索结果，或者到一些求职论坛发帖请教。

7. 不要轻易向用人单位交纳保证金或证件

一般用人单位是不会以任何名义向应聘者索取高额保证金的。如用人单位以各种理由要求应聘者交纳保证金，或向某一账户交纳保证金，一定要特别注意，要仔细查证，谨防上当；一般单位也不会要求交押身份证或毕业证等证件，如有要求，出示原件给对方验证一下，然后交复印件即可，并在复印件上注明是求职证明身份之用（文字要覆盖证件主要部分），切不可交原件。

生涯手册

简历找茬

1. 活动目标

（1）检验学生对简历基本内容的掌握情况。

（2）了解学生对简历制作注意事项的把握程度。

2. 活动过程及要求

（1）活动场地：教室。

（2）人员要求：班级按照小组围桌而坐，以小组为单位。

（3）活动准备：班级同学提前做好自己的求职简历。

（4）活动安排：每个同学将自己的求职简历传递给自己右手边的同学；开始找茬，看谁找得又快又准；组内进行分享交流，并总结大家简历的优点以及常犯错误。

（5）教师进行总结点评。

第九章

成竹在胸：求职应聘技巧与礼仪

📝 学习目标

知识目标：

1. 了解笔试内容和应对技巧。

2. 了解不同职业角色的妆容技巧。

3. 了解求职时的服饰礼仪，掌握求职时的举止礼仪。

4. 掌握面试前要做的准备与了解面试类型。

5. 掌握职业仪态的相关知识及训练方法。

6. 掌握职业服饰装扮的原则和技巧。

7. 掌握面试常见问题的回答技巧。

能力目标：

1. 能够熟练自如地应对各种面试。

2. 能够熟练根据应聘职位的特点及自己的实际情况选择面试服饰。

3. 能够熟练根据应聘职位特点设计自己的职业妆容。

4. 能够熟练表现出正确的职业仪态。

素养目标：

1. 培养明礼、爱国的品质和严谨的学风。

2. 培养认真、细致、负责的工作态度和责任意识。

知识链接

第九章数字资源库　　　　第九章知识链接

第一节　笔试与技能考核

🖥 引导案例

当阿斗遭遇笔试

刚刚大学毕业的阿斗，在几次笔试后，得了"笔试恐惧综合病征"，一听到要笔试拔腿就跑。

阿斗第一次笔试，是应聘一家公司的财务助理。题量很大，但是接待人说，笔试结束后半小时就公布第二轮可以面试的名单。拿到试卷，阿斗发现其中一道问答题"为什么要选择这份工作？"竟然出现了三次。看看时间不够，第二次和第三次阿斗就都跳了过去没做。时间到了，阿斗刚好答完最后一题，为自己的明智之举沾沾自喜。谁知道名单公布，竟然没有自己的名字。阿斗追问原因，那个负责人解释说：财务助理平常从事的工作都很琐碎、枯燥，所以要有耐心，没有把那出现三次的问答题都答了的首先被淘汰。于是，阿斗的第一次笔试就这样栽了。他安慰自己说："反正我又不喜欢这种枯燥的工作。"

第二次是应聘一家广告公司的创意人员。笔试试卷发下来，题目不多，只有10道题，但是"为什么要选择广告行业？"出现了三次。阿斗想：又想要我，幸好有前车之鉴。于是他把三道题都一模一样地作答。为了显示自己的耐心，每行的字数还一样，对得整整齐齐。但结果还是名落孙山，这次的解释是：广告是非常讲究创意的，三道题目答得一模一样就证明你没有创意，一点求新的欲望都没有。于是，他又绊倒在同一块石头上了。阿斗还是很乐观，说"天将降大任于斯人也，必先苦其心志"。

第三次笔试是应聘一家超市的主管助理。题目又是这样一题三出，阿斗想了想，事不过三，他很认真，很有创意地想了很久，每道题目都给了不同的答案。但是，又是名落孙山。这次的理由是，主管助理主要是配合主管做事情，那些想法多多、朝秦暮楚的人是做不长久的，难以管理。阿斗这次唯有安慰自己："否极泰来，否极泰来。"

第四次是银行。一看到试卷里又有一题三出，阿斗无名火生，拍案而起，夺门而出。后来听说这次真的是印错了题目，他走后就有人进来说其他两道题不用做。这次，阿斗仰天长叹："天欲亡我阿斗啊！"

所以，现在阿斗找工作看到笔试就掉头而去，"我惹不起还躲不起吗？"

📑 案例思考

1. 读完以上案例故事，你有哪些感触？

2. 你了解笔试有哪些常见类型吗？

3. 你会如何准备笔试呢？

📖 案例启示

现在的求职考试越来越强调用学过的知识来解决实际问题，具有很强的实用性。换句话说，现在的应聘考试主要是考核应聘者对知识的运用能力。因此，在复习过程中必须始终突出一个"用"字，通过各种实践，把学到的知识运用到工作实际中去解决各种具体的问题。

知识与能力，两者中知识无疑是基础。没有扎实的基础知识，也就无从谈能力的培养和提高。掌握知识的一个有效方法就是把零散的知识化为系统。但应聘笔试往往范围大、内容广，存在着一定的随意性和盲目性，因此，凡是与求职有关的一些知识，如文史知识、科技知识、经济知识、法律知识和一般的计算机知识，均要系统地复习一遍。

一、笔试

评价一个人的综合素质、社会知识特别是专业知识，通过笔试是一种比较好的评价方法。笔试是一种常用的考核方法，它是招聘单位采用书面形式对应聘者所掌握的基本知识、专业知识、文化素养和心理健康等综合素质进行的考察和评估。笔试对于应聘者来说是相对公平的一种测试方式，因而被越来越多的招聘单位所采用。

第一，笔试是招聘单位对应聘者的专业知识及文字表达能力和书写能力等综合能力的一次有据可查的测试。

第二，它可以防止任人唯亲等不正之风，也可以作为应聘者能力的留档记录。

第三，笔试结果是根据标准答案评定出来的，它弥补了面试结果往往是根据个人爱好评分的缺陷。笔试得出的分数往往可靠、真实且排名简易。对应聘者来说是一次公平的竞争，对招聘单位来说是检查和核实应聘者真才实学的办法。

第四，笔试的试卷又是决定应聘者去留的最科学的法律文本。因此，笔试是招聘单位测试应聘者的重要砝码。

通常笔试主要限于一些对专业技术要求很强或对录用人员素质要求很高的单位，如公务员、跨国公司、知名企业等。特别是一些新闻类的招聘单位，它们经常通过笔试来决定是否录取某个应聘者。有些单位往往首先通过笔试来确定进入面试人员的名单。

笔试根据内容来分，主要有以下两类。

第一类：技术性笔试。这类笔试主要针对研发型和技术类职位的应聘，这类职位的特点是，对于相关专业知识的掌握要求比较高，题目特点是，主要涉及工作需要的技术性问题，专业性比较强。这类笔试的结果和大学学习成绩密不可分。因此，要成功应对这类的笔试，需要坚实的专业基础。

技术性笔试主要考查基础知识、基本技能，而不是很高深的学问，一般都是专业基础课。对于这类技术性岗位，大公司和小公司的笔试内容的侧重点有很大的区别。一般小公司注重实用性，考得比较详细，目的就是拿来用。大公司则强调基础和潜力，所以考得比较宽泛。

第二类：非技术性笔试。这类笔试一般来说更常见，对于应试者的专业背景的要求也相对轻松。非技术性笔试的考查内容相当广泛，除了写作能力、逻辑思维能力、数理分析能力外，有些时候还会涉及时事政治、生活常识、情景演绎，甚至智商测试等，类似于公务员测试。

不同的笔试类型，有不同的考试内容，应试者在考前应详细地了解，针对不同情况做出相应的准备。例如，公务员考试就有明确的考试范围，并有指定的参考书，考生复习相对有针对性。而一些用人单位的笔试则相对灵活，范围也比较大，没有明确相关的参考书。毕业生可围绕用人单位划定的大致范围翻阅一些有关的图书资料。笔试成绩与毕业生平时的努力也有很大的关系，如果毕业生兴趣广泛，平时注意收集各种信息，考试时就能驾轻就熟、得心应手。

求职临笔试前要注意以下几点：

一是求职应聘有多次机会，因此要适当减轻思想负担，不可给自己施加过大的压力，否则适得其反。

二是笔试的前一天要注意休息，保证充足的睡眠，避免笔试时精神不振，影响正常思维。

三是要适当参加一些文体活动，从而使高度紧张的大脑得到放松休息，以充沛的精力去参加笔试。

生涯轶事：《皇帝的新装》职场新解

二、技能考核

技能考核主要是考核应聘者能否熟练操作和使用招聘岗位所要使用的设备等方面的能力。技能测验实际是考核毕业生动手能力和实践能力，一般是针对专业操作技术性要求较强的岗位而进行的考试，如数控机床操作员、计算机组装员、打字员等岗位。

用人单位组织的考试与学校组织的考试有着很大的区别。学校组织的考试比较侧重于理论知识。由于实际工作的需要，用人单位组织的考试就显示出较强的应用性和对实践能力的侧重，重视应聘人员对于实际问题的分析解决能力和实际操作能力。

技能测试是为了检验应聘者的实际工作能力或专业技术能力。这种考试往往针对特定的工作岗位设计。比如用人单位要招聘一名秘书，为了考察应聘者是否具有这方面的技能，会通过下面的题目来测试：阅读一篇文章，写读后感；自编一份请示报告和会议通知；听取五个人的发言，写一份评议报告；某公司计划在五月份赴日本考察，写出需要做哪些准备工作等。通过应聘者的答卷，测试其文字表达能力及分析问题能力和逻辑思维能力等。

技能类试题还会涉及英语、计算机等通用技能的考核。随着我国对外开放的扩展，英语、计算机等一些技能已经成为现代劳动者所必须掌握的基本技能，因此，用人单位往往会要求应聘人员除了掌握一定的专业知识以外，还要求其掌握基本的英语交流、计算机操作等技能。

第二节　面试准备与技巧

引导案例

毕业生求职突破窘境

毕业生小李在进入求职阶段后很快就获得了一次应聘的机会，应聘的单位是一家大型国有企业。面试迫在眉睫，面对这次非常难得的求职机会，认真做好面试准备是非常重要的。小李却"慌了神"，感到无从下手，因为他从来没有参加过真正的面试，也不了解面试的基本知识，新奇和激动的同时也感到紧张和茫然。

案例思考

1. 小李为什么"慌了神"？
2. 如果你是小李，此时该如何消除紧张和茫然？

案例启示

面试是求职择业的必经环节，也是求职是否能够成功的关键环节，可以说面试成功就是顺利打开职业生涯大门的一把金钥匙。一次面试的成败将影响到职业生涯和人生历程的发展轨迹。很多毕业生因为缺乏这方面的基本知识，所以会表现出不同程度的迷茫。

一、面试的形式与种类

求职过程中，最令人担忧的应该就是面试环节，有的公司面试几轮每次都是不同的形式。

按照面试的开展形式及手段、面试的内容、面试考核的重点等，企业在校园招聘中有以下五种常见的面试方式。

（一）电话面试

电话面试是指面试人员通过电话来对应聘者进行提问的面试。

一般电话面试，面试人员会首先确认求职简历的真实性。求职者必须冷静地回答问题，最好将简历放在手边，可以看着内容回答提问。

其次，面试人员会针对应聘岗位问一些专业技术方面的问题，对于这些要能抓住要点，并用简短的语言表达清楚。

回答问题时语速不必太快，发音吐字要清晰，表述要简洁。如果问题没听清楚，有礼貌地请面试人员重述一次，如有必要，还可以要求面试人员改用其他方式重述问题，不要不懂装懂。

（二）视频面试

视频面试是指面试人员与求职者通过视频摄像头和耳麦即时沟通交流的招聘面试行为。

视频面试不能看到求职者更多的姿态、动作，但求职者的发型、服饰等会给面试官留下更深刻的印象，要尽量做到干净整洁、和谐得体。

视频招聘更多的是通过语音聊天来展示自己，因此要注意口齿清晰，表达有条理。若没有听清问题或视频突然断掉，要有礼貌地解释清楚。

面试过程中不要有过多的小动作，眼睛要直视对方，目光游移不定会影响面试官的判断。

（三）结构化面试

结构化面试是指通过设计面试所涉及的试题、评分标准、分数等对面试者进行系统结构化的面试。用人单位会根据岗位的特点确定面试的具体内容模块、测评流程、安排和要求，评估应聘者工作能力的高低以及是否能胜任该岗位工作。

目前，公务员和外企使用此类面试比较多。

（四）无领导小组面试

无领导小组面试是一种测评技术，通过给一组应聘者一个与工作相关的问题，让应聘者进行一定时间的讨论，检测其组织协调能力、口头表达能力、辩论能力、说服能力、情绪稳定性、处理人际关系的技巧等方面的能力和素质是否达到胜任岗位的要求。

（五）情景模拟面试

设置一定的模拟场景，应聘者在其中扮演某一角色去处理各种事务的问题和矛盾。面试官通过对应聘者在情景中所表现出来的行为，进行观察和记录，以测评其素质潜能，看其是否能适应或胜任工作。

二、面试的内容和程序

（一）面试的内容

面试的考核要素一般有以下三项。

1. 所具备的基本素质

（1）仪表举止。应聘者应注意着装得体，举止文雅、大方，表情丰富，回答问题要认真、诚实。

（2）道德品行。考察应聘者责任感是否强烈，回答时应突出自信心、坚强的意志、强烈的责任感。

（3）求职动机。了解应聘者为何来应聘，对哪类工作最感兴趣，在工作中追求什么。

（4）自我控制能力与情绪稳定性。一方面，自我控制能力强的人在遇到上级批评、工作压力或个人利益受到冲击时，能理智对待；另一方面工作有耐心和韧劲。

（5）工作态度。一是了解应聘者过去学习、工作的态度；二是了解其对应聘职位的态度。

2. 所具备的相关能力

（1）口头表达能力。考察的具体内容包括：表达的逻辑性、准确性、感染力、音质、音色、音量、音调等。

（2）综合分析能力。应聘者是否能对 HR 提出的问题，通过分析抓住本质，并且理解透彻、分析全面、条理清晰。

（3）思考判断能力。观察应聘者能否准确、迅速地判断状况；能否恰当地处理突发事件；能否迅速地回答对方的问题，且答案简练、贴切。

（4）反应能力与应变能力。观察应聘者对主考官所提的问题理解是否准确，回答的迅速性、准确性；对于突发问题的反应是否机智敏捷，回答恰当。

（5）学习能力。担任任何职位都必须具有良好的学习能力，要及时接受并理解与所任职位有关的新事物和新观念，有创造性地完成职位规定的各项工作。

（6）人际沟通能力。考察应聘者在各种社交场合所扮演的角色，了解其人际交往倾向和与人相处的能力。

（7）实践操作能力。实践经验是企业非常重视的，特别是招聘技术型和技能型人才时，用人单位主要考察特定岗位的专业技能和实践操作能力。

（8）职位需要的特殊能力。不同的行业、职位对应聘者有不同的特殊能力要求。

3. 与应聘职位的匹配度

（1）个性特征。如通过了解应聘者的兴趣、爱好等了解其个性特征，这对录用后的工作安排常有好处。

（2）专业知识。了解应聘者掌握专业知识的深度和广度，其专业知识是否符合所要录用职位的要求。

（3）实践经验。通过对应聘者工作经历与实践经验的了解，还可以考察其责任感、主动性、思维力、口头表达能力及遇事的处理能力等。

生涯轶事：用诚信赢得考官的青睐

（二）面试的程序

1. 准备阶段

在本阶段，应聘者主要做好面试的充分准备。如了解用人单位的基本情况、了解所招聘职位的任职条件、制定面试回答提纲、准备不同情况的应对策略等。

2. 引入阶段

在本阶段，应聘者要尽力适应面试环境，礼貌地面对主考官，努力创造一种轻松和谐的面试气氛，解除自身的紧张和顾虑。常用的方法是寒暄、问候、微笑、放松的姿势。尽量简要介绍自己的情况，争取使主考官在很短的时间内对自己有一个好的印象。

3. 正式阶段

这是面试的实质性阶段。在本阶段，主考官从不同侧面了解应聘者的心理特点、工作动机、能力、素质等。应聘者要正确有效地倾听、冷静客观地回答、礼貌得体地提问、恰当合理地展现自己的自信。

4. 结束阶段

在本阶段，由于面试的主要问题已经进行完毕，主考官为了更深入、彻底地了解应试者，可能会提一些更尖锐、更敏感的问题。此后会给应聘者留下自由提问的时间，谈话可能会非常随意、轻松，如同聊天。在整个面试过程中，主考官所收到的信息量是非常大的，且大部分信息可能不会引起主考官的注意，难以给他留下深刻印象。所以，作为应聘者应该努力在最后阶段抓住时机，重申自己的任职资格，使主考官相信你是一位优秀的人选，重申自己的求职意愿以突出自己的求职动机；同时，配合主考官自然地结束面试，并礼貌地向考官告辞、向现场工作人员表示感谢。

三、面试前的准备

常言道：不打无准备之仗，30 分钟的面试，做 30 小时到 300 小时的准备都不为过。因此在去面试之前，准备工作马虎不得。

（一）信息准备

1. 了解单位和职位

（1）面试前全面地调查单位，面试时胸有成竹地谈论单位，能充分表现出应聘者对该单位的重视和热情，给面试官留下"做得好""待得住"的印象。通过公司网站、行业网站、招聘宣讲会、经验交流、实地参观等各种方式，收集尽可能多的有关单位的信息，包括单位的名称、性质、业务、规模、主导产品和服务、地位和经营状况、理念和文化风格、目标和发展方向、竞争对手和竞争优势、面临的主要挑战和问题等。如果公司有面向大众开放的商店、办事处、展厅、营业点等，至少要去其中一个地方看看，最好能产生一些交互行为，这对于市场销售类职位尤为重要。

（2）再次读一遍招聘广告，逐词逐句分析。与收集的其他公司类似职位的广告作对比，找出关于应聘职位的信息，包括职位名称、备选职位、职位任务、工作强度、工作方式、职位要求的知识、职位要求的经验、职位要求的素质、职位的薪水待遇水平及其他广告用词用语的含义等。

（3）针对单位信息、职位信息、预期问题，准备好对应的简历、求职信、文凭、成绩单、证书、照片、身份证件、荣誉证明、作品等必备材料。记住，一定要带上足够份数的简历，不要以为单位已经有了简历，就不需要带了。另外要记得带上一本比较正式的笔记本和一支好用的笔，以便随时做好记录。最后要问一问自己，"我对招聘过程清楚吗？是否还有其他需要做的准备？"如果不清楚，应立即打电话咨询一下招聘单位。

2. 掌握路线，避免迟到

面试迟到是绝对不应该发生的事情。面试迟到，会造成"不重视该公司和职位""不知轻重""不会安排时间""无诚意""不守约""不礼貌"等不好的印象。因此，一定要记好公司地址、联系方式、联系人、行车路线。预备两套方案，预留比行程多 50% 的时间，宁可提前许多，也不能迟到。在行程中如果发生意外，有可能迟到，应该果断更换方式，比如打车。如果过早到了，不要立即坐到接待室，那样会让人觉得你过于焦虑，可以到咖啡馆休息一下，带一份报纸看看，但还是要保证提前 10 分钟到场。万一要迟到，一定要尽早告知招聘单位，并给出一个合理的解释。

（二）形象准备

以貌取人是人的天性，在初次见面的 5 ~ 10 分钟内，面试官就会产生对应聘者的第一印象。随后的交流会依此展开，应聘者可能没有机会改变面试官的印象。为了不让形象掩盖住自己的才华和愿望，一定要对自己的形象做仔细的检查和装扮。

很多学生，特别是技术、艺术、文学类学生，喜欢做"真我"，以自己平时的状况去应试。面试官想看到的就是一个人最好的精神面貌，他们希望找到的就是一个感觉良好、状况良好、充满活力、精力充沛的新员工。

一个公开的秘密是：面试官就喜欢招自己喜欢的人。所以，你得招人喜欢，至少不要招人嫌弃。

（三）状态准备

忽然和一个陌生人做一次正式的、严肃的、似乎是决定命运的交流，难免让人心潮起伏，紧张不安。其实在面试过程中，应聘者与用人单位的主考官是平等的。应聘者在求职，用人单位在求才。英国管理学会顾问简妮·罗杰斯说过："面试实际上是一个追逐过程，你追逐公司的同时也被公司所追逐。"所以面试过程中应聘者在被主考官选择的同时，应聘者其实也是在选择他以及他所代表的公司（单位），双方是平等的主体。面试前应克服以下不良心态。

1. 自卑

一些同学感到自卑，并罗列出一大堆对自己不利的理由：学校不好、学历低、专业不对口、成绩不够好、没有干部经历、社会实践少、没有本地户口、农村长大、见世面少等。

其实，大学生自己的评价标准甚至是社会普遍的评价标准，和单位对应聘者的评价标准差别往往是很大的。对于自卑的学生而言，他的实际情况往往要比他自己的感觉要好得多，是一种自我否定的力量抑制了个人良好状态的正常发挥。

过去不精彩并不重要，重要的是未来能不能给单位带来价值。在面试前想象自己在理想状态下，在该单位会如何做事、如何创造业绩、如何做人、如何发展、如何给公司创造价值。

2. 自傲

有些同学自我感觉良好，或对面试单位不太满意，因而犹豫不决；或觉得自己优势突出，因而疏忽大意。以这样的心态，在面试时就会漫不经心。

面试官都是敏感的，大学生任何的不满和犹豫，都会被看在眼里。他们只招那些有强烈愿望认可自己单位的应聘者。

3. 紧张

除了因自卑引起的紧张以外，由于过于重视这个机会，或担心自己性格内向、不善言辞，也会引起紧张。对于这类紧张，解决的主要办法有：一是事前进行模拟面试，多进行几次，让紧张提前产生和释放；二是回想一下哪些事情、哪些方面、哪些活动会让自己感到轻松愉快、信心十足，比如有的人爱打篮球，那就去打一场篮球，情绪是能转移的，在球场上挥洒自如、兴高采烈，有利于消除面试中的紧张情绪。

4. 羞怯

羞怯是许多人都曾有过的一种情绪体验。羞怯感较强的人，在面试官面前会感到有一种无法言表的压力，他们不敢迎视对方的目光，缺乏表现的信心和勇气。面试时常会出现脸红、冒汗、语无伦次等现象。他们对自己的神态和言语过分敏感，生怕自己在别人面前出丑。

除了增强自信心，克服羞怯心理还要注意以下几点：一是不要太计较别人的评价。要知道，被人评论是正常的事，每个人都是被评论的对象，要把被评论当成一种动力，而不是负担。二是学会控制自己。面试时，把面试官想成自己的熟人或朋友，把面试当成普通的聊天。三是模拟情景练习。在正式面试前，把为面试准备的衣服、道具都用上，对着镜子里的自己进行"面试"，看看自己的外表、姿势、态度和言辞如何；也可以把朋友叫来充当招聘者进行"演习"。

5. 期望值不要太高

作为一名求职者，绝大多数人都会对自己未来的职业岗位做一番美好的设想，如良好的工作条件、丰厚的收入待遇、宽松和谐的人际环境等。但这毕竟是求职者一厢情愿的事情，所以不要寄希望于通过一次面试就能成功，在现实生活中，绝大多数人都有过这样或那样面试失败的经历。刚毕业的大学生注定有一个逐步成长的过程，应聘失败几次是再正常不过的事情了。聪明的做法是始终保持豁达、开朗的心胸，坚信"天生我材必有用""吃一堑，长一智"，抛弃那些忧虑，忘掉那些不如意，认真总结失败的原因和教训，重拾信心、从头再来。

(四) 答案准备

万变不离其宗，面试中的大部分问题，实际上都是可以好好准备的。应聘者应该做好以下问题的答案：我对单位的了解有哪些方面，够吗？单位是否适合自己？单位哪些地方吸引了我？为什么要选择这个单位？为什么不是选择其他的单位？我对职位有哪些了解？职位是否适合自己？自己能否胜任该职位？该职位的核心要求是什么？自己竞争该职位有何优势和劣势？如何凸显优势，回避劣势？在知识、经验和素质方面，面试官会提出哪些问题？如何回答？有哪些证书可以证明自己满足该职位的要求？有哪些例子可以证明自己的知识、经验和素质，足以胜任该职位？自己在该单位1年、2年、5年的发展计划是怎样的？

在找工作以前，就应该把通用的问题和答案准备好，演习好。面试前，应该针对面试单位准备好特定的答案，做到熟烂于心、熟练于口。

面试就是告诉对方"我是你想要的人"的过程，面试的准备包括在面试前做好信息收集，礼仪准备，问题分析和考官了解；面试中做好自我展示和恰当提问；面试后要善于总结和思考。总之，面试犹如一场战役，除了当下的战斗外，准备工作的细致程度也决定了战争的成败。

课堂活动

优点"轰炸"

活动过程：

1. 游戏方法：单排位置上的同学向你的同桌讲述自己身上的优点，双排位置上的同学帮着数一数他讲了几条优点。一分钟后，两人交换。

2. 交流：数一数，你讲了几条优点？同伴为你找到了几条优点？

总结：每个人都有许多的优点，我们应该正确地了解自己的优点，积极地发掘它，增强对自己的信心。

第三节　面试基本礼仪

引导案例

帅哥的烦恼

周某是一个很有个性、很时尚的帅小伙。他有一头金黄色的爆炸头，左耳朵戴着银耳环，脖子上挂了一条很粗的镀金项链，胳膊上文着一条腾飞的青龙。经常穿着一件宽大的红色 T 恤和上下前后布满了口袋的肥大的休闲裤，脚蹬一双旅游鞋，背着一个粉红色的休闲背包。坐下去立马横刀；走起路来摇摇摆摆；骑上那辆红白相间的山地赛车风驰电掣，左冲右突，潇洒异常；说话粗声大气，一副满不在乎的神态……这个帅气、前卫的小伙子最近遇到了一件烦心事：面临毕业，参加了几次面试都以失败告终，有的单位甚至一见面就露出不悦之色，连提问都没有。他就不明白，自己学习成绩虽然不算优秀，却也没有一门功课不及格，况且自己多才多艺，车技高超，歌声优美，街舞、迪斯科、霹雳舞样样精通……这一切都是为什么呢？

案例思考

1.周某为什么几次面试都以失败告终？
2.大学生应该如何塑造职场形象？

案例启示

周某烦恼的原因很简单：他的仪态、仪表给人一个十足的"嬉皮士"的印象。试问，哪个公司需要这种形象的员工呢？

面试是一种重要而有意义的人际交往。能否取得面试的成功，除了学业成绩、基本素质和工作能力外，得体的言谈举止及仪表也是十分重要的。因此，面试时应注意基本的礼仪。

一、面试前的着装礼仪

如果说气质美只能直接感受，那么，外貌美则是可以看得清清楚楚，是个人形象的具体外在表现。影响"外貌美"的因素很多，主要是指应聘者的衣着服饰、发型、妆容等。俗话说："衣服是人的第二皮肤""人靠衣裳马靠鞍。"外貌、穿着打扮可以传递个人心理状态、意向性格、爱好兴趣等，对处在求职面试中的应聘者起到重要的作用。研究表明，80% 的人会依据对他人的穿着来判断该人的善恶。所以，在面试中应聘者更需要让自己穿着得体，以便给面试考官一个良好的印象，这样才能抓住可能得到这份工作的机会。下面就毕业生的"外貌美"提出几点建议。

（一）服饰的总体要求

在求职过程中，恰当的服饰会给人留下良好的第一印象。一个人无论以什么身份在社会上活动，在服饰方面都要有起码的要求，即得体、整洁。所谓得体，是指每个人都应当根据自己的自身条件去选择最合适的服装。服饰选择要与场合、环境、季节及自己充当的角色相统一，否则会产生不协调的感觉。整洁是着装服饰很重要的要求，就是要整洁卫生。穿衣整洁卫生、干净利索，能给人以精干、文明的印象。求职面试是一个非常严肃、庄重的场合，在服饰方面要注意朴素大方、庄重整洁，着重突出职业特点。同时要符合社会大众的审美观，不要穿奇装异服。

（二）服饰的具体礼仪

懂得了服饰的总体要求，应聘者就要根据自己的具体情况考虑如何着装打扮。着装还涉及一些基本的常识和礼节问题。由于男女服饰差异较大，下面分别介绍。

1. 男毕业生服饰礼仪

男毕业生服饰礼仪方面要求注意以下几点：

（1）服装。最好穿款式稳健的西服套装，外套颜色应是黑色、深褐色或色调柔和的颜色，不要穿宽大的运动衣；衬衣一般以色调明朗、柔和为宜，如白色、浅蓝色；领带要系正，与西装的颜色对比不要太强烈，主色调一致，要给人富有生气、落落大方的印象。

（2）鞋袜。鞋子要干净、光亮，但不要太时髦；鞋头不要太长，不宜穿拖鞋；袜子不要高于小腿，与上衣颜色相同为佳，不要穿鲜亮颜色或花格了的袜子。

（3）修饰。头发要整洁不要给人油头粉面的感觉；发型简单、朴素、稳重大方，不要留鬓角，最好不要留中分头；头发也不能压着衬衣领子；胡须最好刮干净，不要留仁丹胡、络腮胡。男毕业生一般不要涂脂抹粉，以免给人留下不务正业的印象。另外，要注意头屑、指甲、袖口等细小问题。

（4）服饰。除了佩戴手表、领带、别针外，无须其他饰物，简单为宜。

2. 女毕业生服饰礼仪

女毕业生的面试着装以整洁美观、稳重大方、协调高雅为总原则。服饰色彩、款式、大小应与自身的年龄、气质、肤色、体态、发型和所应聘的职位相协调一致。

女毕业生服饰礼仪方面要求注意以下几点：

（1）服装。以朴素、得体的裙装或套装为宜；不要穿运动装、牛仔装、T恤衫，更不能穿透明的薄纱裙或吊带的服饰；服装外观要大方美观，颜色和谐，整洁、得体，同时应与自己所应聘的岗位相符合。

（2）鞋袜。所穿的鞋以中跟为宜，不要穿高跟鞋，更不能穿拖鞋，袜子以透明近似肤色或与服装颜色协调搭配为宜。

（3）修饰。要保持端庄、干净，要特别注意表现脸部的轮廓，头发要整洁而不失自然，如果不是短发，最好梳起放在身后，用一个发饰固定头发，不要像参加晚会一样修饰过度；指甲要干净、整洁，修剪得体，长度适中，最好不要用指甲油；化妆应以表现年轻女性的气质为佳，根据自己的长相特征，突出优点；略施淡妆，不要浓妆艳抹或香气扑鼻，更不能给人以妖艳、轻浮之感；选择的香水应与本身的气质相配，味宜淡，闻上去给人以舒畅的感觉。

（4）装饰。初出校园的毕业生应以简单、优雅、大方为主，除了手表以外，最多戴一枚戒指或一条项链就足够了。手袋大小适中，式样颜色应与其他饰物相宜。室外佩戴的变色镜、太阳镜，在室内应摘下，否则给人以趾高气扬、目中无人的感觉。

生涯轶事：艳丽着装，适得其反

二、面试中的礼仪

（一）面试应注意的文明礼貌问题

礼仪礼貌在人际交往过程中是必不可少的，尤其是在正式场合，在交往双方不是非常熟悉的情况下，就显得更为重要。面试是比较正式的场所，应聘者更应懂得讲究礼仪的重要性，它直接影响着主考官对应聘者印象的好坏，进而决定是否录用。

一般说来，应聘者应该从以下几方面注意文明礼貌问题。

（1）在开始面试之前肯定有一段等候的时间，切忌在等待面试时到处走动，更不能擅自到考场外面向里观望。应聘者之间的交谈也应尽可能地降低音量，避免影响他人面试或思考。

（2）切忌贸然闯入面试室。应聘者一定要先轻轻敲门，得到主考官的许可后方可入室。入室时不要先把头探进去张望，而应整个身体一同进去。

（3）走进室内之后，背对考官，将房门轻轻关上，然后缓慢转身面对主考官。

（4）向主考人员微笑致意，并说"您好"之类的招呼语，与主考人员创造和谐的气氛。

（5）若非主考人员先伸手，切勿伸手向前欲和对方握手；如果主考人主动伸出手来，就报以坚定而温和的握手。

（6）在主考人员没有请应聘者坐下时切勿急于坐下。当主考人员说："请坐下"，应说声"谢谢"。

（7）尽可能记住每位主考官的姓名和称呼，不要弄错。

（8）面谈时要真诚地注视对方，表示对他的话感兴趣，绝不可东张西望，心不在焉，不要不停地看手表，要注意和考官的目光接触。

（9）回答问题要口齿清晰，声音大小适度，但不要太突然。答句要完整，不可犹豫，不可用口头禅。

（10）说话时目光要与主考人员接触。若主考人员有多位，要看首席或中间的那一位，同时也要兼顾其他主考人员。

（11）注意用敬语，如"您""请"等，市井街头常用的俗语要尽量避免，以免被认为油腔滑调。

（12）不要随便打断主考人员的话，或就某一个问题与主考人员争辩，除非有极重要的理由。

（13）口中不要含东西，更不要吸烟。

（14）不要在主考人员结束面试前表现浮躁不安、急欲离去或另赴约会的样子。

（15）主考人员示意面试结束时，微笑、起立，道谢，说声"再见"，无需主动伸出手来握手。

（16）出去推门或拉门时，要转身正面面对主考人员，再说声"谢谢，再见"，最后转身出门，然后轻轻地关上门。

（17）如果在进入面试房间之前，有秘书或接待员接待，在离去时也一并向他或她致谢告辞。

（二）面试中的仪态

1. 表情礼仪

面试时，表现给面试官的是有亲和力的表情。表情真实可信地反映着一个人的思想、情感、反应，及其他各方面的心理活动。需要把握好这种语言，努力使自己的表情体现出热情、友好、轻松、自然和自信。

（1）眼神：眼睛是心灵的窗户，恰当的眼神能体现出智慧、自信及对应聘职位的向往和热情。正确的眼神表达应该是：礼貌地正视对方，但应避免长时间凝视对方，否则易给人咄咄逼人之感；目光可两三秒钟移动一下，注视的部位最好是考官的鼻眼三角区；目光平和而有神，专注而不呆板，眼神不要因紧张而飘忽不定；切忌斜视、下视、仰视，更不能有飘荡、心不在焉甚至挑逗的眼神。交谈时当双方都沉默不语时，应把目光移开，以免因为一时没有话题而感到尴尬或不安；当别人说错话时，不要正视对方，免得对方误认为是对他的讽刺和嘲笑。

（2）微笑：微笑是面试时的基本礼仪要求，保持微笑的表情、谦和的面孔，是表示自己自信、真诚、守礼的重要途径。微笑可以表现出温馨、亲切的表情，能有效地缩短双方的距离，给对方留下美好的心理感受，从而形成融洽的交谈氛围。微笑时要精神饱满、神采奕奕，要笑得亲切、甜美。要含笑于面部，这样的笑伴以稳重、伴以文化修养，就能显出气质。微笑时要注意面部其他部位的整体配合。一个人在微笑时，目光应柔和发亮，双眼略微睁大；眉头自然舒展，眉心微微向上扬起。此外，要避免耸动鼻子与肩膀，并且可以将下巴向内自然回收。

2. 语言礼仪

如果说外部形象是面试的第一张名片，那么语言就是第二张名片，它客观反映了一个人的文化素质和内涵修养。应聘者在陌生考官面前，容易由于胆怯和紧张发挥失常。心态决定状态，只有驾驭心态，才能让自己的行为表现积极起来。面试语言要做到以下几点。

一是有明确的职业规划。面试中经常会遇到这几个问题："你如何看待这个职位？怎么理解工作内容？你的职业目标是什么？"一个了解工作内容、有明确职业目标、有清晰职业规划的应聘者是受企业欢迎的。切忌"你看我适合干什么"或"这几个职位我都可胜任"这样的回答。可以询问公司的培训制度、晋升制度、员工规则等，来代替直接询问"薪酬福利""是否加班"这些略带功利性的问题，以显示自己的长远眼光。

二是显示出智慧。如今的面试问题已不再局限于工作内容的阐述和专业性问答，特别是针对高层领导的面试，更多的是考核应聘者的智慧和应变能力。这时，一个充满智慧的回答才能让应聘者脱颖而出。同时要注意交谈陈述时语言要简练、不重复、不带语病，控制好节奏、针对性强。

三是避免不利于求职成功的语言，如言过其实、自卑、自负、哀求和恭维。"我很有信心，决定破釜沉舟，干一番大事业"，这样自负的话会吓到面试官；"我父母下岗，家里全靠我支撑，请给我一次机会"，这样哀求的话也不可取，因为企业挑选人是为了创造价值而不是施舍；过分谦虚自卑，会给人没有主张、懦弱胆怯的印象。相反，谦虚、诚恳、自然、亲和、自信的谈话态度会让应聘者在任何场合都受到欢迎。

语言能力不是一蹴而就的，平时要注意积累，不断培养自己的倾听能力、思维能力、记忆能力和联想能力。

3. 面试现场应注意的礼仪礼节

（1）握手。一般而言，进场后如果面试官坐着没有起身的话，就不必与之握手。通常情况下如果考官是男性，应聘者是女性时，应该主动向考官伸手，这在一定程度上体现应聘者的开放和友好，以及乐于与人交往等优点。除此之外，不应先伸手。所以，面试时对女性而言是"该出手时就出手"，对男性来说是"该出手时才出手"。

（2）聆听。面试中不仅要会讲，更要学会听，要积极地聆听。因为，招聘者不希望应聘者像木头桩子一样故作沉稳、面无表情。应聘者在听对方说话时，目光要与对方交流，不时做出点头同意，或表示不解地轻轻发问，以此表明自己正在注意听。同时还要面带微笑地给予积极地回应，当然要注意不宜笑得太僵硬，要发自内心。在面试中如果招聘者愿意多说话，说明他对你感兴趣，愿意向你介绍情况，热情交流。但许多应聘者误认为只有自己说话才是最好地推销自己，往往会抢着说话，或打断对方的讲话，这些都是很不礼貌的表现，会使自己陷入被动，言多必失。

（3）喝水。如果面试时，别人用塑料杯或纸杯倒一杯水，杯子比较轻，而且倒的水也不会太多，加上面试时会比较紧张，不小心碰到杯子的情况难免发生。另外杯子放的位置不好，也很容易把水弄洒。一旦水洒了，心里一慌，不是语无伦次就是手忙脚乱，短时间调整不过来。虽然对方通常会表现得大度，但这样也会给面试官留下慌慌张张、局促不安等不好的印象，所以要非常小心。应把杯子放得远一些，水喝不喝都没有关系。有些没经验的应聘者，临走时，看到满满一杯水没动，觉得不好意思，就咕咚咕咚喝上几大口，没有必要，也有违礼仪要求。面试礼仪中还要注意，如果面试过程中口渴了，想喝水时，要轻一些拿起水杯，小口喝水，切忌出声，这是礼仪常识。吃喝东西时出声是极失礼的举动，也是对他人的不尊重，特别是在正式场合，往往会引起反感。同时，如果招聘人员问你喝什么或要你提出选择时，一定要明确，这样会显得有主见。最忌讳的回答是："随便，你决定吧。""随便"是一种不好的回答方法，有些面试官，一听到这两个字就容易皱眉头。

4. 仪态礼仪

仪态或称姿态，多指应聘者在面试过程中的形体语言。求职中不经意表现出的形体语言对面试成败非常关键，有时一个眼神或手势都会影响到整体评分。仪态包含的方面较多，应聘者可以从基本的手势、站姿、坐姿、走姿等方面开始训练自己。

（1）手势。若是站立姿势，双手应自然下垂，放在身体两侧，或双手轻握放身体前，切忌站姿僵硬，双手紧贴裤缝。若是坐姿，双手应自然半握放置腿上。有些人由于紧张，双手不知道该放哪儿，而有些人过于兴奋，在侃侃而谈时舞动双手，这些都不可取。不要有太多小动作，这是不成熟的表现，更切忌抓耳挠腮、耸肩、为表示亲切而拍对方的肩膀等。在交际活动时，有些手势会让人反感，严重影响形象。比如掏耳朵、抠鼻子、咬指甲、手指在桌上乱写乱画等。

（2）站姿。站的姿态是自然、轻松、优美的。不论站立时摆何种姿势，只有手和脚的姿势及角度在变，而身体一定要保持绝对的挺直。站姿是仪态美的起点，又是发展不同动态美的基础。良好的站姿能衬托出应聘者良好的气质和风度。站姿的基本要求是挺立、舒展，站得直，立得正，线条优美，精神焕发。具体要做到：上身正直，头正目平，面带微笑，微收下颌，肩平挺胸，直腰收腹，两臂自然下垂，两腿相靠直立，两脚靠拢，脚尖呈"V"形，女生两脚并拢。站立时，如有全身不够端正、双脚叉开过大、双脚随意乱动、无精打采、自由散漫的姿势，都会被看作不雅或失礼。

（3）坐姿。良好的坐姿也是给面试官留下好印象的关键要素之一。可全身稍稍放松，否则会显得坐姿僵硬：坐椅子时最好只坐2/3，不要靠着椅背；上身挺直，这样显得精神抖擞。女生最好两腿并拢，身体可稍稍前倾，自然放松，面带微笑。落座后要注意避免抖动双腿或将双腿叉开过大，避免跷起二郎腿或脚尖指向他人，避免将身体往椅背上一靠或双手交叉于胸前，避免眼睛紧盯着考官、眼神局促不安等非常不雅的动作。

（4）走姿。行走时，头部要抬起，目光平视，双臂自然下垂，手掌心向内，并以身体为中心前后摆动。上身挺拔，腿部伸直，腰部放松，步幅适度，脚步宜轻且富有弹性和节奏感。男生应抬头挺胸，上体平稳，双肩平齐，目光直视前方，步履稳健大方，显示出男性雄健的阳刚之美。女生应头部端正，目光柔和，平视前方，上体自然挺直，收腹挺胸，两脚靠拢而行，步履匀称自如、轻盈，显示出女性庄重而文雅的温柔之美。

生涯轶事：自负而失败

课堂活动

情景扮演

1.活动目标

（1）了解常见的职场礼仪，并了解礼仪的重要性。

（2）掌握基本的职场礼仪，做到以礼待人。

2.活动过程及要求

（1）活动场地：教室。

（2）人员要求：班级按照小组为单位。

（3）活动准备：设置好常见的职场礼仪场景卡片，主要包括递名片、乘坐电梯、坐车、会议排位、职场仪态（站坐姿）、接打电话、握手、相互介绍以及相互问候等。

（4）活动安排：抽签决定小组的扮演场景；五分钟的编排与演练；每小组一分钟的演示。

（5）邀请同学进行点评。

（6）教师进行总结。

三、面试后的礼仪

许多应聘者只留意面试时的礼仪，而忽略了面试后的礼仪。实际上，面试结束并不意味着求职过程的完结，应聘者不应只翘首以待聘用通知的到来，还有三件事情要做。

（一）诚心诚意地感谢主考官

面试结束并不意味着求职过程的结束。为了加深招聘人员对你的印象，增大求职成功的可能性，对想抓住每个工作机会的人来说，面试后的两三天内，最好给主考官打个电话或写封信表示感谢。

1. 打电话

打电话表示感谢。可以在面试后的一两天之内，不妨给主考官打个电话表示感谢。电话感谢要简短，最好不要超过三分钟，电话里不要询问面试结果。因为这个电话仅仅是为了表现礼貌和让对方加深印象而已。打电话的时候，要考虑在合适的时间内打电话。

2. 写面试感谢信

主考官对面试人的记忆是短暂的。感谢信是应聘者最后的机会，它能使你显得与其他求职者有所不同。面试感谢信包括电子邮件和书面感谢信。

如果平时是通过电子邮件的途径和公司联系的话，那么在面试结束后，发一封电子感谢信，是既方便又得体的方式。

但大多的情况下还是写书面感谢信，特别是在面试的公司非常传统的情况下，更应如此。书面感谢信最好用白色的 A4 纸，字的颜色要求是黑色。内容要简洁，最好不要超过一页纸。在书写方式上有手写和打印两种。打印出来的感谢信较为标准化，有时难免给人留下千篇一律的印象。如果想与众不同，或是想对某位给予你特别帮助的主考官表示感谢，手写则是最好的方式，这个前提是你的字写得要比较正规且好辨认。感谢信必须是写给某个具体负责人的，应该知道他的姓名，不可以写"负责人""部门负责人"等之类的模糊收件人。

感谢信的开头应提应聘者的姓名及简单情况，以及面试的时间，并对主考官表示感谢。中间部分要重申对该公司、该职位的兴趣，或增加一些对求职成功有用的新内容。结尾可以表示对能得到这份工作的迫切心情，以及为公司的发展壮大做贡献的决心。

（二）耐心细致地打电话询问

面试结束之后的一星期左右，如果还没有得到任何回音，就给负责招聘的人打个电话，询问一下面试结果。打电话询问面试结果，有两个礼仪细节必须要注意，即打电话的时间和询问方式。

1. 合适的打电话时间

从礼仪角度来说，打电话最得体的时间应该是对方方便的时间。以下时间之外的时间，都可以认为是方便的时间：工作繁忙时间、休息时间、用餐时间、生理疲倦时间。因为询问面试结果是公事，所以必须是在正常工作日的时间段内打这个电话。

工作繁忙时间，一般是周一上午和周五下午，因为这两个时间段很多单位都有开例会的习惯。即使不开例会，因为周一早上是新的一周的开始，往往还处于适应期，而且还有工作上的事宜需要安排；周五下午又要面临着周末，所以从心理上自然会"排斥"给他添麻烦的事情。还有就是每天刚上班的一个小时和下班前的一个小时。这个时间段内不是要忙着安排一天的工作就是没法再集中精力处理公事。

休息时间，一般是指工作日的中午一小时左右的时间，其他私人时间，特别是节假日时间。在用餐时间，给人打电话是不礼貌的。往往在这个时间打电话会找不到人，当然影响打电话的效果了。生理疲倦时间，这个时间段一般是每天下班前的一小时左右，中午下班前的半小时左右。

2. 询问方式

在电话里，同样的一句话，问候方式的不同，虽不至于有不同的结果，最起码会给人不同的印象，或有礼貌，或显唐突。所以在通话的过程中，自始至终都要尊重自己的通话对象，待人以礼，表现得有礼有节。

接通电话后，首先说一声"您好"，接下来要自我介绍。自我介绍的内容应该包括：自己的全名、何时去面试的何职位。这样，以便对方能及时知道你是谁。在电话中要表明自己对贵公司的向往和愿意为公司的发展做贡献。如果碰上要找的人不在，需要接听电话的人代找，态度同样要文明而有礼貌，并且还要用上"请""麻烦""劳驾""谢谢"之类的词。留言或转告，都不是询问面试结果的首选方式，可以打听要找的人什么时间在，然后到时候再打电话。

打电话的时候，最好用手拿好话筒，尽量不要在通话时把话筒夹在脖子上，抱着电话机随意走动，或是趴着、仰着、坐在桌角上，或是架高双腿和人通话。如果边打边吃东西，对方会感觉得到你是不用心和他通话。通话也要注意控制音量。不管打还是接电话，话筒和嘴都要保持3厘米左右的距离，声音宁小勿大。用电话谈话，必须完全依靠声音，电话声音就是唯一的使者，必须通过它给对方一个良好的印象。所以，传到电话那端的必须是一个清晰、生动、中肯、让人感兴趣的声音。首先音量要适中；第二要注意发音和咬字准确。

打电话询问的时间长度要有所控制，基本的要求是宁短勿长。其实，就询问本身来说，两三分钟的时间足能解决。除直接询问结果之外，"表白"的内容长度也要有所控制，不要没完没了地说。

注意倾听的方式。打电话时要认真倾听对方讲话，重要内容要边听边记。同时，还要礼貌地呼应对方，适度附和、重复对方话中的要点，不能只是说"是"或"好"，要让对方感到你在认真听他讲话，但也不要轻易打断对方的谈话。作为打电话的一方，通话终止时，本着尊重对方的原则，结束通话的时候，可以让对方先挂电话。当通话因故暂时中断后，就要立刻主动给对方拨过去，不能不了了之，或等对方打来。

如果知道自己没被录用，就应请教一下原因，此时你的情绪要非常稳定。同时，冷静地、仍然热情地请教一下未被录用的原因，可以说"对不起，我想请教一下我没有被录用的原因，我好再努力"。谦虚有可能赢得对方的同情，可能给你下一次的面试机会。

需要说明的是，打电话询问面试结果，最多打三次电话询问也就可以了。因为即使再研究，经过前后三个电话询问的周期，再复杂的研究程序也早该最后确定了，而且三次的电话询问，也会对你有足够的印象了。如果想聘用你就会直接告诉你或及时和你联系。再多的电话，反而会适得其反，甚至会给人"骚扰""无聊"的感觉。感谢信也是如此。

（三）心平气和地接收录取通知

作为一个求职者，在经过数日的奔波、多次的面试之后，终于"修成了正果"得到被录用的消息。这时，可能会庆幸自己数月的辛苦和努力没有白费，甚至还会欣喜若狂。虽然成功在望，但还有几个问题需要解决。

1. 聘用你的公司是你的第几选择

掌握机会是个极重要的原则，不能三心二意，顾虑太多。不过，不妨再稍加思考："录用你的公司，是你的第几选择？"在求职的过程中，或许投过很多份简历，面试过无数次。在艰难的求职过程中，往往被首选的公司屡次拒绝而丧气。于是使得择业标准一降再降，甚至见到相关的招聘就投简历、面试。但是，这份职业真的适合你吗？符合你的职业规划吗？这是一件非常值得思考的事情。否则，或许你将走更多的弯路，甚至做一辈子你并不喜欢的工作，更不用说你能在工作上有所成就了。

2. 录取的条件和面试时相符吗

录取的条件中包括很多内容，比如职务、薪资、报到日期等。现在有一些机构在招聘的时候同时招聘很多岗位。在部分岗位已经满额的情况下，会善意地安排他们认为比较不错的应聘者从事其他岗位的工作。问题是，或许对方安排的岗位并不是应聘者的专业特长或喜欢的。而且，岗位的不同，薪资待遇等方面也会有所不同。

如果录取的条件和面试时的不一样，就要考虑自己所追求的究竟是名分上的不同，还是实质上的差异？或是兴趣上的坚持？如果与自己的追求或期望值有一定差距，就值得考虑了。面试的时候，大部分人会谈到薪酬，比如说不低于多少。通知被录用的时候，如果所提到的薪资和面试的时候谈得差不多，固然最好；但有了差异时，特别是差异较大的时候就要考虑了。

3. 接收录取通知后全面了解用人单位

收到自己所心仪的公司的录用通知是一件喜事。但同时还有一件事情要求你能认真地面对，就是了解公司、了解工作。在正式报到之前，先对所要服务的公司有所了解，这样在开展工作的时候就会顺畅很多。了解公司的方法很多，包括在面试时带回的公司简介、刊物，或企业形象方面的资料、企业网站等，有条件或可能的话进行实地全面考察最好。这会对公司的整体情况和营运有所掌握，对未来的新工作、新环境有帮助。

当然，除以上三点外，或许还有其他的情况需要考虑，总的目的就是保证你即将拥有的这个工作应该尽可能地与你合适。还有就是一定要确认好报到的具体时间、地点和联系人。在这些细节方面更要特别留意。

第四节　常见的面试问题及回答技巧

引导案例

态度决定结果

在一次选调生面试中，主考官先后向两位考生提出了同样的问题："作为选调生，按照组织的要求都要到基层去锻炼，而且基层条件比较艰苦，请问你们是否有思想准备？"

毕业生小王说："吃苦对我来说不成问题，因为我从小在农村长大，父亲早逝，母亲年迈，我很乐意到基层去，只有在基层摸爬滚打才能积累丰富的工作经验，为今后发展打下基础。"

毕业生小李则回答："到基层去锻炼我认为很有必要，我会尽一切努力克服困难，好好工作，但作为年轻人总希望有发展的机会，不知组织安排我们下去的时间多长？还有可能上来吗？"

结果小王被录用，小李被淘汰。

案例思考

为什么小王被录用，而小李被淘汰？

案例启示

在面试过程中，回答问题的技巧非常重要。

对有些问题的回答，表面上看来合情合理，无可厚非，但却令考官反感。这是因为：考官并不在乎你回答内容的多少，而在于考察你对问题本身的态度，进而了解你对职业的态度等。

这一案例中，小王同学对下基层态度端正、诚恳，令主考官欣赏；而小李思想上明显有顾虑，尽管是人之常情，但这种场合下他的回答显然不合时宜。

面试过程中，面试官会向应聘者发问，而应聘者的回答将成为面试官考虑是否接受他的重要依据。对应聘者而言，了解这些问题背后的"猫腻"至关重要。下面对面试中经常出现的一些典型问题给出面试官发问的意图和应聘者回答技巧。应聘者无须过分关注最终的答案和分析的细节，关键是要从这些分析中"悟"出面试的规律及回答问题的思维方式，达到"活学活用"。

（1）如果你不能竞争到这个职位，会有什么想法？

答：既然是竞争，那么就有人成功，有人不成功，这个我有思想准备。不过如果贵公司能把没有竞争成功的原因反馈给我，使我以后在竞争中能做得更好一些，那么我是非常感谢的。

（2）能谈谈你的个性吗？

答：我的个性可以用两个字概括"忠诚"。我认为忠诚是人的立身之本，尽管忠诚的人可能在一定时间内得不到重视，但是能经得住时间的考验。

（3）请你谈谈你学生时代班集体的情况。

答：我大学四年的班集体是一个非常团结的大家庭，相处非常融洽，而且无论是学习还是举办活动大家都有一种你追我赶的精神。不过学生时代再好，终究要走上社会，我们相约毕业后每年举办一次聚会。

（4）请你谈谈最理想的工作团队应该具有哪些条件。

答：最理想的工作团队应该具备下列条件。

第一，这个团队的成员应该具有较高政治素质、较高的道德素质、较高的业务素质。

第二，这个团队所有的成员能把心扑在工作上，而且都能认真负责地完成工作，都能为这个团队创造一流的成绩。

第三，这个团队所有成员都能互相尊重、互相学习、互相爱护、互相关心。

第四，这个团队所有的成员都有集体主义精神，爱惜集体荣誉像爱惜自己的生命一样。

（5）说说你的缺点。

通过此类问题面试官要考查应聘者能否对自己做出正确的评价，或者是否符合某个岗位的需要。因为不能正确评估自己的人，往往也不会正确地评价自己的工作。

提示：

（1）毕业生应对自身的优缺点有所认识，必要时听听家人或师生的评价。

（2）不宜说自己没缺点；不宜把那些明显的优点说成是缺点；不宜说出严重影响所应聘工作的缺点；不宜说出令人不放心、不舒服的缺点；可以说一些对于所应聘工作"无关紧要"的缺点。

（3）忌讳无所谓的态度，比如："我这个人一般……我有缺点，可是一下子也讲不清楚……"这种回答容易给人以玩世不恭的感觉，很难让人委以重要的职位。总之，自己的优点、长处、缺点、短处都应老老实实地讲，诚恳、真挚的态度会赢得对方的好感，增加录用的可能。

回答示例："我在做事情的时候欠缺周全的考虑，容易轻易做出决定，因此也带来一些烦恼。现在我越来越意识到，速度并非适合所有情况，因此我正在努力改进，如在思考决策的过程中，多权衡利弊得失；若拿不定主意，就会向身边的人询问相关建议。"

课堂活动

自我介绍训练

1. 活动目的

（1）了解自我介绍的重要性，做好准备。

（2）通过模拟训练，掌握自我介绍的技巧，提升面试自信心。

2. 活动方法

（1）请结合给出的招聘背景信息，分析自身优势。

（2）给出五分钟，让学生整理发言思路。

（3）请学生上台做面试自我介绍（有条件的话，可录像）。

（4）让其他同学给打分评价。

（5）教师点评总结。

（6）学生反思与改进练习。

3. 自我介绍建议思路

（1）首先报出姓名和身份，让对方认识你。

（2）简单介绍一下学历、工作经历等基本情况，然后自然地过渡到一两个学习或实习期间圆满完成的事情，说明自己的经验与能力。

（3）要着重结合职业理想说明应聘这个职位的原因，让对方接受你。

4. 自我介绍注意事项

（1）眼神——眼神要坚毅，要敢于与人直视。

（2）笑容——微笑让人感觉愉悦、自信而放松。

（3）声音——声音大而稳，语速中等。

（4）情绪——避免情绪起伏波动。

（5）开始与结束注意个人礼貌和基本修养。

（6）时间控制在 2～3 分钟为宜。

导师点拨

面试中，如何进行自我介绍？

1. 自我介绍绝不要超过两分钟，因为面试官在借此考察你的逻辑思维和沟通表达能力。

时间太长，他会怀疑你的理解能力、归纳总结能力和时间观念有问题。2～3 分钟，一般语速可以说 350～450 字。

2. 个人基本情况要尽量简化，用一句话说明姓名、毕业院校、所学专业及应聘岗位。

如"您好！我叫张伟，毕业于北京大学中文专业，我应聘的是内容总监岗位。"

3. 特别提醒：如果名字中有生僻字，建议你不要光说这个字是什么就完了，而要给面试官一个方便的称呼。

如"您好，我叫王轾，'不分轩轾'的'轾'，您叫我小王就行"。面试官马上就对你有了掌控感，有了掌控感，才更容易信任你。

4. 自我介绍的重点是说自己与职位匹配的核心能力。但要注意，千万不要逐一展开每一份工作和学习经历，而是要想哪一份工作经历与应聘岗位需要的能力最匹配，就说哪个。

比如你应聘销售岗位，就可以说："我上一份工作主要负责处理客户投诉，中间遇到了很多极具挑战性的客户。在这个过程中，我培养了较强的换位思考能力，遇到冲突时，我会站在对方的角度思考解决，实现共赢。如果您有兴趣，一会儿我可以和您更详细的介绍。"

注意，这段话结尾的一句，一定要告诉面试官"还有更多的内容可以介绍"，引导接下来进一步的谈话。

如果是应届毕业生，工作经历很少，可以讲在学校社团活动和实习经历，但也要遵照上述原则。

5. 介绍完工作经历，接下来是直接表达应聘该职位的原因，表达自己的求职意愿。

一般比较安全有效的说法是"符合自身职业规划"。具体可以这样说："这个职位所能提供的发展平台，与我个人的职业规划高度匹配。同时，我也非常认可贵司的企业文化，希望有机会可以加入如此有战斗力的团队。"

6. 核心内容说完，如果时间还有富余，可以再介绍 1 ~ 2 个个人爱好，但注意，爱好一定要和职位有关。

比如应聘的是高端客户关系维护岗，就可以介绍你业余时间喜欢打高尔夫球；如果应聘的是自媒体内容岗，就可以说喜欢读书、写文章，还运营自己的公众号。

7. 自我介绍的结束语要礼貌专业。可以说："因为时间关系，这是我简单的自我介绍。如果您对我的哪段经历想了解得更多，我可以就细节回答您的问题。谢谢您！"

自我介绍可以准备两份，一份 5 分钟，一份 1 ~ 2 分钟。以防面试官让做一个稍长的介绍，介绍到一半没得说了，导致面试官觉得你的经历和能力不够。

自我介绍范文一（实实在在，诚诚恳恳，应届毕业生一对一自我介绍示范）

我叫赵婉君，您可能会联想到琼瑶小说，的确就是那两个字，差别就是人没有那么漂亮。其实，我的同学都更喜欢称呼我的英文名字，叫 June，六月的意思，是"君"的谐音。

（点评：寥寥数语，让面试官轻松地记住了申请人的名字。）

我来自广东的恩平市，可能您没有去过，是一个很小的县级市，这几年刚刚开发了温泉产业，我想将来会有更多的人了解到这个小城市。

（点评：提到温泉，面试官对恩平这个陌生的地方一定会产生一点亲切感。）

在 2003 年我以恩平市全市第一名的成绩考上了中山大学，学的是计算机科学专业。不过，在中大，我没法再像高中一样总是名列前茅，到目前为止，我的综合学分年级排名是第 40 名左右。在专业课程方面，我 C++ 的编程能力比较强，一年前就开始自学 Java，在班级里是最早开始学 Java 的。

（点评：诚实可信地阐述自己的学习能力。）

我参与过我们老师领导的一个项目，叫作 LAN 聊天室，我负责开发了其中的及时通信系统。在我们班，老师只挑选了我一个女生参与这个项目，主要是我写程序的效率比较高，态度也非常认真。

（点评：如果你的编程能力不如男生强，至少你要告诉面试官，我比多数女生要强。如果贵公司考虑选择一名女生，那么，选择我吧！）

除了学习和项目实习以外，我在学生会工作了两年，第一年做干事，第二年被提升为秘书长。大家对我的评价是考虑问题很周全，令人放心。

（点评：稳重周全，是做技术支持工程师的一个完美形象。）

在我的求职清单上，IBM 是我的首选单位，原因和您面试过的很多同学都一样，出于对大品牌的信赖。毕竟，大品牌公司意味着有很多我们需要的东西，比如培训和薪资，能和优秀的高素质的人在一起工作等。

（点评：对于 IBM 这种一流的企业，没有必要过多地解释自己为什么想来应聘，点到为止。）

技术支持工程师也刚好是我的首选职位，因为我有技术背景，也有作为女性和客户沟通的天然优势。还有，我不担心频繁出差，因为我身体素质很好，我已经坚持晨跑两年多了。在 IBM 专业技术方面，我信赖公司的培训体系和我自己的快速学习能力！希望能有机会加入 IBM 团队！

（点评：除了强调自己的优点，也告诉面试官，不必把自己当作一个弱女子，而是要当作一个长跑健将！）

自我介绍范文二（互动性强，以情动人，校园招聘一对多自我介绍示范）

大家好，我叫张一凡，首先我想衷心感谢各位领导冒着大雨从公司赶到学校，给我们一次宝贵的面试机会。面试机会对于我们应届毕业生来说，绝对就像今天的天气，春雨贵如油；或者说，贵如石油！

（点评：在自我介绍之前，利用当天的天气表达对招聘单位的感激之情，是非常高明的一个互动环节。）

我来自辽宁省锦州市，我的母亲也是一位石油工作者，她在锦州炼油六厂工作。由于我的父亲多年前就下岗了，我家的生活和我的教育全部依赖于母亲每个月两千多块钱的收入。所以，我对石油行业充满了感恩之情，没有她，我的大学教育很可能会缺失。

（点评：通过"母亲的工作"把自己和用人单位巧妙地结合起来，又是一个高明的互动。由此可以看出，成功的自我介绍绝对不仅仅是介绍"自我"，而是时时刻刻把"自我"和"对方"结合起来。）

在学校，我所学的专业是工商管理，和刚才做自我介绍的张优和李秀同学相比，我非常遗憾地说，自己的学习成绩只是中等水平，原因主要有两个方面，一是华工的确人才济济，二是我本人把相当一部分精力投入到了兼职工作中，因为我确实需要兼职的收入。我累计担任了八名中小学生的数学与英语家教，参加了二十多次校园促销，比如×××化妆品促销、×××电子字典促销等。销售工作锻炼了我的勇气和耐力，我相信这两种素质将会对我未来的工作很有帮助！

（点评：第二部分，和其他同学相比，成绩中等甚至是下等是块硬伤，如果不自己把这块硬伤揭开，面试官会觉得如鲠在喉。主动暴露自己的弱点，则表现出一凡的勇敢与诚实，也巧妙地使面试官把注意力转移到兼职经验上，化弱势为优势！）

今天我来申请中海石油的"商务代表"一职，说实话，除了张经理刚刚介绍过的工作内容之外，我并不十分清楚具体的工作要求是什么。在此，我谨浅显地谈谈我个人的理解，我想，这个职位需要这样一个人：首先，她要了解并热爱石油行业；其次，她要形象端正，表达能力强，思维严谨；再次，作为应届毕业生，她必须具备良好的学习心态和踏踏实实的工作态度。对于这三点，我自信自己能够满足，我希望自己能够有机会进入下一轮面试，届时再详细地向您阐述。最后，再次表示我的感谢！（鞠躬）

（点评：大学生对于就业岗位往往一知半解，如果不懂装懂反而引人反感。实话实说，为自己又赢一分！不过不要盲目抄袭此答案，说自己不了解所申请的职位是相当危险的招数，用不好等于引火烧身。一凡并非真正不了解这个职位，一来她说自己上网做过调查，二来她的理解基本正确，她用的是以退为进的方法。）

生涯手册

面试礼仪模拟剧场

公司名称：×××生物科技企业集团

考评面试官：人力资源总监邓小姐

应聘部门：企划部

应聘职位：营销企划专员

应聘者简介：

姓名：小李　性别：男

年龄：22岁　婚姻：未婚

工作经历：无

专业：职业学院市场营销专业

小李在经过一轮激烈的笔试竞争后，终于接到了×××生物科技企业集团的面试通知，时间是202×年4月18日上午10点30分，地点就在繁华商业中心的D大厦公司总部。×××生物科技企业集团是本地著名的高科技企业，能进入这样的企业工作是小李长久以来的心愿，他决心抓住这次难得的机会，好好准备，把自己的长处全都表现出来。

4月16日，小李专门在发廊剪了头发。他将简历、身份证、大学英语六级证书等所有资料每样复印了三份。

4月17日，吃过晚饭，又检查了一次公文包，看看所需的资料是否已经准备齐全，又查阅了一些关于该公司的信息，之后开始准备第二天的着装。

提示

☆第一印象产生——决定性关键因素。

☆注意眼神接触，保持微笑。

☆注意礼貌。

面试官：从你的简历和求职信来看，你的各方面的条件都不错，能不能谈一下你在大学求学期间有没有什么相关的社会活动经验？

小李：我学的是×××学院市场营销专业，与社会接触比较多，我平常也比较喜欢参加学校社团活动和社会实践活动；在大学二年级的时候就是班级的×××干部；连续两个暑假参加了加拿大×××公司主持的国际商务论坛，在该公司兼职做过市场助理，做过一些相关的联络工作……

提示

☆回答问题要诚实中肯，切忌撒谎和浮夸。

☆力争引起对方共鸣。

小李：我在×××地方看到贵公司的招聘广告，对贵公司刊登的职位信息做了一些研究，觉得我所学的专业与贵公司的职位要求相符，我还在贵公司网站上看到贵公司将在两三年内大幅度扩大营销队伍的新闻……

提示

☆收集公司情报，了解职务内容。

☆充分把握展示自己的机会

面试官：如果你获得这个工作机会的话，你可不可以想象一下五年后的自己？你有没有考虑过自己的职业生涯规划？

小李：虽然这个社会有很多不可预测的事情，但我还是认为自己在这五年里会随着公司一起成长，我在生物技术领域的知识一定会紧紧跟随公司的最新进展，而我在营销策划较高层次上定会取得较大的进步……

提示

☆充分表达出自己对工作的热忱和对未来的信心。这是任何公司的人力资源经理都喜欢的。

面试官：你觉得你有足够的能力来完成这份工作吗？

小李：有。即使有某些经验不足的地方，但我相信当我逐渐熟悉公司的运作计划和操作环节后，我一定能……

提示

☆回答相关问题时应表现出高度的自信心及魄力。

面试官：你所期望的待遇可能超过了我们公司的预期，我们无法满足你的要求，你能接受吗？

　　小李：我所提出的期望待遇与国内这个行业的职位薪酬标准相比是属于中等偏上的，当然具体的待遇标准还要由贵公司评估我的表现及资历来最后确定。我愿意在双方达成共识的基础上，在一定时期内按贵公司新入职的员工待遇标准工作……

　　提示

　　☆回答这类问题的方法有很多种，要根据当时面谈的气氛和具体的情况来灵活回答。但基本原则是：

　　（1）勇于为自己争取公正的待遇，诚实而不欺瞒。

　　（2）以双赢的心态去协商。

　　（3）保持弹性，让一切充满可能性。

　　面试官：你有没有什么要问的？

　　小李：有。请允许我询问关于××方面贵公司的策略是什么？

　　提示

　　☆切忌回答"没有问题"。

　　☆传达出争取工作的决心。

　　☆搞清楚有待了解的部分。

　　面试官：李先生，由于时间的关系，我们今天的面试就到此结束。由于还有一部分候选人要进行这一轮面试，所以我们要在对所有参加面试的候选人中进行全面比较衡量后，才能决定合适的人选。有进一步的消息，我们会及时通知你的。谢谢你。

　　小李：十分感谢邓总抽出宝贵的时间和我面谈，我从中受益匪浅。希望下次有机会再当面请教。再见！（与邓总握手道别，并将椅子放回原处后离开。经过前台时，和引导进入人事部的钱小姐说声："谢谢你，再见！"）

　　提示：直到离开公司所有人的视线后，你的面试才算结束。注意：如果公司门口有张小纸片或小块杂物等，不要视而不见地走过，而要将它捡起来扔到垃圾桶。因为这很可能是公司故意设计的面试细节，看看每个候选人是不是具有过人的观察力和从我做起的精神。

　　4月18日下午，小李按照××生物科技企业集团的地址给人力资源的邓总监发了一份感谢信，表示通过面试更进一步了解了该集团的企业文化和其高效率，表达了自己仍然很想为该公司服务的愿望，也有信心做好营销企划的工作，希望有机会向邓总监多多学习。

　　注意事项：我们通过面试模拟剧场将面试准备过程和面试常见问题浓缩到一起，希望大家通过仔细揣摩模拟剧场中的内容，能较为容易地建立起求职面试礼仪的基本概念。

　　求职礼仪事实上是每个人在求职过程中从里到外所表现出的一种涵养。外表的礼仪是对招聘单位和招聘人员最起码的尊重，而内在礼仪更是一名当代大学生所必备的修养。

第十章
活学活用：就业程序与权益维护

📝 学习目标

知识目标：

1. 了解就业常见陷阱，做到有备无患。

2. 熟悉就业相关程序及就业权益保障，提高就业主动性。

3. 掌握就业表格填写规范及毕业生档案派遣流程，助力成功就业。

能力目标：

1. 能够熟练掌握就业表格填写及毕业生档案派遣相关工作。

2. 提高签订劳动合同和就业协议过程中的警惕性和主动性。

3. 了解常见就业陷阱，提高风险防范意识。

素养目标：

1. 通过典型就业求职案例引入，培养就业探索主动性。

2. 规范填报派遣相关信息，培养仔细认真的好习惯。

👤 知识链接

第十章数字资源库　　　第十章知识链接

第一节　毕业生就业程序

引导案例

掌握求职主动权

海燕是家中独生女，从小就备受父母宠爱，也由此养成了事事依赖他人的心理。进入大四，大家都在为找到一个满意的工作而四处奔波，唯独不见她有什么行动。一些关系要好的同学劝告道："海燕，还是早日行动吧，如果过了这几个月，恐怕就难以找到好的工作了。"海燕自信地答道："何必那样着急呢，我还没有考虑好去什么样的单位呢，但是我父母迟早会为我找到一个不错的工作岗位的。"海燕满怀希望地期待着父母带来的喜讯。离毕业的日子越来越近了，可是由她父母帮忙联系的单位迟迟不作答复，最终也没能签约。看着同班同学一个个签下了就业协议，海燕后悔不已。

案例思考

在就业求职期间，不要过分地依赖父母和他人。案例中的海燕的做法属于思想上缺乏独立的表现，从小养尊处优，习惯性地依赖他人，以致求职压力一大，便马上把找工作的事推给了父母。

案例启示

就业是毕业生顺利走入职场的重要过程，大学毕业生要充分了解就业基本程序，掌握正确的职业选择策略，从而实现顺利就业。

大学毕业生就业过程中要正确行使自己的权利、合理合法地保护自己的相关权益，特别是在与用人单位签订劳动合同和就业协议过程中，维护自身权益尤为重要。大学毕业生要明确就业权益、熟练掌握就业程序和维权措施，确保自身就业的稳定性。

一、毕业生就业流程

（一）资格审查

毕业生资格审查是确认和核实每一位毕业生的入学资格，通过审查后才能取得毕业就业资格。按照属地原则，实施毕业生资格审查的机构是高校所在地的教育主管机构，例如，吉林省内所有的高校其毕业生资格审查的机构是吉林省高等学校毕业生就业指导中心。毕业生资格审查的主要内容包括：毕业生生源地、姓名、专业、学制、培养方式等。

毕业生资格审查的唯一依据是各省、市、自治区出具的招生计划表，通称"招生三联单"。

每年学校的就业管理部门会要求各院、系上报毕业生生源情况。学校根据生源情况进行初审，初审后对有问题的毕业生要求其出具相关资料，一般有以下几种情况。

1. 姓名不符

毕业生姓名与招生三联单上的不一致，需出具生源所在地市区级公安部门的改名手续，注明曾用名、现用名。

2. 学籍变动

学籍变动包括降级、休学、转专业等情况。降级后复学的，要出具降级及复学相关佐证材料；休学后复学的，要出具休学及复学佐证材料；转专业的，要出具转专业佐证材料。

学校毕业生就业部门收集以上材料（必须是原件，复印件无效）后进行复审，复审后到所在地教育主管部门进行资格审查。资格审查结束后形成毕业生生源表。毕业生生源表主要作用是给用人单位提供生源信息，让用人单位了解本校毕业生基本情况，帮助其在毕业生中筛选人才。

（二）发放就业相关资料

学校就业工作处向通过毕业生资格审查无误的学生发放《全国普通高等学校毕业生就业协议书》（以下简称《就业协议书》）。《就业协议书》一式三份，签约后由用人单位、学校和毕业生本人各保留一份。《就业协议书》是为了明确毕业生、用人单位、学校三方在毕业生就业工作中的权利和义务，经协商签订的协议。《就业协议书》是毕业生就业过程中的重要文件，毕业生要妥善保管，如有遗失需按有关规定到就业管理部门办理相关手续。

（三）就业指导

高校就业工作处通过就业指导课、就业指导讲座等形式对毕业生进行就业指导。现在许多高校都开设了就业指导课程，大学生一入学就开始学习职业生涯规划的基本内容，毕业年级学习就业指导课程，逐步实现了全程化的就业指导。

（四）积极参与招聘会

学校就业工作处对申请来校的用人单位进行审核后，为其安排举办校园招聘会的时间、地点，并在恰当的时间组织全校规模的就业市场。由于学校的毕业生就业市场针对性较强，是现阶段高校毕业生就业的主要方式，毕业生要充分利用这些机会实现就业。校园招聘会一般从每年的9月开始，在11月达到高峰。这一时期，用人单位的数量和质量都会达到顶峰，是毕业生就业的黄金季节。次年的3月末至4月初，会出现第二个高峰，这一时期也是毕业生与用人单位签约的高峰时期。

（五）就业方案

每年5月份开始，学校将根据毕业生与用人单位签订的就业协议制定就业方案。就业方案初步形成后需要毕业生本人核对并确认。在就业方案形成过程中应遵循以下原则。

（1）有具体单位的毕业生直接派往具体单位。毕业生要认真核对单位名称及单位所在地，需要提前了解就职单位是否具备接收档案的能力。

（2）定向毕业生原则上一律派回原定向单位，有特殊情况需要改派的，需按学校所在地的教育主管部门具体政策办理。

（3）没有落实单位的毕业生可以与地方政府的人事代理机构签订就业协议，办理人事代理。

毕业生毕业后如果到"三资"企业、私营企业、股份制公司、民办科研机构等无主管单位，以及不具备人事管理权限的单位工作，单位可为其办理人事代理手续。毕业生毕业后如果暂时无具体单位，也可以自己到各级行政部门所属的人才流动服务机构办理人事代理手续。具体办法是与当地政府的人才服务中心签订协议书，之后，可以得到人事档案保管；办理毕业生见习转正手续；代办养老保险并计算工龄；接收人事关系、党组织关系和户口；按国家政策规定代办档案工资定级、调资手续；代办专业技术职务任职资格初定、申报手续；办理人才流动手续；办理考研、出国的政审并签署意见；推荐就业等服务。

（4）没有落实单位的（申请档案留校的除外）按各省主管就业部门的要求，一律派回生源所在地，档案派遣接收地与学生本人是否为城市户口或农村户口无关。

（六）就业派遣

学校形成就业方案并上报教育主管部门，要指导毕业生（含结业生）及时完成毕业去向登记，核实信息后及时报省级教育部门备案。学校相关部门根据就业方案办理户口迁移证明、党团关系转移证明等材料。

（七）办理离校手续

毕业生档案在毕业生离校后由学生档案管理部门统一以机要的方式寄送到用人单位。毕业生本人无权携带人事档案。毕业生档案材料必须包括：毕业生登记表、学习成绩登记表、奖惩情况、学位授予证明、入党（团）志愿等材料。档案是证明毕业生学习经历的重要材料，不可复制，毕业生一定要十分重视自己的档案，不要随意弃档，不要自己拆开档案。

（八）办理调整改派手续

毕业生可在两年内办理调整改派手续，由学校的毕业生就业管理部门按照有关规定到所在地的教育主管部门办理相关手续。

二、毕业表格填写及说明

《高等学校毕业生登记表》是毕业生重要的档案材料，是毕业生大学期间表现的重要鉴定材料，按要求规范填写好《高等学校毕业生登记表》。填写样表如图 10-1 ～ 图 10-7 所示。

（1）毕业生应该实事求是地填写本表，填写时一律用钢笔或毛笔，字迹要清楚。

（2）表内所列项目，要全部填写，不留空白，如有情况不明无法填写时，应写"不清""不详"及其原因，如无该项情况，亦应写"无"。

（3）"本人学历及社会经历"自入小学时起，依时间顺序详细填写，年月要衔接。中途间断学习和工作地、时间也要填入，并加以说明。

（4）"家庭主要成员"是指直系家属（父母和爱人、子女）。"主要社会关系"是指对本人影响较大，关系密切的亲友。

（5）"本人健康状况"主要填写有无疾病和体质强弱状况。

（6）贴最近一寸正面半身脱帽照。

高等学校毕业生登记表

学　　校：_____

系　　科：_____
　　　　　　　　艺术与传媒学院

　　　　　　　广播电视学、广告
　　　　　　　学、广播电视编导、
　　　　　　　动画、音乐表演、表
　　　　　　　演（影视剧表演）、表
专　　业：_____
　　　　　　　演（舞蹈表演教育）

姓　　名：×××（与身份证、学籍一致）

填表日期：_____

中华人民共和国教育部制订

图 10-1　高等学校毕业生登记表封面

姓名	××	性别	男（女）	一寸正面半身脱帽照片
曾用名	无 （有则如实填写）	出生日期	××年××月××日	
家庭出身	工人、农民、教师、干部、职员等其中一种	本人成分	学生	
籍贯	按照户籍卡填写，具体到市/县	民族	如实填写	
现在家庭详细住址	山东省××市××县××镇××村（非学校宿舍地址）			
是否华侨侨居何处	否 （有则如实填写）	本人身体健康状况	良好（健康）（有其他疾病则如实填写）	
何时何地经何人介绍加入共产党或共青团	××年××月在××（地点）经×××（介绍人姓名）介绍加入中国共产党（共青团）			
婚否？对方姓名、政治面貌、现在何处、任何职	未婚填"否" 已结婚"×××（配偶姓名），党员（团员，群众），现在××（地点）××（单位）任××职务"			
家庭经济状况及主要来源	家庭经济情况分为以下几种情况：好、良好、一般、差，主要经济来源分为：个体户、务农、工资			
何时何地因何原因受过何种奖励或处分	范例： 2008—2009学年，获系科技创新先进个人称号 2008—2009学年，获院专业学习一等奖学金			

图 10-2　高等学校毕业登记表基本信息

本人学历及社会经历		
自何年何月起至何年何月止	在何地、何校（或单位）学习（或任何职）	证明人 现在何处
×年×月—×年×月	×省×市×小学 小学	×××（姓名） 现在××（地名）
×年×月—×年×月	×省×市×中学 初中	×××（姓名） 现在××（地名）
×年×月—×年×月	×省×市×中学 高中	×××（姓名） 现在××（地名）
×年×月—×年×月	哈尔滨工业大学 本科	×××（姓名） 现在××（地名）

图 10-3　高等学校毕业登记表本人及社会经历

家庭主要成员和主要社会关系，他们的姓名、年龄、在何地、何单位、任何职、政治面貌、现在与本人关系如何	范例： 父亲：张三，50岁，在×××单位任何职 政治面貌：预备党员/中共党员/群众 关系良好 母亲：李四，50岁，在××省××市（县/区）××乡镇村务农 政治面貌：预备党员/中共党员/群众 关系良好 哥哥：张思，26岁，在×××大学学习 政治面貌：预备党员/中共党员/群众/共青团员 关系良好 弟弟：…… 关系写良好或一般
家庭主要成员和主要社会关系中有无被杀、关、管的，与本人关系如何	如果没有填"无"，有的话按照实际情况填写

图 10-4　高等学校毕业生登记表家庭基本情况

自我鉴定：

内容：学习情况、思想政治情况、在校期间表现和学习收获等

要求：因需装入档案，要求内容全面，字迹工整，用正楷填写，字数不少于200字，占空格3/4即可。

签名

××年××月××日

图 10-5　高等学校毕业生登记表自我鉴定

毕业实习单位和主要内容	如实填写
毕业论文题目或毕业设计	如实填写
有何特长	如实填写
懂何种外语 程度如何	如实填写 如"英语　通过CET6"
本人工作志愿	升学/具体单位/回生源地
学校对其就业的意见	不填

图 10-6　高等学校毕业生登记表毕业基本情况

班组鉴定	由班长或者团支书本着对同学负责的态度如实填写，包括该生在校期间的学习情况、思想品德情况、参加社会实践情况、参加集体活动情况、获奖情况、特长以及综合评定等内容。填写不要千篇一律，应该实事求是，字数不少于200字，占空格3/4即可。 班组长签名××× （班长填写） ××年×月×日
学校组织意见	不填

图 10-7　高等学校毕业生登记表组织意见

三、毕业生就业报到

　　教育部门建立高校毕业生毕业去向登记制度，作为高校为毕业生办理离校手续的必要环节。高校要指导毕业生（含结业生）及时完成毕业去向登记，核实信息后及时报省级教育部门备案。实行定向招生就业办法的高校毕业生，省级教育部门和高校要指导其严格按照定向协议就业并登记去向信息。用人单位可凭劳动（聘用）合同或就业协议书（含网签协议）或普通高等教育学历证书或其他双方约定的证明

生涯轶事：自负而失败

材料，为高校毕业生办理报到入职手续，参加工作时间按照高校毕业生毕业后实际入职之日计算，法律法规另有规定的从其规定。

课堂活动

　　请各位毕业生按照高等学校毕业生登记表基本内容，将个人基本信息、自我鉴定、家庭基本情况等信息按要求写好，提交就业课程老师审核，为后续填写高等学校毕业生登记表做好准备工作。

导师点拨

《高等学校毕业生登记表》填表小技巧

　　1. 本表所有内容均须用黑色钢笔、水笔填写，字迹要清楚。

　　2. 此表中除"导师介绍（研究生）、院系鉴定和学校意见"外，其他各项均由毕业生本人填写。

　　3. 学校：填写"××××大学"。

4. 院系：填写所在学院名称的全称，如填写"国际法学院"。

5. 专业：填写所学专业全称，如"法学（国际经济法方向）"。

6. 填表日期：填写中文数字。

7. 照片处应贴最近一寸正面半身免冠照片。

8. 姓名、曾用名：姓名应写法定姓名（须与本人身份证姓名一致）。有曾用名者可填写，没有填写"无"。

9. 籍贯：填写本人出生所在地，按现行政区划填写到市区或乡镇（街道）。

10. 出生年月：应用阿拉伯数字，格式"××××年××月××日"。

11. 性别、民族、政治面貌：据实填写。

12. 本人身体健康状况：如无异常，填写"身体健康、无疾病史"，有疾病史者具体填写，要求与医院体检情况一致。

13. 联系电话：填写毕业生本人的手机号码。

14. 电子邮箱：填写有效的个人电子邮箱。

15. 学历及授予何种学位：学历是指专科或本科或硕士研究生或博士研究生；学位按照教育部规定的学科门类，以毕业时拿到的学位证为准，比如，法学学士学位，文学硕士学位，管理学博士学位，等等。

16. 现在家庭住址：要具体到寄信能收到的通信地址，如"××省××市（县）××乡××村××组"。

17. 所学专业及研究方向：填写专业及研究方向的全称，比如，法学（民商法方向）、法学（卓越律师实验班），等等。

18. 毕业论文题目或毕业设计：填写毕业论文或设计的详细名称（与本学年毕业论文定稿一致）。

19. 会何种外语及熟练程度：已通过等级考试或获得证书的，填写国家大学英语（或其他语种）四级、六级等；没有获得证书的，填写英语（或其他语种）有一定的听、说、读、写能力，达到国家大学英语（或是其他语种）三级水平。

20. 最高学历阶段受过何种奖励或处分：填写校级和校级以上获奖情况；如"2022—2023学年获综合一等奖学金""2022—2023学年获三好学生称号"等。处分情况本人不填写，统一由学院填写。

21. 本人简历：应从小学开始填写，统一用"××××年××月至××××年××月"的格式，时间要衔接。如"1996年9月—2001年8月在×××省×××县×××乡×××村上小学，2001年9月—2004年8月在×××省×××县×××镇上中学。"中途间断学习和工作也要填写，并加以说明。

22. 家庭成员及主要社会关系："家庭成员"指直系亲属（父母、配偶和子女）；"主要社会关系"是指对本人影响较大，关系密切的亲友。

23.自我鉴定：学生本人认真填写，包括在校期间思想、学习、社会实践活动、技能特长等各方面的主要表现及自我评价，应实事求是地全方位进行评价，真实、详尽、客观，内容要充实详细。自我评价不能只有三言两语，简单应付，篇幅不宜过短。最后由本人签字。

24.导师对学生业务能力、外语水平介绍（研究生）：由毕业研究生的导师根据学生在读研期间的科研能力、科研成果、毕业论文成绩、外语水平等表现综合评定。

25.院系鉴定：由辅导员做出符合学生本人的恰当评价，概括地、实事求是地反映和评价该同学在校期间德、智、体等各方面的表现，突出优点、特点，不足之处用希望的形式指出，内容字数不少于150字。最后由院系党政领导签字，加盖学院行政公章。

第二节　就业协议与劳动合同

引导案例

小李是一位代驾。每天夜里，在各大酒楼门前，小李都和同行跨在折叠电动车上，等着接单。手机信息一响，意味着活儿来了。他接上客人、找到车辆、确定目的地、把客人安全送到目的地。随着人们交通安全意识变强，代驾的工作量也越来越大。虽然辛苦且经常颠倒黑白，但小李说这是一份收入还不错的工作。可渐渐地，小李发现自己的工作量没什么变化，但收入比以前明显少了。与公司交涉未果的情况下，他开始寻求劳动仲裁，向公司要求支付工资差额。小李说，他的工资由基本工资4 000元和业绩提成构成。他指出，公司自2020年8月开始，未足额支付工资。根据小李提供的银行发放记录显示，他在职期间实发工资每月4 000～8 000元不等。而公司则主张，从2020年8月开始，公司对薪酬标准进行了一系列的调整。基本工资降低了，提成标准也变了。而且，公司规定了每月的最低接单量，未达到最低接单量的，不发放提成，仅支付最低工资。"我怎么不知道薪酬标准变了？"小李提出，公司没有告知调整薪酬的事宜，也不认可公司单方调整底薪、提成标准及提成发放条件。

最终，公司未能证明薪酬标准的变更与劳动者协商一致，且制度的制定经过了民主程序，劳动者已经知晓。仲裁员未采信调整工资标准的合法性，故支持了小李补发工资差额的请求。

◆ 案例思考

对于涉及大学毕业生切身利益的相关事项注意做好书面记录和资料留存，如报酬支付凭证、派单记录等，避免在发生争议后，因举证困难导致无法及时维护自身合法权益。

◆ 案例启示

"凡事预则立，不预则废。"大学生就业同样如此。但实际上，当站在就业的十字路口时，很多大学生却茫然无措，其中最主要的原因就是在大学期间缺乏对未来生活和职业目标的规划与准备，或者根本不知道该如何规划与准备。

一、就业协议的基本内容与签订原则

就业协议签订主要指《就业协议书》的签订，《就业协议书》由省、自治区、直辖市等就业主管部门印发，是高等学校编写就业方案、用人单位录用毕业生、就业主管部门统计当年毕业生就业率的主要参考依据，《就业协议书》是大学毕业生、用人单位、学校三方在就业过程中权利和义务的主要展现方式，共同签署后就具有法律效力，对于学校、毕业生和用人单位都起到强制约束。就业协议如图10-8和图10-9所示。

（一）就业协议的基本内容

1. 毕业生填写项目

专业名称应准确，不得误写、简写；填写自己的应聘意见，并亲笔签名；其他基本情况如实填写。

2. 单位填写项目

（1）"单位名称"填写单位全称要与公章一致，不能简写。否则单位将无法落实毕业生的户口、档案等关系。

（2）"单位组织机构代码""联系人""联系电话""单位地址"务必填写完整，否则将无法完成毕业生就业信息审核。

（3）单位或单位所在地人才市场接收档案、户口—档案转寄详细地址、户口接收详细地址务必准确。一旦有误，可能会导致单位所在地区不能接收毕业生档案户口的情况。

（4）单位性质及所有制性质：如实在协议书上相关项目内画钩。

（5）其他情况按协议书要求如实填写。

	姓名	小吕	性别	男	出生年月	1999.01.01	民族	汉族
毕业生情况及意见	政治面貌	中共党员	培养方式	统招		健康情况	健康	
	专业			学制		4/3/2	学历	本科/硕士
	家庭住址	××省××市××区××街道			联系电话	1××××××××××		
	应聘方式	学校招聘会（　）政府举办招聘会（　）人才市场（　）网络签约（　）其他（　）						
	应聘时间	（根据实际情况如实填写）	应聘地点	（根据实际情况如实填写）				
	应聘意见： 　　　本人同意应聘到××××（单位名称与单位公章一致）入职工作 毕业生签名（本人不签字无效）：　　　　　　　　　　　　　×××年××月××日							

	单位名称	（单位名称与单位公章一致）		单位隶属部门	×××			
用人单位情况及意见	联系部门	×××	联系人	×××	联系电话	1××××××××××	邮政编码	××××××
	通信地址	××省××市××区××街道		所有制性质	（根据实际情况如实填写）			
	组织机构代码	××××××		工作职位类别	（根据实际情况如实填写）			
	单位性质	党政机关　事业单位　科研设计单位　学校　部队　国有企业　非国有企业　其他						
	档案转寄详细地址							
	户口接收详细地址	若户口迁入学校，请务必填写此项						
	用人单位意见： 　　　先单位签字盖章 　　　　　　　　　　　　　签章 　　　　　年　　　月　　　日				用人单位上级主管部门意见： （有用人自主权的单位此栏可略） 　　　　　　　　　　　　　签章 　　　　　年　　　月　　　日			

	学校联系人		联系电话		邮政编码	
学校审核意见	学校通信地址					
	院（系、所）审核意见 　　　后学院签字盖章 　　　　　　　　签章 　　　年　　月　　日			学校毕业生就业部门审核意见 　　　最后就业中心签字盖章 　　　　　　　　签章 　　　年　　月　　日		

注意事项	1. 毕业生、用人单位及学校所填情况必须准确； 2. 用人单位及学校就业部门所有意见栏必须签字且盖章； 3. 用人单位必须详细填写档案及户口转移地址，如无法解决档案及户口，必须告知学生且在协议上注明。

图 10-8　全国普通高等学校毕业生就业协议书基本情况

备注：

（如有其他约定，请用人单位和毕业生协商后在以下空白处填写补充协议，并且签字盖章。）

请毕业生与用人单位协商后填写（无备注事项可不填）

补充栏建议填写内容

①服务期、见习期等条款；

②有关福利；

③违约情况，违约金等；

④毕业生和用人单位双方针对毕业生攻读研究生、报考国家公务员、未获毕业证书或学位、用人单位对毕业生有何特殊的体检要求以及其他有关事项协商达成附加条款，填写清楚。

用人单位负责人签字：　　　　　　　　　　　　　毕业生签字：

　　年　　月　　日　　　　　　　　　　　　　　　　年　　月　　日

陕西省高等学校毕业生就业服务中心印制

协议书禁止伪造，一经发现，将严肃处理

图 10-9　全国普通高等学校毕业生就业协议书补充部分

（二）就业协议签订原则

1. 平等原则

合同当事人的法律地位平等，这种平等是指当事人之间不存在服从与被服从的关系，即使当事人之间在其他方面具有不平等的关系（如行政管理与被管理的关系），但在订立合同时也必须居于平等的地位。

2. 自愿原则

合同当事人有订立和不订立合同的自由，有选择合同当事人、合同的形式、合同内容的自由，有变更、解除合同的自由，任何自然人、法人、其他组织乃至拥有公共权力的国家机关都不得非法干涉。

3. 公平原则

合同的订立、履行、解释等过程中，要以公平观念来调整合同当事人之间的权利义务关系。

4. 诚实信用原则

当事人应该讲诚实、守信用，保证各方当事人都能得到自己的利益，同时不得通过自己的行为损害第三人和社会的利益。

5. 合法原则

合同的内容要符合法律条文。

二、就业协议的相关知识

就业协议的订立一般要经过两个步骤，即要约和承诺。

1. 要约

大学毕业生持学校统一印制的就业推荐表或复印件参加各地供需洽谈会（人才市场），进行双向选择，或向各用人单位寄发书面材料，应视为要约邀请。用人单位收到毕业生材料，对毕业生进行考察后，表示同意接收并将回执寄到高校毕业生就业工作部门或毕业生本人，应为要约。

2. 承诺

毕业生收到用人单位回执或通过其他方式得到用人单位答复后，从中做出选择并到学校毕业生就业工作部门领取就业协议书，与用人单位签订协议，即为承诺。由于毕业生就业工作比较复杂、具体，有时很难明确分为要约和承诺两个步骤。例如，有的毕业生参加公务员考试，达到面试线后，到用人单位参加面试、体检，用人单位也对毕业生进行政审、阅档，表示同意接收，在这种情况下，毕业生应与该用人单位签订就业协议，而不应再选择其他单位。又如，用人单位到学校挑选毕业生，毕业生自己主动报名，经学校积极推荐，用人单位也表示同意接收，但要回到单位后再正式发函签协议，在这种情况下，毕业生也应安心等待与用人单位签约，而不能出尔反尔，以未正式签协议为由，置学校信誉于不顾，在这过程中与其他单位签约，这样也浪费了其他毕业生的就业机会。

三、劳动合同的相关知识

毕业生落实就业岗位后，为保护毕业生本人的利益，应与用人单位签订劳动合同。在签订劳动合同时，应尽可能采用当地劳动部门印制的规范的合同文本，在具体合同条款上，毕业生应对有关工作岗位、劳动时间、工资待遇、劳动保护、违约责任及试用期、见习期等的规定特别关注。签订后的劳动合同需由用人单位所在地劳动部门加盖公章。同时，毕业生自己也要保留一份合同，当遇到劳动纠纷时，可凭合同提请劳动仲裁或者去法院提起诉讼。

（一）劳动合同的法律特征

劳动合同又称劳动契约和劳动协议，是劳动者与用人单位之间确立劳动关系、明确双方权利和义务的协议。劳动合同作为合同的一种，毫无疑问，具有一般民事合同所共有的特征，具体表现在以下几点。

（1）劳动合同是劳动者和用人单位依照法律规定达成的协议，是一种民事法律行为，按照双方意思表示的内容被赋予法律效力。同时劳动合同依照法律规定达成，违法达成的协议则不是劳动合同，不受法律保护。

（2）劳动合同是劳动者和用人单位之间意愿一致的产物，约定的是关于劳动者和用人单位各自的权利和义务。当事人一方的权利是对方应该履行的义务，权利的行使受法律保护。义务的履行同样受到法律的约束，不履行义务就必须承担相应的法律责任。

（3）劳动合同是劳动者和用人单位之间达成的，以设立、变更和终止民事权利义务关系为目的的民事法律行为。作为法律行为，劳动合同必然是以劳动者和用人单位设立、变更和终止权利义务关系为目的。

（4）劳动合同双方当事人的地位平等：双方当事人在协商、订立劳动合同的时候，不能因为性质的不同而处于不平等的地位。在劳动关系中，不存在上下级的关系，即使在行政上有隶属关系的上级组织和下级组织之间，在订立劳动合同的时候，也必须以平等的缔约主体身份出现，任何一方都不能凌驾于另外一方之上。需要强调的是，劳动合同作为社会化合同的一种，为实现合同公正，其平等性必然受到一定程度的限制，并侧重保护劳动者的合法劳动权利。

（二）劳动合同的签订

劳动合同是劳动者与用人单位确立劳动关系、明确双方权利和义务的协议，是劳动者与用人单位依据《中华人民共和国劳动法》建立劳动关系的书面法律凭证。劳动合同也是稳定劳动关系、用人单位强化劳动管理、劳动者保障自身权益、双方处理争议的重要依据。

劳动合同的签订是劳动者与用人单位就劳动合同的条款达成协议，并以书面形式明确规定双方的权利、义务和责任的法律行为。劳动合同的签订是劳动法律关系发生的根据，并由此产生一定的法律后果，因此当事人在签订劳动合同时一定要严肃认真。

劳动合同的当事人是用人单位和劳动者，但并不是所有的用人单位和劳动者都具有劳动合同当事人的资格，而只有具有相应权利和行为能力的当事人才能成为劳动合同的当事人，因而用人单位和劳动者在签订劳动合同时要审查对方的资格，这是保证劳动合同合法有效的首要前提。

签订劳动合同的基本原则如下：

《中华人民共和国劳动法》第十七条规定，签订劳动合同要遵循平等、自愿、协商一致的原则，不得违反法律和行政法规的规定。劳动合同依法签订后就产生了法律效力，当事人必须履行劳动合同规定的义务，具体表现为以下四点。

（1）平等原则。平等原则指签订劳动合同的双方当事人的法律地位平等。因此，毕业生应该依据《中华人民共和国劳动法》的规定，理直气壮地要求用人单位签订劳动合同。在合同上签字前要仔细阅读合同条款，对内容含混的条款要坚持改写清楚，对不合法的内容要据理力争，以维护自己的合法权益。

（2）自愿原则。自愿原则指劳动者要完全出于自己的意愿签订劳动合同，用人单位不能强迫或欺骗劳动者签订劳动合同。

（3）协商一致原则。协商一致原则指劳动合同的各项条款是经过平等协商取得一致意见而签订的。

（4）合法原则。合法原则指签订劳动合同的双方不得违反法律和行政法规的规定，签订合同的主体和内容必须合法。

四、就业协议与劳动合同的区别

一般情况就业协议签订在前，劳动合同签订在后，如果大学毕业生与用人单位在住房、工资待遇等情况存在事先的约定，应必须在就业协议中备注单独条款予以清晰说明，在后续签订劳动合同时需要对单独条款内容予以认可，一般情况下，就业协议与劳动合同的区别主要体现在以下几个方面。

（一）主体不同

就业协议专指高等学校应届毕业生与用人单位签订的就业工作协议；而劳动合同是指劳动者与用人单位确立劳动关系、明确双方权利与义务的协议，既可以是高校毕业生，也可以是其他人。

（二）内容不同

就业协议是高校毕业生与用人单位签订的初次工作协议，其主要意义在于将毕业生与用人单位双方互相选择的关系确定下来，一般并没有规定双方具体的权利与义务；而劳动合同则指用人单位在与劳动者确定工作关系之后签订的关于双方权利与义务的协议。劳动合同具体内容包括：工作内容、劳动合同期限、劳动保护和条件、劳动报酬、社会保险和福利、劳动纪律、劳动合同终止的条件、违反劳动合同的责任等。因此，毕业生与用人单位签订就业协议不能等同于签订了劳动合同，毕业生与用人单位在签订就业协议之后，还必须签订劳动合同，以保护自己的合法权益。目前的实际情况是，通常毕业生到单位工作后，双方才签订劳动合同。

（三）发生争议处理部门不同

在毕业生就业协议发生问题需要处理时，由省毕业办予以调整；而劳动合同发生问题，则需向劳动争议调解委员会或劳动仲裁机构报送，请求处理，还可以根据《中华人民共和国劳动法》处理劳动纠纷。

第三节　常见就业陷阱

引导案例

毕业生李某在一个 App 上看到线上培训视频制作的广告，称"包教包会，学完变大神"。原本就有想法做自媒体创业的李某看到后心动不已，贷款支付了 5 999 元培训费，上了一段课程后发现教的都是网上能搜到的知识，而且对方也没有提供原本承诺的派单赚钱服务。要求退款被拒后，李某踏上了漫长维权路。

案例思考

就业是最大的民生。近年来，高校毕业生就业形势严峻复杂，面对难得的就业机会，一些毕业生不敢"挑挑拣拣"，有工作就干，这就在无形中给不法分子带来了"套路"求职人员的机会。

案例启示

不要轻易添加自称"老师"的陌生人微信，不要轻易参加打着"兼职赚钱"幌子的培训班，更不要轻易在陌生网页及平台上转账汇款、办理贷款。如不慎踏入"培训贷"陷阱或遇到疑似"培训贷"诈骗的情形，应积极收集并留存有关证据，涉嫌诈骗的应向公安机关报案，勇于用法律手段维护自己的合法权益。

一、常见的就业陷阱

从校园到职场，两种不同成长环境的变换蕴藏着各种挑战，在求职过程中擦亮眼，识别岗位"真伪"。常见的就业陷阱有以下几种。

（一）刷信誉诈骗

让学生在网上帮人刷单，以高薪诱惑，抓住他们涉世未深和急于挣钱的心理，对初出校门的学生行骗。

（二）打字诈骗

以印刷厂、广告公司等单位名义，发布新媒体应聘信息，招募手机聊天打字员，通过植入的木马病毒让对方点击，直至骗到钱为止。

（三）传销旋涡

传销组织鼓吹自己从事电子商务、人际网络、网络销售、框架营销等，用所谓的"经济理论""市场营销手法"欺骗缺乏社会阅历的大学生加入。同时，一些网络传销还会通过网络购物、付费广告点击、网络游戏、网络加盟、金钱游戏等载体发展下线。

（四）通知应聘

大学生收到招工短信、网络招工信息或者自己发出求职信息后，均有可能使自己成为受害者。骗子有可能让其到高档会所面试，然后让缴体检费、面试费等，并等候上班通知。

（五）"黑中介"赚昧心钱

一些不规范的中介机构利用大学生急于打工的心理，有的夸大事实，有的无中生有，以"某某企业急招暑期打工者"的幌子引诱大学生报名，收取中介费。一旦交完费，"招用信息"便遥遥无期。

（六）非法收取抵押金

一些用人单位在招聘时，往往收取不同金额的抵押金或收取身份证、学生证作为抵押物。这类骗局通常在招工广告上称有文秘、打印、公关等较轻松的岗位，待人交钱后，招聘单位利用职位已满等理由推脱，让人回家等消息，接下来便不了了之。

（七）假期廉价劳动力

个别企业平日积攒一些员工不愿从事的脏活、累活，待假期一到，找一些大学生突击完成，然后给一点钱打发了事。更有少数无良企业暑期招录大学生当短期工，利用他们涉世不深、维权意识淡薄的弱点，在即将发薪时找借口（如出现重大差错，给企业造成损失等）将其辞退，或者以种种理由克扣工资。

（八）娱乐场所高薪招工

有的娱乐场所以特种行业的高薪来吸引求职者。工种有代客泊车、侍者，到这些场所工作，容易误入歧途。

二、就业陷阱的防范策略

（1）准毕业生应先查看职介所是否有劳动部门颁发的职业介绍许可证和工商部门颁发的营业执照，只有两证齐全才能从事职业介绍工作。

（2）在应聘前要清楚应聘的岗位所从事的工作内容和性质，一定要和用人单位签订书面协议。求职时如遇到就业陷阱，要掌握确实证据，向劳动监察部门举报。

（3）任凭传销组织的骗局如何花样百出，只要其具备"缴纳入门费""拉人头"两个特征，就可以断定其涉嫌传销。暑期求职切不可相信一些网络广告。

（4）要根据自身的条件选择适合自己的职业，娱乐场所鱼龙混杂，刚出校门的大学生尽量不要到酒吧、歌舞厅等娱乐场所工作。

（5）有关法规明确规定，用人单位在招用工时，不得向求职者收取抵押金，更不能扣留身份证、学生证等证件作为抵押物，用人单位私自向求职者收取抵押金属于违法行为。在这种情况下，一定要求用工单位或中介出具凭证，并加盖单位公章。

课堂活动

请各位同学在推荐的求职平台中选择一个，输入自己的专业、学历等基本信息，并将自己心仪的目标岗位的录用条件进行记录，罗列自己的实际条件，努力在毕业前补齐岗位短板。

导师点拨

推荐求职平台

国家大学生就业服务平台——24365校园招聘服务：https://24365.smartedu.cn

高校毕业生就业服务平台：http://job.mohrss.gov.cn/202008gx/index.jhtml

中国公共招聘网：http://job.mohrss.gov.cn

就业在线：https://www.jobonline.cn

百万就业见习岗位募集计划平台：https://www.myjob500.com/rsbwjx/home

人力资源社会保障政务服务平台：https://www.12333.gov.cn

技能人才评价工作网：http://osta.mohrss.gov.cn

就业防"坑"口诀

1.没有资质证明，不可信！

要想安心找工作，靠谱网站是关键，要先看它是否具备相应的资质条件。《网络招聘服务管理规定》明确：经营性人力资源服务机构从事网络招聘服务，应当依法取得人力资源服务许可证。涉及经营电信业务的，还应当依法取得电信业务经营许可证。从事网络招聘服务的经营性人力资源服务机构应当依法在其网站、移动互联网应用程序等首页显著位置，持续公示营业执照、人力资源服务许可证等信息，或者上述信息的链接标识。

2.要你交钱，得注意！

有些不法企业或黑中介，打着报名费、培训费、押金等名目，要求求职者先交钱再求职。还有一些"培训贷"，以高薪就业作为诱饵，向求职人员承诺培训后包就业，但要先缴纳服务费、培训费。这些行为全都不合法，应聘工作本身并不需要任何费用，对于将先交报名费、培训费等作为条件的招聘面试都要谨慎对待。《网络招聘服务管理规定》要求：从事网络招聘服务的经营性人力资源服务机构，不得向劳动者收取押金，应当明示其服务项目、收费标准等事项。

注意：面对求职培训，一定要增强防范意识，同时，要注意保留足够的材料，一旦发现被骗，应立即向有关部门报案。

（1）要看培训机构是否具备培训资质。

（2）要看经营范围是否包含培训内容。

（3）要看承诺薪资是否与社会同等岗位条件薪资水平大体一致。

3. 太诱人的条件，需警惕！

为了快速招人，有的用人单位会开出很诱人的条件，等签了合同后，发现薪酬和工作强度不成正比。《网络招聘服务管理规定》提出：用人单位向人力资源服务机构提供的单位基本情况、招聘人数、招聘条件、用工类型、工作内容、工作条件、工作地点、基本劳动报酬等网络招聘信息，应当合法、真实，不得含有民族、种族、性别、宗教信仰等方面的歧视性内容。

注意：求职者要全面了解用人单位、招聘职位等情况，特别是报酬较高、福利优厚的岗位，尽量通过用人单位官网查询或者向相关机构核实工作内容和性质，核对薪资水平是否合理，以防被骗。同时，可以到企业工商信息网，查询一下企业的工商注册信息，包括注册地、注册资本、经营范围等，如果这些信息都查不到，或者查到的内容和发布的信息不相符，就要提高警惕。

第四节　就业权益与法律保障

引导案例

去年5月，北京一所大学学生小王与北京零售公司签订劳动合同，约定小王毕业后到该公司上海分公司预算部工作。今年9月，由于不可抗力影响和经营不善，公司决定关闭上海分公司，并在未与本人沟通的情况下打算将小王调至北京工作。小王认为，合同中明确约定的工作地点是上海，公司在未经沟通的情况下擅自改变小王的工作地点属于违约行为。因此，小王表示不同意去北京，并要求公司按照合同内容安排自己继续在上海工作。

📖 案例思考

《中华人民共和国劳动法》第二十六条规定：劳动合同订立时所依据的客观情况发生重大变化，导致原劳动合同无法履行，经当事人协商不能就变更劳动合同达成协议的，用人单位可以解除劳动合同，但是应当提前30日以书面形式通知劳动者本人。

"客观情况发生重大变化"，通常是指劳动合同在履行过程中，发生了诸如企业被兼并、合并、分立以及企业进行转产、重大改造等情况。小王变更就业地案件中，公司关闭上海分公司属于"劳动合同订立时所依据的情况发生重大变化"。因此，公司与小王原先所签订的劳动合同已经丧失继续履行的条件，公司提出变更劳动合同的请求是完全合法的。如果小王坚决不同意改变工作地点，公司是有权按照上述规定，单方解除劳动合同的。

📖 案例启示

大学生在就业过程中如何正确行使自己的权利、合理有效地保护自己的利益，如何同用人单位签订就业协议、劳动合同，这些都是大学生极为关注的问题。只有学习相关的法律法规，明确大学毕业生的就业权益与义务，掌握权益保护的途径，才能切实维护自身在就业过程中的权益，确保就业的安全与稳定。

大学生充分了解和正确行使自身权益十分必要，了解就业权益和法律保障，才能在校园和职场转换中有的放矢。

一、应聘择业中的权益保障

就业权益是依照国家法律法规，求职者在求职过程中应该享受的不容侵犯的权利。根据目前大学生就业政策和有关法律、法规的规定，择业中的大学生主要享有以下几方面的权益。

（一）接受就业指导权

大学生享受从学校接受就业指导的权利。《中华人民共和国高等教育法》第五十九条规定，"高等学校应当为毕业生、结业生提供就业指导和服务。国家鼓励高等学校毕业生到边远、艰苦地区工作。"由此可见，接受就业指导和就业指导服务是大学生的一项重要权益。每所高校应成立专门的大学生就业指导服务机构，按照学生比例和专业需求配备专业化的人员对大学生进行就业指导与服务，包括但不限于向应届毕业生宣传国家关于毕业生就业的有关政策方针、有针对性地对应届毕业生进行求职技巧的指导、引导毕业生根据国家和社会发展需要，结合个人专业等实际情况进行择业选择，帮助毕业生通过就业指导准确定位、合理择业。

（二）平等推荐权

向用人单位推荐毕业生是高等学校在就业工作中的一个重要职责。通过以往的工作经验表明，学校的推荐能够有效反映学生在校表现情况，很大程度上影响到用人单位对毕业生的选择。平等推荐权主要包括以下几个方面内容。

1. 真实

高校在对毕业年级学生进行推荐时，应该实事求是，根据毕业生本人的实际情况向招聘单位进行详细介绍和推荐；不能故意贬低或随意抬高学生在校表现。

2. 公正

学校对毕业年级学生进行推荐应做到公平、公正，应给每一位毕业生以公正的就业推荐机会，不能厚此薄彼。

3. 择优

学校根据毕业生的在校表现，在公正、公开的基础上，应该进行择优推荐，用人单位录用毕业生也要从始至终坚持择优标准。真正体现优生优分、因材推荐、学以致用、人尽其才，最大限度提高学生就业的积极性和主动性。

（三）信息知情权

信息知情主要指所有就业相关信息的公开、信息畅通、信息全面等方面。就业信息是毕业生成功就业的重要前提条件，学校的就业指导主要部门应该真实、全面地向应届毕业生提供就业岗位等相关信息。这些信息包括但不限于：用人单位的岗位需求信息；所选单位基本情况介绍、工作安排、福利待遇等情况；对国家就业政策、就业形势做到解释清楚、分析到位。

（四）自主选择权

参照国家相关规定，实行招生并轨改革后的高校应届毕业生，可以参照国家就业方针政策自主择业，指毕业生只要符合国家的就业方针和政策，就可以结合毕业生的自身情况自主与用人单位协商，毕业单位要求学校予以公正推荐，直至毕业生签订就业协议，学校、其他单位和个人均不能干涉学生自主选择权。任何将个人意志强加给毕业生或强制毕业生到某单位就业的行为都是侵犯毕业生选择权的违法行为。

（五）公平待遇权

用人单位在录用毕业生的过程中，应当公平、公正，保证一视同仁。《中华人民共和国劳动法》第十二条规定："劳动者就业，不因民族、种族、性别、宗教信仰不同而受歧

视。"第十三条规定："妇女享有与男子平等的就业权利。在录用职工时，除国家规定的不适合妇女的工种或者岗位，不得以性别为由拒绝录用妇女或者提高对妇女的录用标准。"公平的录用权是毕业生就业需要得到维护的重要表现，任何凭借个人关系、走后门及性别歧视等行为都是对大学毕业生平等待遇权的侵犯。

（六）违约求偿权

毕业生的就业协议一经签订，毕业生、用人单位、学校三方都应严格履行，任何一方不得因不合理因素擅自毁约。任何一方提出变更或者解除协议，均须得到另外两方的一致意见，提出申请的一方应承担违约责任。如果用人单位无故要求解除已签订的就业协议，毕业生有权要求对方履行约定条款，如不能按要求执行协议，毕业生有权要求用人单位支付规定的违约金，根据违约的情况进行合理补偿。

二、试用期内的权益保障

《中华人民共和国劳动合同法》（以下简称《劳动合同法》）虽未明确禁止用人单位和劳动者之间约定试用期以外的见习期、熟练期等期间，但该法具有为劳动者设立劳动基准的立法价值，用人单位和劳动者不得降低劳动基准，做出免除用人单位法定责任、排除劳动者权利的约定。

现阶段，劳动者与用人单位在劳动合同中约定见习期的，法院应当对见习期权利义务的约定进行审查，该见习期属于用人单位和劳动者为相互了解、选择而约定的考察期的，应当认定约定的见习期即具备试用期的性质，应当按照试用期的相关规定进行审查。用人单位通过约定见习期等方式，降低法定劳动基准、损害劳动者权益的，应认定属于违反《劳动合同法》关于试用期的规定，按照《劳动合同法》关于试用期的规定确认双方的权利义务关系。

关于见习期有以下几点规定。

（1）见习期制度是用人单位对刚接收来的高校应届毕业生有计划、有组织、有目的地进行考察、锻炼，进而在思想、业务等方面给予指导和帮助，使毕业生尽快适应工作需要的制度。

（2）国家对见习期的时间长度明确规定为一年。见习期满后，经所在单位考核合格的办理转正定级手续，转正定级表归个人档案。考核不合格的，可延长见习期半年到一年，延长见习期仍不合格的，按定级工资标准低一级待遇。表现特别不好的，可予以辞退。

（3）见习期是强制性的，毕业生必须经过见习期才能转正定级。

（4）见习期执行见习期工资标准。见习期工资应不低于最低工资标准，具体工资标准由相关人事关系的法规、规章、规范性意见所规定。

三、劳动争议中的权益保障

毕业生在求职择业及上岗成为新职业者的过程中，依法享有不容侵犯的就业权益。但是在现实中，毕业生的就业权益经常受到有意或无意的侵犯，既损害了毕业生的利益，挫伤了毕业生服务社会的积极性，也影响了毕业生的职业发展前程。因此，大学生在求职与见习的过程中，应该时刻注意对自身合法权益的维护，以便能够顺利择业，愉悦上岗，并在将来的事业上有所建树。

（一）学习劳动法规

我国的《中华人民共和国劳动法》《企业劳动争议处理条例》及各地方性的劳动合同管理规定，是调整劳动关系、签订劳动合同、解决劳动争议的最基本也是最常用的法律法规，毕业生在实际就业之前应对这些法律常识有所了解。"法盲"是侵权者最为青睐和觊觎的猎取对象。

（二）重视劳动合同

如何签订劳动合同，关系到毕业生在实际就业过程中合法权益能否得到充分的保障。首先，要及时签订。到单位报到后，毕业生应尽快与用人单位签订劳动合同，使双方的劳动关系能以法律的形式确认，使劳动者的合法权益能得到及时的保护。其次，要逐条细看。对劳动合同的内容，要仔细分析，权衡利弊，切忌盲目签字。对模糊词句要提出疑问，对不平等条款要敢于指出，对不公平合同要坚决拒签。最后，要保存证据。签订劳动合同后，毕业生也要持有一份合同，作为享受权利、履行义务及处理劳动争议的依据。

（三）善用救济方式

掌握合法的维权手段是解决合法权益受损最有效的途径。一旦在实际就业中合法权益受到侵犯，应该积极运用法律武器，通过申请调解、仲裁、诉讼等合法途径，维护自己的正当权益。而对于用人单位一般的违规行为或争议不大的问题，劳动者可以先与用人单位协商，也可以向该单位所在的区县劳动保障监察机构举报，让劳动保障监察部门对其进行监督检查和处罚。如果毕业生在实际就业中遇到劳动保障方面的问题，还可以及时拨打全国统一的劳动保障公益服务专用电话——12333，咨询劳动保障的政策，获取有关的信息，更好地维护自己的合法权益。

课堂活动

小纪大学毕业后进入一家机械公司工作，双方在劳动合同中约定的试用期为2个月。小纪上岗后的第5天受到事故伤害，要求公司向他给付工伤待遇。可是，公司说他还在试用期，工伤保险尚未缴纳，无法享受工伤待遇。那么，公司这种说法对吗？请你帮帮小纪，解决面临的困惑。

📚 **导师点拨**

试用期内的员工与正式员工的基本劳动权利是一致的。劳动者从试用之日起就是单位的职工，与正式员工一样享有劳动报酬权、休息休假权、职业安全权、社会保险权、解约权、经济补偿权等。就工伤保险而言，无论劳动者是否处于试用期，以及用人单位是否已为其缴了工伤保险费，只要发生伤害事故，通过工伤认定和鉴定，劳动者就有权享受工伤待遇。本案中，小纪可以自行向人力资源和社会保障局申请工伤认定。一旦工伤认定成功，机械公司应当按照《工伤保险条例》规定的项目和标准向小纪支付相关费用。

毕业生一方面享有国家就业政策、法律、法规所规定的权利，另一方面也应当履行自己应尽的义务，这些就业义务主要包括以下五点。

1. 回报国家与社会

我国宪法中规定，劳动对于公民来说，既是权利也是义务，是权利和义务的统一。对于高校毕业生而言，不仅要履行作为公民必须要履行的劳动义务，而且按照"得之于社会，还之于社会，报之于社会"的原则，高校毕业生在毕业后要积极地回报国家、社会和家庭，承担起自己应尽的义务。

2. 服从国家需要

虽然毕业生在择业过程中主要参考学生个人意愿，可以根据个人意愿影响选择用人单位，但作为当代大学生，上大学所要缴纳的学费占培养经费小部分，国家和社会为大学生的成才付出了很大代价。因此，大学生就业不仅仅单纯是个人行为，还要服从国家和社会的实际发展需要。

3. 如实介绍自己的情况

大学毕业生在求职择业过程中应如实地向用人单位介绍自己的情况，这不仅是基本的择业道德要求，也是应尽的义务。毕业生在填写推荐表，撰写自荐信，与用人单位洽谈介绍自己时，必须实事求是，不得弄虚作假。

4. 遵守和履行就业协议

毕业生与用人单位通过双向选择签订就业协议，以约束双方的行为。遵守协议是就业工作顺利进行的保证。一经签订协议，就不能随便违约，一旦违约，不仅影响学校正常的就业秩序，还会损害用人单位、学校和其他毕业生的利益。因此，遵守和履行就业协议是毕业生应尽的义务。

5. 按时到工作单位报到

《普通高等学校毕业生就业工作暂行规定》要求，毕业生办理完离校手续后，应按时到用人单位报到。如果自离校之日起，无正当理由超过三个月不去就业单位报到，或报到后拒不服从安排和提出无理要求被用人单位退回的，由学校主管毕业生就业部门批准，不再负责其就业。

生涯手册

案例分析：2000 年 2 月，刚大学毕业不久的小毕突然看到某外资企业登出了一则招聘广告，广告中写道："本单位录用的员工将送到国外培训半年至一年。"小毕毅然辞去原来的工作，顺利地进了新单位。加入新单位的小毕对工作充满希望，想通过积极的工作以得到重视，及时得到出国的机会。但是两年过去了，出国培训的事情依然没有动静，也没有听说哪位同事出国培训了。小毕找到单位负责人理论，单位应当履行在招聘广告中的承诺。单位负责人当面答应小毕一定会考虑。几天过去后，单位还是没有动静，小毕觉得自己两次出国都没有成功，用人单位实在欺人太甚，明明写好的条件单位却没有给予兑现，严重侵犯了自己的合法利益。

案例争议点：该外资企业在其应诉书中声称，单位与小毕的劳动合同中并没有规定单位具有送小毕出国培训的条款，因此单位没有此项义务，招聘广告中的条件并没有写进劳动合同中来，因此并没有法律效力。

最终，仲裁庭采纳了该外资企业的意见，做出裁决：小毕与该外资企业的劳动合同并没有规定公司应当提供送小毕出国培训的机会，因此公司没有此项义务。

招聘广告中的承诺，因为没有写进劳动合同中去，因此不具备法律效力，驳回小毕提出单位应当履行招聘广告中规定的义务的请求。

判决后，小毕百思不得其解，为什么公司写在招聘广告中的条件就不算数呢？

其实，许多企业为了能够找到本单位所需要的优秀人才，往往在招聘广告中或者面试中开出许多优惠条件，许多人便慕名而来，有的不惜辞职、承担一定的违约金、赔偿金等。至于用人单位在招聘广告中的承诺如果不能兑现，该如何处理，许多人心中并没有底。

拓展阅读：毕业生就业协议违约案例分析

拓展阅读：合同期限和试用期

拓展阅读：就业协议的签订和解除

拓展阅读：劳动合同签订注意事项

拓展阅读：山东两部门：保障新冠肺炎康复者平等就业权益

第十一章

破茧成蝶：实现从校园到职场的完美蜕变

知识目标：

1. 认识职场角色转化对职业适应的重要性。

2. 了解职业道德基本规范，掌握如何提高自身职业道德。

3. 了解职场适应对职场新人的重要意义。

能力目标：

1. 能够结合自身，打造良好的职业形象。

2. 能够增强职业道德修养，培养高尚的职业道德。

3. 结合职业生涯规划，做好职场适应。

素养目标：

1. 通过学习，调整心态，改变意识，谦卑务实，培养合作精神，提升职业素养。

2. 通过学习如何塑造良好的职业形象，提升形象礼仪。

👤 **知识链接**

第十一章数字资源库　　　　第十一章知识链接

第一节　从校园到职场

引导案例

第一份工作

小李，某职业学院文秘专业的毕业生，毕业时找到了一份在财经类媒体负责杂志活动和推广的工作，职位是大客户主管，核心工作是征订杂志，扩大发行量。他在工作中遇到的问题是杂志征订量太少，影响个人收入，很难过上期望的生活，而且他每个月还要给家里寄钱，工作和生活给他造成了双重压力。小李8月份进入这家单位，刚开始的时候制定了一个详细的营销方案，当时他满怀信心，将方案提交给领导后，领导满口答应，说一定尽力配合，但鉴于报社的工作程序复杂，此计划并没有按期有效执行。更多的还是和客户口头交流，而没有明确的书面文件。

小李改变策略，变被动为主动。因为小李知道报社工作流程慢，能自己做主就自己做主，尽量少和报社官方发生联系，但征订工作仍没有什么起色，小李仍拿着很低的底薪。家庭、生活、追求，下一份工作该何去何从，小李难以抉择。

案例思考

小李作为一个参加工作的职场新人，他的困境也是所有职场新人未来要经历的工作状态。小李在这份工作上的心态正是很多大学生从毕业到工作的状态的写照。我们应怎样及时调整自己、尽快适应职场的节奏，是每位即将毕业的大学生都应该去研究的课题。

案例启示

党的二十大报告中指出：实施就业优先战略。就业是最基本的民生。从校园到职场，大学生也许会经历种种的不适应，因为这是两种完全不同的文化。接受、适应职场文化，首先要完成自我角色的转变。从踏入新单位的那一天起，自己就不再是学生，而是一位职场中人，在新环境中要懂得融入新的团队。作为一名新人，对未知的工作世界，也要保持谦卑、好学的态度，就像刚入大学校门的时候，一切都是全新的学习。做好职场新人，相信自己能完成从"校园人"到"职场人"的完美蜕变。

一、校园与职场的区别

就业是最大的民生，从"六稳"到"六保"，就业问题均居首位。国务院办公厅《关于进一步做好高校毕业生等青年就业创业工作的通知》明确要求多渠道开发就业岗位，提供更多适合高校毕业生的就业岗位。因此，在发挥好政府政策性就业保障作用的同时，要从长远解决就业问题，还要注重发挥高校与企业的沟通合作作用、社区对就业的引流疏通作用、平台经济对就业的吸纳作用、高校的人才储蓄池作用，搭建起全社会重视就业、解决就业问题的良好环境，切实拓宽大学生就业路径，多措并举促进高校毕业生就业。

从学生到职场人的角色转换是每个大学生必须经历的过程，也是重要的一次转折。学校和职场是完全不同的场所，理念、管理方式、人际交往方式等都有很大区别。学校的目标是培养人，学生在学校是学知识的，而职场需要把知识转化到实际的工作中，公司的目标首先是生存、是赚钱，然后才是培养人。因此，所有的企业都希望招到有工作经验的员工，都希望新员工能够"召之能来，来之能战"。学生在学校是被引领和被指导的，而在职场中，通常不会被主动引领或指导。很多毕业生毕业之前都会对自己的职业愿景过于理想化，而现实往往与他们所期望的落差比较大，常常会碰壁、会有一定的挫败感。另外，学校里的人际关系相对简单，而到了职场人际关系复杂多变，需要适应跟不同的人打交道。

(一) 角色的定位不同

学生角色是指在国家教育的支持和家庭经济的资助下，学习知识、培养能力、全面提高自身素质，努力成长为社会的合格人才。学生阶段，是人生中增长知识、发展智力、求学成才的关键阶段，大学生的中心任务是努力学习以专业知识为主的多方面知识，培养以专业能力为主的各种能力。因此，学生时代是一个接受教育、储备知识、培养能力的重要阶段。

职场人角色是指在某一职位上，以特定的身份，依靠自身知识和能力并按照一定的规范具体地开展工作，在行使职权、履行义务、为社会做出贡献的同时取得相应的报酬。职业角色的扮演者往往具有一定的基础知识和业务能力，能遵守相应的职业规范，履行一定的义务，并且取得经济上的独立。

大学生若不能及时转变思想观念和行为习惯，不能用职业的行为规范要求自己，不会运用所掌握的知识和才能，就不能很好地履行岗位职责，难以适应职业的规范要求。

(二) 承担的责任不同

学生以学习、探索为主要任务，在校园里不害怕犯错误，什么事情都可以去尝试，哪怕是错了，也不会造成太大影响，不用承担过多的社会责任。他们在学习方面可以依靠教师，在生活方面可以依靠父母，基本没有什么负担。

但成为职业人以后，为了适应社会，他们必须学会服从领导和管理，迅速适应上级的管理风格。如果在工作中犯了错误，他们需要自己独立地承担相应的责任。

(三) 面对的环境不同

不同的环境对人的影响不同。大学生在校园里基本上是寝室、教室、食堂三点一线简单的慢生活。学习时间可弹性安排，有较长的节假休息日，有教学大纲提供清晰的学习任务，学术上多鼓励师生讨论，以知识为导向，这样单纯的校园文化气氛使他们无拘无束、自由自在。

进入职场，面对快速的生活节奏，严格规定的上下班时间，不能迟到早退，经常会加班加点，工作任务急且重，也没有寒暑假，可自由支配的时间少，一切以创造经济效益为导向。人际关系复杂等一系列问题，交往对象也扩展到有各种经历、各种年龄、各种层次的人，同领导和同事的交往与在大学阶段的老师、同学交往不同，这就需要毕业生注意协调好各种人际关系，以适应新群体的要求。很多人由于缺乏实际工作经验，刚开始工作时往往不能得心应手，工作压力较大，这给他们心理上造成了一定的负担。

二、从学生到职场人的角色转换

正是学校和职场有如此大的差异，学生常常会因为一时难以适应职场而感到困惑、无助，这是很正常的。法国思想家狄德罗曾经说过："知道事物应该是什么样，说明你是聪明的人；知道事物实际是什么样，说明你是有经验的人；知道怎样使事物变得更好，说明你是有才能的人。"作为初涉职场的新人，虽然初出茅庐、不谙世事，但只要从零开始、主动学习、不怕挫折，就能很快适应职场。

（一）角色转换需要的准备

1. 心理上的转变

在学生时代，评价一个人，最重要的维度就是学习成绩，这是比较容易量化的。在职场中，面对的工作场景非常复杂，并不是所有的评价维度都能像学习成绩那样做到完全量化，难免要基于别人的反馈来进行评价，这就涉及自我认知和他人认知的差异。

增强心理承受能力，主动承担责任，话不能说太满，要给自己留后路。此外，学会从被动接受知识到主动探求知识，以及将"索取"的心态变成"贡献"的心态，也是成为职业人的关键。进入职场后，抱有一种从头学习的态度。这种态度帮助新人多观察周围同事是如何做事的，处理工作需要注意些什么，因此这种从头主动学习的态度是一定要建立的。一定程度上要降低对职场的期望值，不要期望单位会对一个实习生或刚毕业的学生委以重任，认真做好领导交代的每一个任务，哪怕这项任务微不足道，也要认真做好，把它当作一次了解单位、工作、领导、同事的契机，要把每项任务都当成考验自己的机会和自我成长的机会。

2. 思维上的转变

职场是以利益为导向的，要从封闭性思维转向开放性思维，从单一性思维转向多维性思维，从保守性思维转向创造性思维，不要陷入自负或自卑的误区。大学生要面对现实，重新定位，敢于实践，善于请教，才能把理论知识和实际工作有机地结合起来，最终赢得领导和同事的认可。

3. 能力上的转变

大学毕业生虽然具有比较扎实的基础知识和专业知识，但入职以后，仍然经常会遇到自己的工作和大学所学不一致的情况，这时自己往往要额外学习很多新的技能。除专业技能外，也要提高综合能力，如创新创造能力、组织沟通能力、抗压能力、适应能力等。职场中有晋升和淘汰机制，而且这个过程时刻都在发生。因此，大学生要根据职业的特点、性质、工作程序及其相互关系，不断学习新知识，增强自身素质和能力，提高工作技能和业务水平。同时，随着科学的发展和技术的进步，新的知识和技能不断出现，很多知识和能力需要在工作实践中去学习、锻炼和提高。大学生要虚心向有经验的领导和同事学习，学习他们观察问题、分析问题和解决问题的方法，提高自己的专业技能，才能逐步具备独立开展工作的能力。

在职场中，因为有晋升和淘汰机制，而且这个过程时刻都在发生。当个人的表现无法满足岗位要求的时候，企业会启动相应的淘汰机制。在应届生这个阶段，企业的宽容度也是最高的，如果在这个阶段都不敢挑战自己，不敢突破自己，那么有可能在整个职业生涯中就失去了展现自己的最好机会。

4. 人际关系的转变

在学校，大学生可以选择性地接触自己喜欢的人。但是在职场中，无论你是否喜欢对方，为了更好地融入整个团队，都需要积极地与他们建立良好的关系，特立独行只会使自己成为职场中的一个奇葩，最终被孤立、被辞退。在学生时代，核心是个人的自主学习与自我管理；而在职场，更注重团队精神，通过彼此分工协作，共同来推进一个任务的完成，并且任务的成果也会影响更高一层任务的进展，每个个体都是公司战略实现的一环。如何处理好和领导、同事的关系也是必须要去学习的重要一课。

(二) 角色转换过程中可能会出现的问题

1. 对学生角色的依恋

许多大学毕业生走上工作岗位后，怀着对学生时代的依恋，对全新的职业角色充满了畏惧。在角色转换过程中容易依恋学生角色，出现怀旧心理。经过十多年的读书生涯，对学生角色的体验可以说是非常深刻，学生生活使得每一位学生在学习、生活和思维方式上养成了一种相对固定的习惯。因此，在职业生涯开始之初，许多人常常会不自觉地把自己置身于学生角色之中，以学生角色的社会义务和社会规范来要求自己、对待工作，以学生角色的习惯方式来待人接物、观察和分析事物。

2. 对职场人角色的畏惧

面对新环境，一些大学生在刚走进新的工作环境时，不知道工作应该从何入手、如何应对，在工作中缩手缩脚，怕担责任、怕出事故、怕闹笑话、怕被领导批评、怕造成不良影响……于是工作上就放不开手脚，前怕狼后怕虎，缺乏年轻人的朝气和锐气。

3. 主观思想上的浮躁

对人才的理解不够全面和准确，认为自己接受了系统的高等教育，拿到学历，学到知识，已经是较高层次的人才了，轻视实践，眼高手低，在角色转换的过程中有时会表现出不踏实的浮躁作风和不稳定的情绪。一阵子想干这项工作，一阵子又想干那项工作，不能深入了解工作性质及工作技巧。中国经济网的数据显示，近八成职场人有过裸辞的想法，其中超七成职场人真的把裸辞付诸行动。很多人就职很长时间后还不能稳定情绪，不能进入职场人角色，反而认为单位有问题，没有适合自己的职位。事实上，如果不能静下心来踏踏实实地学习、适应工作，不管什么样的单位都不会适合。

4. 客观能力上的不足

大多数毕业生的工作能力与企业的期待存在明显差距。企业看中的是个人的综合能力，包括适应能力、分析解决问题能力、沟通能力、专业能力、创新能力、团队协作能力和学习能力等。在学校学习是一个把知识装进脑袋的过程，也不用想着怎么运用，因而专业知识掌握不牢靠，很多概念只是听过但不理解等。此外，在学校期间，学习任务主要是靠自己独立完成，致使许多人团队协作能力不足。

（三）解决问题的对策

1. 调整心态，热爱工作

调整就业心态，做好心理准备是角色转换的基础。过硬的职业技能对职业成功固然重要，但充分的心理准备更是不可缺少的，因此毕业生要有"抗挫折"的心理准备。一般来说，事业不会是一帆风顺的，如果心理准备不足，就会产生过激情绪，影响自身工作状态，甚至会连累整个团队的工作进度。因此，要提前调整心态，充分做好心理上的"受挫准备"。在事业顺利的时候不沾沾自喜，在事业失意时不自暴自弃，这是事业成功者的必备素质。

"兴趣是最好的老师"，培养职业兴趣，热爱本职工作是角色转换的前提。刚刚走上工作岗位的大学生，应当尽快地从学生学习生活的模式中解脱出来，全身心地投入工作岗位中去。如果"身在曹营心在汉"，经过几个月还静不下心来，不仅对角色转换不利，而且会影响职业兴趣的培养和工作成绩的取得。

2. 虚心学习，勤于思考

虚心学习知识，提高工作能力是角色转换的重要手段。一个人在校期间学习到的东西毕竟是有限的，尤其是随着科技的发展进步，新的知识技能不断涌现，很多知识和能力需要在工作实践中去学习、锻炼和提高。大学毕业生在校期间虽然学到了不少知识和技能，但面对全新的职业，还需要像小学生那样从头学起，虚心向有经验的领导和同事学习，不断丰富自己的专业知识，提高自己的专业技能，最终达到自我完善。

勤于观察思考、善于发现问题是角色转换的有力保障。大学毕业生进入职业角色，只有善于观察思考，才能发现问题。只有运用自身掌握的知识去努力解决问题，掌握大量的第一手资料，分析研究职业对象的内部规律，才能培养自己的独立见解，逐步具备独立开展工作的能力。

3. 规划职业，勇于担当

正确合理的职业生涯规划是事业取得成功的关键因素。在进行自己的职业规划时，要客观衡量自身的能力，不能好高骛远、眼高手低。此外，要结合自身的专业知识及能力为自己的职业生涯进行合理的规划。有了职业规划，就有奋斗目标，对未来就有了希望。同时，为实现这一目标，要不断地努力奋斗，掌握更多的专业知识，不断地提升自身技能。

勇于担当、乐于奉献是完成角色转换的重要标志。大学毕业生走上工作岗位以后，应当从一开始就严格要求自己，树立主人翁意识，增强社会责任感，培养无私奉献的精神，任劳任怨，不计较个人的得失，努力承担岗位责任，主动适应工作环境，促使自己更好、更快地完成角色转换。

4. 正视评价，主动沟通

从踏入新的工作单位的大门起，必然会受到新群体评论，这是在新的环境中，以新角色的要求对新人做出的新的估价。要想了解自己的表现是否符合角色的要求，对自己的行为做出较准确的判断，都要借助于这些评价。一个人如果仅凭自我感觉来认识自己是不行的。当别人提建议时，要好好分析自己身上是否真的存在他人所说的问题，如果建议合理，要学会采纳。

作为公司的新人，面对陌生的环境与面孔，要主动与同事和上级打招呼，在空闲之余主动协助同事工作，一份善意不仅有助于表现自己的亲和力，更可以创造工作沟通交流的机会，深化对职场的感知。此外，要深思熟虑后再说话，切忌情绪化宣泄，确保言语得体和信息传达准确无误。工作时采用30秒电梯沟通法则，结构化思考，找到核心问题，并准确描述，避免无效沟通。"静坐常思己过，闲谈莫论人非"，有任何问题，都要将直接沟通视作第一选择，而非在背后论人长短。

总之，初涉职场的大学生，只有充分认识自己，知道自己的优点与缺点、所适与所不适，在这样一段特殊的转换时期内保持一颗学习上进的心，完成角色的转变其实并不难。不论遇到什么困难，都不要对自己失去信心，认真地对待生活。

🧑‍🏫 课堂活动

讨论

1. 活动说明

通过案例，联系实际进行课堂讨论。

徐聪是刚从学校毕业应聘到互联网公司的学生，由于经验不足，能力欠缺，在工作中出现了失误，受到领导的严厉批评，他很恼火，工作中产生了抵触情绪。

同事问他："你为什么不开心？"

他说："今天被领导骂了。"

同事又问："你是不是什么工作没做好呀？"

徐聪回答说："即便工作没做好，他也不应该对我这样的态度，至于吗？多大点儿事儿啊？"

你认为徐聪的做法对吗？你认为如何完成从学生到职场人的转变？

2. 讨论与分享

进入职场要端正态度，不要眼高手低，调整好心态，正确认识自我。多观察、多了解、多学习、多沟通，让自己融入职场，主动调整自己适应环境、适应职场的节奏，增强抗挫折的能力。

生涯轶事：理想与现实的有机结合

导师点拨

如果把社会比作"大舞台"，那么每个人就是其中的"演员"，在社会的舞台上扮演着特定剧目中属于自己的社会角色。人的社会角色在不同的时期、不同的场合需要进行不同的转换，就像演员只有进入角色才能演好戏，人们在属于自己的职业中扮演好自己的角色才能取得职业上的成就。与学校里的学生、生活中的休闲者、家庭中的持家者不同，职业者要明确好自己的角色定位。任何一位刚踏入职场的新人都会对自己职业的未来持有梦想，期待自己经过若干年努力工作后能达到一定的事业高度，如有人梦想成为一名出色的建筑师，有人会梦想成为知名外企的财务总监，有人梦想能拥有属于自己的企业。然而，仰望星空的同时，也需要脚踏大地，立足当下。应明确在职业发展过程中的每一阶段应扮演好什么角色，要做些什么，以便为自己的将来打下坚实的职业基础，为实现美好的愿景做好充分的准备。

第二节　职场形象

引导案例

一团废纸带来的损失

小张是某公司的员工，某天正好去财务部窗口领工资。在等候的时候，他随手把手中捏着的一张无法报销的票据揉成团扔在了地上。

其他部门的同事看见了，心里说："那个×××部门的人素质真差！"

恰巧此时有位顾客来财务部交定金，他看到小张把纸团扔在地上，心里想："这个公司的员工如此行事，他们做的东西质量会好吗？售后服务会有保障吗？还是先别交定金了吧，回去再斟酌斟酌！"

生产部经理陪着几位外商参观公司，正好路过这里，地上的纸团没有逃过大家的眼睛，结果外商指着纸团问老板："这样的员工，能做出符合质量要求的产品吗？"本来不费吹灰之力便能扔到垃圾桶里的一小团废纸被当作借口，导致公司失去了数百万元的订单。

◈ 案例思考

在职场中，个人的行为举止不仅仅代表着本人，还代表着工作的部门、所属的公司、所属的集团，甚至代表集团所属的地区及我们的国家。

◈ 案例启示

从案例中我们得到启示，良好的职场形象会帮助个人获得好的印象、赢得更多成功的机会，因此，良好的职场形象、得体优雅的装束，会提升和优化你的职业生涯。

孔子曾经教导他的弟子"不知礼，无以立"。就是说知礼是一个人安身立命的重要素养，不知礼就无法立足于社会。我国拥有数千年的历史文明，在历史的长河中积淀了优秀的礼仪文化，这些文化直到今天依旧在影响着人们的一言一行。在现代职场中，职场礼仪和形象具有重要的意义。就个人形象而言，好的个人形象反映了每个人的个人修养，同时，好的职场形象能带给人更多的职业机会，也能提高人的核心竞争力。

一、职场形象概述

（一）职业形象的定义

职业形象是个人形象和所从事职业的特有形象结合的体现，以及特定的组织文化背景和职业素养在行为和仪表方面的体现。职业形象，也是一个人内在品质的外部反映，它是反映一个人内在修养的窗口。在现代职场中，做好个人形象不仅是工作要求，更是体现了每个人对于职业的认可程度，体现了自身在职业上体现出来的素养。例如，原通用电董事长杰克·韦尔奇就经常查看企业职员的照片，看到那些睡眼惺忪、耷拉着脑袋、肩膀低垂的人就会毫不犹豫地指出来，还常以应聘者的外表来决定是否录用。由此可见，培养、塑造良好的职业形象与职业素养，对人生的成功至关重要。

（二）职场形象的重要性

1. 得体的塑造和维护职场形象，会给初次见面的人以良好第一印象

外在职业形象包括发型、着装、表情、言谈举止、待人接物、女士的化妆及饰品等的得体修饰。良好的职场形象不仅可以有效地展现一个人的教养、风度、气质和魅力，还能体现一个人对社会的认知水平，以及个人的学识、修养和价值。

2. 职场形象代表着企业形象

职业礼仪渐渐成为企业的必修课。服饰礼仪是人们在交往过程中为了表示相互的尊重与友好，达到交往的和谐而体现在服饰上的一种行为规范。只有当一个人真正意识到了个人形象与修养的重要性，才能体会到个人形象带来的机遇有多大。

3. 职场形象是有效的沟通工具

俗话说"人靠衣服马靠鞍"，商业心理学的研究表明，人与人之间的沟通所产生的影响力和信任度，是来自语言、语调和形象三个方面。它们的重要性所占比例是：语言占7%；语调占38%；视觉（即形象）占55%，由此可见形象的重要性。服装作为形象塑造中的第一外表，会成为众人关注的焦点。在当今激烈竞争的社会中，一个人的形象远比人们想象的更为重要。

一个人的形象应该为自己增辉，当形象成为有效的沟通工具时，那么塑造和维护个人形象就成了一种投资，长期持续下去会带来丰厚的回报，让美的价值积累。

千里之行，始于足下。打造良好的职场形象和锤炼职场修养绝非一日之功，塑造良好的职场形象并不仅仅是为了追求外在的美，而是为了辅助求职的成功，以及日后事业的快速发展，充分传递出自己的自信和专业。从这个意义上说，良好的职场形象已成为大学生成功求职和走向职场的一种不可缺少的战略和武器。以良好的职场形象给招聘方以全新而良好的感受，让他们相信这是他们最合适的人选，就能够成功推销自己；而在职业生涯中，能够有效地展示出一个与期待的职位相符的形象，展现出一个自信、有潜力、值得信任的形象，就能得到更多、更好的机会，赢得更大的发展空间。

二、塑造职场形象

（一）仪容整洁

一个人的职业形象，并不仅仅是衣服着装，仪容形象也是很重要的一方面。仪容的整洁应该注意以下几个方面。

1. 发型要求

（1）女士：不要留怪异的发型，头发帘尽量不要长过眉头，挡住眼睛。长发女士尽量将头发盘起，不要披头散发。

（2）男士：男士的发型发式标准就是干净整洁，要注意经常修饰、修理。头发不应该过长，前部的头发不要遮住眉毛，侧部的头发不要盖住耳朵，后部的头发不要长过西装衬衫领子的上部，头发不要过厚，鬓角不要过长。

2. 面部修饰

（1）男士：面容清爽干净；如没有特殊的宗教信仰和民族习惯，原则上是不提倡留胡子的，应该养成每日剃须的习惯；男士在商务活动当中经常会接触到香烟、酒等有刺激性气味的物品，要随时保持口气的清新。

（2）女士：女士在正式的职场交流场合面部修饰一般应该以淡妆为主。在正式的职场交流中不能浓妆艳抹，也不应该一点妆也不化。化太浓的妆可能会引起职场人的误解。而不化妆的话不仅让人感觉不被尊重，也是很不职业的体现。

（二）着装得体

着装对一个人的形象有着至关重要的作用。在商务礼仪中，着装方面有以下相关要求。

1. 服装穿着要求

合体合身；切忌杂乱；忌残忌破；忌污忌皱；忌衣冠不整。

2. 服饰的"TPO"原则

Time（时间）：着装应该根据约会的时间而定，如正餐或晚宴，就应该是两种不同的服饰。

Place（地点）：穿着也必须跟约会的地点来搭配，正式场合或者运动场合肯定要进行不同的搭配。

Occasion（场合）：根据场合选择服装，不管是会议场合还是宴会场合，都应该要知道什么场合应该搭配什么样的衣服。

在商务衣着中，应该做到服饰的应时，应景，应事，应己，应制。

3. 男士着装规范

（1）西服礼仪。

①三色原则：穿西装时，全身的颜色是不能多于三种的，包括上衣、下衣、衬衫、领带、鞋子、袜子在内，全身颜色应在三种之内。

②三一定律：重要场合穿西装套装外出的时候，鞋子、腰带、公文包是一个颜色，首选黑色。

③西装穿着三个禁忌：袖子上的商标没拆；忌穿夹克打领带；不穿白色和尼龙丝袜。

（2）西装：西装一定要笔挺，颜色以黑色、藏青、深蓝、灰色和米色为主，不要穿白色、红色或绿色的西装。新西装袖口的标签要拆掉。一般穿西装只扣第一个扣子，如果是三个扣的西装，可以扣前两个扣子，坐下时应解扣，站起后应随手将扣系上。

（3）衬衣：衬衣要干净、整齐，尽量不要穿带有明花、明格的衬衣，最好穿质地好的长袖衬衣；浅颜色衬衣不要太薄；袖口、领口要干净、平整；袖口要系好，袖子应比西装的袖子长出一厘米，并能盖住手背；领角有扣的衬衫即使不打领带也要扣上；不打领带时，衬衣第一个扣子要解开；不要穿太旧、起泡或起球的衬衣。

（4）领带：领带的颜色不要浅于衬衣，尤其不要黑衬衣搭配白领带；不要戴怪异的领带（如皮的、珍珠的）；除本公司统一配置领带外，最好不要戴印有其他公司名称的领带；领带下摆应长过皮带扣少许；穿毛衣或马甲时，领带应放在毛衣、马甲的里面即贴住衬衣。

（5）腰带：一定是深色皮腰带，腰带扣不要太花，不可系其他色腰带，也不能太旧。

（6）裤子：裤子不得有褶，要有裤线，不要太短，应盖住鞋面。

（7）皮鞋：男士的皮鞋应以深色为主，如黑色、棕色或灰色，不要穿太陈旧的皮鞋，要干净，跟不要太高。

（8）袜子：应穿深色质地好的袜子，如棕色、深蓝色、黑色或灰色，不要穿质薄透明的袜子，尤其不能穿白袜子和尼龙丝袜。

4. 女士着装规范

（1）商务着装要求五不准（职业套装 / 裙装）。

①一种裙子不能穿 —— 黑色皮裙。

②正式高级场合不光腿。

③鞋袜要配套。

④残破袜子不穿，应随身带备用袜。

⑤袜子长度，避免出现三节腿（裙袜间有空白）。

（2）装饰要求。

原则一：符合身份。不戴有碍于本职工作的首饰；不戴展示财力的珠宝首饰；不戴展示性别魅力的饰品。

原则二：同质同色。

原则三：以少为宜。数量不超过两件。

（3）鞋了的要求：不穿鞋跟过高、过细的鞋，不穿前不露脚趾后露脚跟的凉鞋，穿正装凉鞋。

三、熟悉职场礼仪

一个举止端庄大方、谈吐优雅不俗的人，给人第一印象总是良好的，这本身就是一种吸引力量，使人愿意与之继续交往，并对其言行多从好的方面设想、解释。这就有助于双方建立良好的人际关系。

（一）引导与介绍礼仪

用右手（四指并拢伸直，手心向上，拇指向手心）引导方向。

介绍的顺序：职位低的介绍给职位高的；晚辈介绍给长辈；公司同事介绍给客户；非官方人士介绍给官方人士；本国同事介绍给外国同事；男士介绍给女士；未婚的介绍给已婚的。

（二）奉茶礼仪

茶水不要倒得过满，以八分满为宜。

两位以上访客时，需用茶盘同时端出，水温不宜过烫，如茶品需开水冲泡，用右手从客人右方奉上时，需提示客人："这是您的茶，水热请慢用。"

奉茶的顺序是按职位高低顺序先给来客，然后再按职位高低给本公司同事。

茶杯杯耳的握柄要朝着客人的右边。

（三）行进礼仪

1. 平面行进

平面行进过程中，具体位次如下：

（1）两人横向行进时，内侧高于外侧。

（2）多人并排行进时，中央高于两侧。

（3）纵向行进时，前方高于后方。

2. 上下楼

（1）上楼时，客人在前（客人不熟悉路时，主人在客人左前方，距客户1米到1.5米，侧身面对客人，右手引领方向）；下楼时，客户在后。

（2）将内侧（靠墙一侧）让给客人。

3. 出入房间顺序

（1）客人或职位高者先行。

（2）首次到陌生房间，陪同人员先入房间。

4. 乘电梯

（1）无人操作电梯，陪同人员先进后出。

（2）有人操作电梯，陪同人员后进后出。

（3）扶梯，客人先行，单向靠右。

（四）握手礼仪

（1）握手顺序：上级在先；主人在先；长者在先；女士在先。

（2）时长：用右手3～5秒，上下微摇。

（3）力度：适中，稍用力代表热情和活力。

（4）神态：目视对方面带微笑，身体微前倾。

（5）忌讳：戴手套与他人握手，应脱下手套。

（五）名片礼仪

（1）接递名片的顺序：下级或访问者先递名片，先被介绍方递名片。

（2）名字面向客人双手送出。

（3）接名片时，应双手接名片，轻声读出对方姓名或职位，并回送自己的名片。

（4）应将收到的名片及时收放到名片夹中，牢记对方的姓名和职位。

（5）忌讳：在手中把玩他人的名片或弄折；先于上司向客人递名片。

（6）会客或外出参加交流会前，先查看自己的名片数量是否够用。

（六）会议礼仪

1. 座次排序基本规则

以右为上（右手为尊）、居中为上（中位为尊）、前排为上（前排为尊）、面门为上（面向门为尊）、以远为上（远离门为尊）。

2. 谈判座次安排

（1）大型会议。主席台面门设置，主席台位次居中为上，以右为上，前排为上，主持人可在前排正中，也可在前排最右；发言席设在主席台正前方，或在其右前方。

（2）双边谈判。谈判桌若横放，面门位置为客方，背门位置为主方；谈判桌若竖放，以进门方向为准，右侧为客方，左侧为主方；主谈人员在自己一方居中而坐，其他人遵循右高左低原则，按职位高低自近向远，在主谈人员两侧就座；翻译人员就座于仅次于主谈人员的右边位置。

（3）多边谈判。各方自由择位，面门位置设主位，发言者到主位发言，其他人面向主位，背门而坐。

3. 谈判签字座次安排

（1）双边签字。签字桌一般横放，签字者面门面坐，宾右主左；参加者列队站在签字者之后，中央高于两侧，右侧高于左侧。

（2）多边签字。签字桌横放，面门位置仅设一个签字位，签字者按一定顺序签字（如按姓名的笔画顺序、职位顺序或国别英文字母顺序等，以保证公平为准）。

（七）乘车礼仪

1. 商务面包车

中前部靠近门的位置为上位。

2. 吉普车

前排副驾驶位为上位。

3. 双排小客车

关系好，主人亲自驾车，前排副驾驶位为上位。

专业司机驾驶，一般商务事宜，后排右侧靠门位置为上位。

职业司机驾驶，接送高官或知名人物，有私密性要求，后排左侧司机正后位为上位。

4. 与他人共乘车座位排序

主人自驾车时：前排右侧是第一位，后排右侧靠门是第二位，后排左侧靠门是第三位，后排中间是第四位。

专业司机驾驶时：后排右侧是第一位，后排中间是第二位，后排左侧是第三位，前排右侧是第四位。

5. 乘火车座位排序

面向火车行进方向，以走廊右侧的四个座位为例，正座靠窗为第一位，反座靠窗为第二位，正座靠窗位左侧为第三位，反座靠窗位右侧为第四位。

（八）宴会礼仪

1. 宴会座次排序

（1）排序原则。面门为上，以远为上；居中为上，居右为上；临台为上，开阔为上。

（2）桌次分布。以主桌位置作为基础，同等距离，右高左低；同一方向，近高远低；主位位置，各桌同向。

2. 中餐座次排序

（1）排序原则。以远为上，面门为上；以右为上，以中为上；观景为上，靠墙为上。

（2）座次分布。面门居中位置为主位，主左宾右分两侧而坐或主宾双方交错而坐，越近首席位次越高，同等距离，右高左低。

3. 西餐座次排序

女士优先、恭敬主宾（男女主宾分别近靠女主人）、以右为尊（男主宾坐女主人右侧，女主宾坐男主人右侧）、距离定位（距主位近，地位越高）、面门为上、交叉排列（男和女，生人和熟人）。

4. 中西餐用餐礼仪

（1）西餐：左手叉，右手刀；刀叉合拢放盘内，以示吃完；如未吃完，则摆成八字或交叉置于盘上，刀口向内；除喝汤外，不用匙进食；口内塞满食物时不说话。

（2）中餐：不发出令人生厌的声音；不用筷子指人；不站起来夹菜；不挑肥拣瘦；不灌他人特别是女士喝酒；夹易掉的菜用餐盘接；用公筷给他人夹菜；给他人夹菜或自己抽烟最好征求他人意见；用餐时不谈论令人作呕的事。

（3）自助餐：吃多少拿多少，不浪费；不混用菜夹。

（九）办公室礼仪

1. 电话礼仪

（1）打电话。

①避免在午休和下班时间打公务电话。

②电话通后先确认对方的身份，并询问对方说话是否方便。

③以微笑的语调讲话。

④他人打电话时，保持安静。

（2）接电话。

①铃响三声接电话，如延迟，要向对方道歉。

②自报姓名，微笑语调接听，音量以不影响同事，对方能听清为宜。

③口中不吃东西。

（3）转电话。

①清楚询问来者身份，并转告接电话的人。

②过滤电话时，用词礼貌。

③对方有留言时，重复对方讯息，写留言条贴于同事桌上，或电话通知同事。

④代为他人处理事情，留下自己姓名，告知同事处理内容和结果。

（4）挂电话。

①确认对方已经挂电话后，自己才挂。

②轻放电话。

2. 手机礼仪

（1）先打客户固话，无人接听时再打手机。

（2）未征得同事同意，不将同事手机号告知他人。

（3）手机铃声音量以不影响他人工作为宜。

（4）手机铃声内容文明。

（5）开会或培训时，将手机关闭或置于震动挡。

（6）保密事宜，宜用手机在避开他人的地方拨打或接听。

3. 邮件礼仪

（1）主题用中文短语，不应空置或用英文。

（2）当天的邮件当天回复，当天不能解决的问题，给对方一个解决问题的最后时间承诺。

（3）每封邮件都应有一个回复，"收到，谢谢！"或"已处理，谢谢！"或进行邮件的自动回复设置。

（4）对外正式邮件，应于邮件最后插入个人名片。

（5）仔细检查邮件录入内容是否正确及是否挂附件后，再发送邮件。

（6）应于邮件抬头向收件人问好，最后感谢或祝好。

（7）不发送附件过大的邮件或通过邮件发送保密文件。

4. 办公室言行礼仪

（1）不在外兼职。

（2）遵守保密规定。

（3）公司财、物不挪作私用。

（4）对同事或客户一视同仁，不卑不亢。

（5）不发展公司内部的办公室恋情。

（6）不私下相互间谈论薪酬。

（7）不对同事品头论足或探问他人隐私。

（8）不乱传小道消息。

（9）不随意向客户进行不确定的承诺。

🗣️ **课堂活动**

讨论

1. 活动说明

结合案例，讨论职场形象应该注意什么？

一次某公司招聘文秘人员，由于待遇优厚，应聘者很多。中文系毕业的小张同学前往面试，她的背景材料可能是最棒的：大学四年，在各类刊物上发表了三万字的作品，内容有小说、诗歌、散文、评论、政论等，还为六家公司策划过周年庆典，英语表达也极为流利，书法也堪称佳作。小张五官端正，身材高挑、匀称。面试时，招聘者拿着她的材料等她进来。小张穿着迷你裙，上身是露脐装，涂着鲜红的唇膏，轻盈地走到一位考官面前，不请自坐，随后跷起了二郎腿，笑眯眯地等着问话。三位招聘者互相交换了一下眼色，主考官说："张小姐，请回去等通知吧。"她喜形于色："好！"挎起小包飞跑出门。

问题：小张能等到录用通知吗？为什么？假如你是小张你打算怎样准备这次面试？

2. 讨论与分享

小张等不到录用通知的原因如下：

第一，衣着。面试的时候应该穿正装，最好是带有职业性质的服装或套装。

第二，面容。面试的时候化装是对对方的尊重，但是一般是以淡妆为主，涂有一定颜色的唇彩，让人觉得自己精神就行，不需要太艳丽的颜色。

第三，坐姿。坐下的时候，如果穿的是裙子可以选择两脚并拢往左边或右边斜着，这样既美观又落落大方；如果穿的是裤子而且又要跷脚，那么跷腿时把脚尖压下去，用脚尖对着别人是对别人的不尊重。

第四，行姿。走路不应该过急或过慢，尤其是面试有了一定结果的时候更不应该选择跑，这样给对方造成不好的印象，还有可能撞到其他人。

第五，笑。在礼仪中我们讲究的笑是露出八颗牙齿。这样既能表达笑又不觉得做作。

导师点拨

初涉职场的大学生，只有充分认识自己，知道自己的优点与缺点、所适与所不适，在这样一段特殊的转换时期内保持一颗学习上进的心，完成角色的转变其实并不难。最大限度地实现个人价值，并为社会做出贡献，因此，认识职业适应的规律，掌握职业适应的基本要求，主动、尽快地适应职业生活，对毕业生的成才和发展具有十分重要的意义。

第三节 职业道德

引导案例

北京晨报的一则报道说：一名公交车司机在行车途中突发心脏病猝死，临死前他用最后一丝力气踩住了刹车，稳稳将车停靠在路边，保证了车上二十多个人的安全，然后他才趴在方向盘上离开了人世。在他生命的最后一刻的这一举动，说明在他心里，时刻想到的是要对乘客的安全负责，他虽然是一个普通人，却体现出高尚的人格和职业道德。

📚 案例思考

案例中的公交司机虽然身处一个普普通通的岗位，但在岗一天，就认真负责地工作一天，负责乘客的通行，保障乘客的安全，将这种作风贯穿于自己终生的事业，爱岗敬业，甘于奉献。作为当代大学生，更应该树立良好的职业道德。

📚 案例启示

从案例中，可以看出公交车司机心中牢牢树立着全心全意为人民服务的宗旨，他热爱本职工作，有着强烈的为社会服务的责任感，一切为了群众、服务群众、保证群众的安全，竭尽全力地为社会做贡献，哪怕在生命的最后一刻也要保护乘客的安全，自觉自愿地为他人、为社会贡献力量。在社会主义精神文明建设中，要大力提倡和发扬奉献社会的职业道德。以这位公交司机为榜样，加强职业道德，做一个有责任有担当的合格的工作者。

一、职业道德概述

职业道德是指人们在职业生活中应遵循的基本道德，即一般社会道德在职业生活中的具体体现；是同职业活动紧密联系的符合职业特点所要求的道德准则、道德情操与道德品质的总和，它既是职业活动中的行为标准与要求，又是职业对社会所负的道德责任与义务。职业道德是职业品德、职业纪律、专业胜任能力及职业责任等的总称，属于自律范畴，它通过公约、守则等对职业生活中的某些方面加以规范。

(一)职业道德的作用

职业道德是社会道德体系的重要组成部分，一方面具有社会道德的一般作用，另一方面又具有自身的特殊作用。

1.调节职业交往中从业人员内部以及从业人员与服务对象间关系

职业道德的基本职能就是调节职能。它一方面可以调节从业人员内部的关系，即运用职业道德规范约束职业内部人员的行为，促进职业内部人员的团结与合作。如职业道德规范要求各行各业的从业人员，都要团结、互助、爱岗、敬业、齐心协力地为发展本行业、本职业服务。另一方面，职业道德又可以调节从业人员与服务对象之间的关系。如职业道德规定了制造产品的工人要怎样对用户负责；营销人员怎样对顾客负责；医生怎样对病人负责；教师怎样对学生负责等。

2. 有助于维护与提高本行业的信誉

一个行业、一个企业的信誉，也就是它们的形象、信用与声誉，就是指企业及其产品与服务在社会公众中的信任程度。提高企业的信誉主要靠产品的质量与服务质量，而从业人员职业道德水平高就是产品质量与服务质量的有效保证。若从业人员职业道德水平不高，很难生产出优质的产品与提供优质的服务。

3. 促进本行业的发展

行业、企业的发展有赖于高的经济效益，而高的经济效益源于高的员工素质。员工素质主要包含知识、能力、责任心三个方面，其中责任心是最重要的。职业道德水平高的从业人员其责任心是极强的，因此，职业道德能促进本行业的发展。

4. 有助于提高全社会的道德水平

职业道德就是整个社会道德的主要内容。职业道德一方面涉及每个从业者如何对待职业，如何对待工作，同时也就是一个从业人员的生活态度、价值观念的表现；是一个人的道德意识、道德行为发展的成熟阶段，具有较强的稳定性与连续性。另一方面，职业道德也是一个职业集体，甚至一个行业全体人员的行为表现，如果每个行业，每个职业集体都具备优良的道德，对整个社会道德水平的提高肯定会发挥重要作用。

（二）职业道德的特征

1. 职业性

职业道德的内容与职业实践活动紧密相连，反映着特定职业活动对从业人员行为的道德要求。每一种职业道德都只能规范本行业从业人员的职业行为，在特定的职业范围内发挥作用。

2. 实践性

职业行为过程，就是职业实践过程，只有在实践过程中，才能体现出职业道德的水准。职业道德的作用就是调整职业关系，对从业人员职业活动的具体行为进行规范，解决现实生活中的具体道德冲突。

3. 继承性

职业道德是在长期实践过程中形成的，会被作为经验与传统继承下来。即使在不同的社会经济发展阶段，同样一种职业因服务对象、服务手段、职业利益、职业责任与义务相对稳定，职业行为的道德要求的核心内容将被继承与发扬，从而形成了被不同社会发展阶段普遍认同的职业道德规范。

4. 具有多样性

不同的行业与不同的职业，有不同的职业道德标准。

总之，职业道德就是不同职业的人们可以形成共同的要求与道德理想，树立热爱本职工作的责任感与荣誉感。中国各行各业制定的职业公约，如商业与其他服务行业的"服务公约"、人民解放军的"军人誓词"、科技工作者的"科学道德规范"，以及工厂企业的"职工条例"中的一些规定，都属于社会主义职业道德的内容，在职业生活中已经发挥了巨大的作用。

二、职业道德规范

用社会主义核心价值体系领职业道德建设：引领职业道德建设的目标方向；确立职业道德建设的共同理想；保持职业道德建设的时代特点（爱国主义与改革创新是保持时代性关键）；体现对职业道德建设的原则指导。

（一）爱岗敬业

敬业，是中华民族的传统美德，是对所做工作持一种虔诚、恭敬、认真负责的态度。敬业是尊重、尊崇自己的职业和岗位，以恭敬和负责的态度对待自己的工作，做到工作专心，严肃认真，精益求精，尽职尽责，要有强烈的职业责任感和职业义务感。爱岗敬业包含四层含义：恪尽职守，勤奋努力，享受工作，精益求精。《公民道德建设实施纲要》中提出"五个要求"，爱岗敬业作为一种职业精神，是职业活动的灵魂，是从业人员的安身立命之本。在各种职业要求中，敬业是最根本、最核心的要求。

1. 爱岗敬业的重要性

（1）爱岗敬业是从业人员在职场立足的基础。

（2）爱岗敬业是从业人员事业成功的保证；是从业人员做好工作的前提；是人生的关键，是人生制胜的法宝；意味着工作和生活的乐趣。

（3）爱岗敬业是企业发展壮大的根本：促进企业效益提高；提升企业生产力水平；提高员工的工作绩效。

2. 爱岗敬业的特征

主动，务实，持久。

3. 爱岗敬业的要求

（1）强化岗位职业责任：了解职业责任；强化责任意识。

（2）坚守工作岗位，履行工作职责：遵守规定；履行职责；临危不退。

（3）提高职业技能：要勇于实践；要开拓创新。

敬业是职业道德的起码要求，从业人员必备的基本规范，是事业成功的必备条件。

（二）诚实守信

诚实是守信的基础，守信是诚实的表现。诚实守信是为人之本，是职业道德的基本要求。诚信，是企业集体和从业人员个体的道德底线。

1. 诚信的重要性

（1）诚信关系着企业的兴衰：诚信是企业形成持久竞争力的无形资产（生产经营要真实反映消费者的需要；产品必须货真价实；要认真履行承诺）；诚信是企业树立良好形象的需要（企业的良好形象是信誉积淀的结果）；诚信是企业组织绩效的保证。

（2）诚信是个人职业生涯的生存力和发展力：诚信是人的社会化的必需、是人们谋得职业的必需、是人们职业发展的必需。

2. 诚信的特征

通识性（普适性）；智慧性（在不改变诚信宗旨精神的前提下，说真话、办实事、守约定的诚信道德的表现方式可以是多样的，要审时度势，讲究方式和策略。要学会运用自己的智慧，驾驭诚信道德，做个正直而不圆滑、明智而不迂腐的人）；止损性；资质性（信誉）。

3. 诚信的要求

（1）尊重事实：坚持正确原则，不为个人利害关系左右；澄清事实，主持公道；主动担当，不自保推责。

（2）真诚不欺：诚实劳动，不弄虚作假；踏实肯干，不搭便车；以诚相待，不欺上瞒下。

（3）讲求信用：择业信用；岗位责任信用（忠于职守、严守规章、诚信态度）；离职信用（不随意离职、遵守离职规定、不只考虑自己利益）。

（4）信誉至上：理智信任（排除怀疑一切、反对盲目信任、赏识正确评价人）；积淀个人信誉；维护职业集体的荣誉。

（三）办事公道

从业人员在办事时要公正、客观、不徇私情，按同一标准和同一原则处理问题，是职业道德的一项基本准则。

1. 公道的重要性

（1）公道是企业发展的重要保证：公道是企业构建和谐外环境的保证（政企关系、竞争关系），是企业营造和谐的内环境的保证（吸引人才、有效管理）。

（2）公道是员工和谐相处，实现团队目标的保证：公道正派是从业人员建立合作关系的重要品质；是外资企业用人的重要标准。

（3）公道是确定员工薪酬的一项指标。公道正派的表现、公道正派的手段。

（4）公道与否影响到员工职业发展的前景。人品对员工发展的重要意义。

职业公道，员工在工作中遵守职业的规章制度，从事一定的职业活动，给予工作对象应该得到的而不给其不应得到的行为和品德。按公道的表现形式，由外及里，分为公道的制度、公道的行为和公道的品德。公道是制度的灵魂。公道之于制度，正如真理之于科学。公道的制度是公道品行的基础公道的行为，公道的品德只有在公道的行为中才能逐渐养成。公道的品德，是公道的最高表现。员工遵守公道的职业规范，在工作中公道做事，形成的稳定的公道正派的心理特征。

2. 公道的特征

公道标准的时代性、公道观念的多元性、公道意识的社会性。

3. 公道的要求

平等待人，以公平、对等的态度对待领导、同事和顾客等人的行为。顾客平等（不是完全相同地待人，是给不同的人以不同的对待）、按贡献取酬、按德才谋取职位平等观念。

公私分明：是衡量是否公道的重要标准。要有三个意识：法律、慎微、大局意识。

坚持原则：立场要坚定，方法要灵活，要以德服人。

追求真理：要加强学习、敢于牺牲，不盲目从众，不盲目唯上。

（四）奉献社会

不以获得报酬为最终目的，自愿付出劳动的行为，是职业道德中的最高境界。奉献社会是社会主义职业道德建设中的重要内容，也是职业道德的最高境界。

1. 奉献的重要性

（1）奉献是企业健康发展的保障：奉献是企业发展的道德要求；提升企业的道德境界。社会责任是社会对企业的道德评判，也是企业塑造形象、成长壮大的重要手段。

（2）奉献是从业人员履行职业责任的必由之路：不计较付出与报酬的等量，激发工作热情。

（3）奉献有助于创造良好的工作环境：维系良好工作关系的纽带，是一种道德感化力量。

（4）奉献是从业人员实现职业理想的途径：具有奉献精神，能把职业当事业来做（职业理想三个层次：谋生手段、个人实现、服务社会）；具有奉献精神，对工作积极主动，总会有成才的机遇；具有奉献精神，能使个人价值融入集体价值之中。

奉献是指舍弃个人或本集团的利益，去谋求他人或更大集团、国家、社会利益的自愿行为和精神境界。在职业活动中，不以追求报酬为最终目的而付出劳动、付出时间，以创造成果的思想和行为。不以追求报酬为目的，是奉献的根本特性，是判断奉献的重要标准。

2. 奉献的特征

非功利性（目的、态度）、普遍性（全体从业人员）、可为性（人人可为）。非功利性是奉献的本质属性。

3. 奉献的要求

（1）尽职尽责：要明确岗位职责；要培养职责情感；要全力以赴地工作（竭尽才能、精益求精、注重细节）。

（2）尊重集体：以企业利益为重（忠于企业、为企业着想、维护企业形象）；正确对待个人利益；要树立职业理想。

（3）为人民服务：树立为人民服务的意识；培育为人民服务的荣誉感；提高为人民服务的本领。

三、职业道德修养

修养，是人们为了在理论、知识、艺术、思想、道德等方面达到一定水平，所进行自我教育、自我提高的活动过程。职业道德修养，是指从事各种职业活动的人员，按职业道德基本原则和规范，在职业活动中所进行的自我教育、自我锻炼、自我改造和自我完善，使自己形成良好的职业道德品质和达到一定的职业道德境界。

（一）加强职业道德修养的意义

1. 利于职业生涯的拓展

就业方式的转变对员工的职业道德修养提出了更高的要求；职业道德修养可以为一个人的成功提供社会资源；职业道德修养是个人职业规划的重要组成部分；良好的职业道德修养能帮助从业者渡过难关，走向辉煌。

2. 利于职业境界的提高

职业道德让人对职业有正确的认识，明确工作的意义；不会在工作中被个人名利得失所束缚；有高度的责任心和事业心。

3. 利于个人成长成才

职业道德是从业人员"社会化"的需要、是自我实现的重要保证。

（二）职业道德修养的途径和方法

1. 端正职业态度

加强职业道德修养是培养一种职业态度；文明礼让是做人的起码要求，也是个人道德修养境界和社会道德风貌的表现。

2. 要强化职业情感

注重从我国优秀传统道德中汲取营养；有赖于从业人员对道德行为的直接体验（"慎独"，在无人监督时仍能严格按照道德规范的要求做事，"积善成德"）。

3. 注重历练职业道德意志

市场经济环境下的职业道德应该讲法治、讲诚信、讲效率、讲公平；内含着为人民服务的道德要求。

🧑 课堂活动

1. 活动说明

结合案例，说一说职业道德的重要性

著名豫剧表演艺术家常香玉常说："戏比天大。"在朝鲜战场上，志愿军领导劝她改换相对安全的日子再去演出，她说，"戏比天大，那么多志愿军都等着呢，他们不怕，我也不怕！"有一次，她被安排到一家工厂慰问演出，不巧遇到暴雨，有人建议先不要去了，她却斩钉截铁地说："戏比天大，就是下刀子也要去！"

生涯轶事：当代产业工人的模范——许振超

2. 讨论与分析

这个故事充分地表现了常香玉具有什么精神？

🔖 导师点拨

职业道德有助于提高全社会的道德水平，促进社会主义和谐社会建设。职业道德是公民道德建设的重要内容。如果人人都爱岗敬业，正直诚信，无私奉献，各行各业都认真践行职业道德规范，就会促进社会道德风貌好转，提高全民族的道德素质。

每个行业都有自己的职业道德要求：

医务人员职业道德要求：防病治病，救死扶伤。

教师职业道德要求：诲人不倦，教书育人。

财会人员职业道德要求：客观公正，廉洁自律。

商业服务员职业道德要求：顾客至上，公平交易。

导游职业道德要求：热情服务，不卑不亢。

第四节 职场适应

👤 引导案例

崛起的企业家

华为是中国手机行业的领军企业，华为的总裁——任正非，更是成了中国企业家中的传奇人物。1987年9月15日，43岁的任正非集资创立华为公司时只用了2.1万元，几十年的艰苦奋斗之后，华为公司由一个小微企业成了全球通信技术的领导者，每年的净利润都有几千亿元。任正非是怎么让自己的人生如此精彩的呢？这要从他的职业生涯规划说起。任正非出生在贵州一个非常贫穷的小村庄，虽然生活如此贫穷，但是他的父母仍然坚持让他读书。在1963年，任正非进入了重庆建筑工程学院（现并入重庆大学）。但是这个时候他家里的经济状况并没有得到改善，生活非常艰苦。任正非的母亲求东问西，给任正非做了两件衬衫和一条被单，这些东西陪伴他度过了艰苦的大学生活。在这个时候，他就开始考虑自己的职业生涯规划，他清楚地明白，要改变家里的困境，最大的希望就是他自己。在大学里，任正非自学了逻辑学、哲学、自动控制学和几门外语。他开始不断积累自己的资本，为自己人生的下一步做铺垫。在大学毕业后，任正非成了一名军人。从部队出来之后，他成了南油集团旗下的一家电子公司的副总经理。这个铁饭碗虽然并没有改变他家庭的窘境，但让他学到了很多经验。在这段时期，他也遭受了许多的困难，在公司的经营中，他被他人算计，被南油集团解雇。在家庭上，他也受到了许多挫折，在这一波又一波的困难中，他的人生走向了低谷。在菜市场收档时，任正非的母亲经常捡一些别人扔掉的菜叶、买来便宜的死鱼以维持最基本的生活。任正非并没有放弃，他坚持着自己的梦想，不断努力，开始了自己的创业之路。43 岁的他，找朋友借了 2.1 万元成立了华为，成为香港康力公司的 HAX 模拟交换机的代理商。

📚 案例思考

大家可能会非常惊讶，一个出身如此贫穷，生活如此贫困潦倒的人，为何能够成为华为的总裁呢？这其中有着任正非的坚持与努力，也少不了他对自己的职业生涯的规划与奋斗。

📚 案例启示

在这个竞争的年代，职业生涯规划开始成为人才争夺战的另一重要利器。对每个人而言，职业生命是有限的，如果不进行有效的规划，势必会造成生命和时间的浪费。

一、职业生涯规划

职业生涯规划，指的是一个人对其一生中所承担职务相继历程的预期和计划。个人着眼于生涯发展，对自己的兴趣、爱好、能力、特点和客观环境进行综合分析与权衡的基础上，面对各种抉择情境学会界定问题，通过恰当的规划为自己确立职业方向和目标，确定教育和发展计划，制定行动策略，实现个体的全面发展。

有效做好个人职业生涯规划，要准确评价个人特点和强项，并评估个人目标和现状的差距，准确定位职业方向，重新认识自身的价值并使其增值以发现新的职业机遇，或增强现有的职业竞争力。

1. 自我评价

自我评价就是要全面了解自己。一个有效的职业生涯设计必须是在充分且正确认识自身条件与相关环境的基础上进行的。要审视自己、认识自己、了解自己，做好自我评估，包括自己的兴趣、特长、性格、学识、技能、智商、情商、思维方式等。即要弄清我想干什么、我能干什么、我应该干什么、在众多的职业面前我会选择什么等问题。

2. 确立目标

确立目标是制定职业生涯规划的关键，通常目标有短期目标、中期目标、长期目标和人生目标之分。长期目标需要个人经过长期艰苦努力、不懈奋斗才有可能实现，确立长期目标时要立足现实、慎重选择、全面考虑，使之既有现实性又有前瞻性。短期目标更具体，对人的影响也更直接，也是长期目标的组成部分。

3. 环境评价

职业生涯规划还要充分认识与了解相关的环境，评估环境因素对自己职业生涯发展的影响，分析环境条件的特点、发展变化情况，把握环境因素的优势与限制。了解本专业、本行业的地位、形势以及发展趋势。

4. 职业定位

职业定位就是要为职业目标与自己的潜能及主客观条件谋求最佳匹配。良好的职业定位是以自己的最佳才能、最优性格、最大兴趣、最有利的环境等信息为依据的。职业定位过程中要考虑性格与职业的匹配、兴趣与职业的匹配、特长与职业的匹配、专业与职业的匹配等。职业定位应注意以下事项。

（1）依据客观现实，考虑个人与社会、单位的关系。

（2）比较鉴别，比较职业的条件、要求、性质与自身条件的匹配情况，选择条件更合适、更符合自己特长、更感兴趣、经过努力能很快胜任、有发展前途的职业。

（3）扬长避短，看主要方面，不要追求十全十美的职业。

（4）审时度势，及时调整，要根据情况的变化及时调整择业目标，不能固执己见，一成不变。

5. 实施策略

实施策略就是要制定实现职业生涯目标的行动方案，要有具体的行为措施来保证。没有行动，职业目标只能是一种梦想。要制定周详的行动方案，更要注意落实这一行动方案。

6. 评估与反馈

整个职业生涯规划要在实施中检验，及时诊断生涯规划各个环节出现的问题，找出相应对策，对规划进行调整与完善。

二、构建和谐的职场关系

作为一个社会人，每一个个体都不是完全独立封闭的，每时每刻都有机会与他人接触、相处，大学生走出校园踏入职业社会中更是如此。许多刚刚参加工作的甚至是已经入职多年的职业人都发现，在职场这个大集体中，往往并不是简单做好自己就足够，学会与周围的人相互沟通与交流，甚至比自己盲目埋头苦干更有帮助。

有相当一部分初入职场的毕业生都会对如何处理好职场中的人际关系感到困惑和苦恼。例如，当面对领导时应当如何表现、如何反应，当与同事言语行为接触时又有哪些禁忌和法则。事实上，人与人之间的关系虽然复杂，当把握一定的为人处世原则时，人际关系也可以变得很简单。美国著名的人际关系学大师卡耐基曾提出有关人际交往的五个重要法则，这五点分别是："互惠互利"是人际交往的根基；记住他人的名字；学会真诚地赞美别人；做一名好听众；微笑具有神奇的力量。

（1）所谓互惠互利，并不是指人与人相处都是带有功利性、有目的的，而是提示人们在与人相处时要时刻带有感激之情，懂得对他人表示友好在先。只有抱着这样的心态和为人之道，才会同时获取对方的尊重与友好。

（2）记住他人的名字是非常实用有效的方法之一。事实上，能否记住名字或面孔本身就是对他人是否尊重和重视的检验。进入工作环境后，毕业生要尽快记住身旁同事、领导的名字与面孔，这样既能避免见面时不知如何应对的尴尬，又能让他人感受到你的平易近人，为建立和谐的人际关系打下良好基础。

（3）如果想在人际圈中得到别人的好感，就要学会在恰当的时机用恰当的方式赞美他人。所谓恰当，就意味着一定要真诚，发自内心。毕业生在初进单位时更多时候容易出现的情况是羞于大胆地夸奖他人，担心别人质疑自己的动机，又或是因为难以发现他人的优点而不愿做表面工作。事实上并不需要有太多顾虑和担忧，只要懂得和人相处时保持低姿态，就会很容易发现别人的长处，从而不得不发自内心地给予称赞。

（4）当一名好听众也是在人际交往中获取好感的重要砝码。与人相处不但要懂得会说话，更要懂得倾听，因为每个人都希望别人能够分享自己的想法与情感，并且获取他人的理解与支持。作为职场新人，更要学会听别人讲话，尤其是在领导、同事和自己沟通时。

（5）微笑的力量——每个人都深深理解和认识，虽然看似简单易行，然而真正在日常交际中坚持下来却并非人人的特长。有的毕业生可能会认为自己是个内向谨慎、沉默寡言的人，本身就不擅长在陌生环境中表现得轻松愉悦。其实发自内心的笑容并不难求，正如对别人的赞美一样，只要真诚就能获取他人的好感。

总之，刚刚进入职业新环境的大学生，要尽可能主动地与他人沟通交流，切忌独来独往、沉默寡言，这样才能帮助自己尽快适应新环境，也会加快领导和同事对你的了解。

三、职业流动对职业发展的影响

大学生频繁跳槽已经成为用人单位的心病。毕业后三年跳槽率达到70％，一场招聘会上四成以上是前一年的毕业生，这是近几年来毕业生就业市场调查的基本情况。很多企业更是以此指责大学毕业生缺乏诚信。其实大学毕业生跳槽也很无奈，也有一些直接的社会原因。

（一）职业流动的原因及影响

（1）心理预期与现实比较，落差大，愤然跳槽。大学毕业生刚工作时，一般都满怀希望、充满信心、锐意进取，然而工作一段时间以后，因环境不尽如人意，工作不能完全胜任，人际关系生疏复杂，工作待遇不够理想，社会舆论的偏见，单位领导关心不够等，有些人便会出现心理逆转，这是大学毕业生跳槽的直接诱因。

（2）先就业再择业，形成惯式，顺势跳槽。面对越来越严峻的就业形势，很多毕业生选择了先就业再择业的方式，以解决暂时问题，当然，这也是国家提倡的。但是，在大学毕业生的潜意识中第一次就业只是暂时的，以后要待机而变，条件差不多就动，这成为大学毕业生跳槽高发的主要原因。

（3）适应企业要求，积累经验，主动跳槽。很多用人单位招聘时需要有经验的应聘者，刚毕业的大学生往往没有多少经验。他们为迎合企业的要求，不得不先到小企业锻炼，积累经验，再拿着写有"经验"的履历到大企业去应聘。

（4）用人单位缺乏诚信，不履承诺，部分人无奈跳槽。

（二）树立科学的职业观念

当代大学生只有坚持崇高的理想和信念，树立远大的职业理想，不断加强职业修养，树立科学的职业观念，克服消极的心理表现，才能更好地发挥自己的聪明才智。

（1）物质需要的满足是人之常情，但仅仅有物质需要的满足是不够的。只有精神需要得到充分满足，人才有愉快的心情、饱满的热情、昂扬的斗志、进取的精神。只要精神需要得到较好的满足，即使物质需要没有得到充分的满足，也不会患得患失，依然生活得很幸福。因此，当代大学生必须正确对待职业待遇，要认识到职业待遇的内容是多方面的。

（2）崇尚敬业和无私奉献，树立高尚的职业苦乐观。如果一味想不劳而获，坐享其成，当然觉得劳动是很苦的事。如果仅把职业当成个人谋生的手段，被动地工作，被迫地劳动，往往感觉工作是辛苦的、劳累的，干一行怨一行，干一职厌一职。当代大学生只有认识到劳动是人的第一需要，它创造物质财富、满足精神需要、实现个人价值、服务社会公众，才能主动地工作，才能忘我地劳动，才能尽职尽责爱岗敬业，才能愉快工作无私奉献，才能干一行爱一行，才能干一职乐一职，才能根据社会需要和个人实际合理转换职业岗位。

（3）兼顾社会和个人利益，树立科学的职业地位观。任何社会任何时代，个人利益和社会利益都是同时存在的，而且个人利益往往要服从社会利益。职业地位本身包含着利益因素。职业地位观，就是对职业地位（如权力、工资、工作条件、晋升机会、发展前景等）的认识和态度。职业地位观往往受个人认识及社会环境、舆论氛围等因素的影响。因此，当代大学生要客观地看待职业的社会地位，充分认识社会，全面评估自我，要以较恰当的判断来选择职业，在较好地满足社会需要的前提下，选择适合自己的兴趣、性格、能力的职业。

📖 导师点拨

大学生告别校园，步入社会走上工作岗位，开始自己的职业生涯，这是人生历程的重大转折，是一个质的变化。如何把握这一转折，顺利地完成由学生角色到职业角色的转换，尽快适应社会，适应新的工作，迈好走向成功的第一步，是摆在每一个大学毕业生面前的现实问题。职业生涯规划是帮助个体对抗变幻莫测的世界的一种不变的工具。通过明确的目标找准自己日后的社会地位定位，履行好自己的社会角色。当然在这个过程当中必须不断提高和完善自己的能力，并对自己的职业要求和职业本身的发展前景要有一个清醒的认识。

生涯手册

怎样给面试官留下好印象

1.活动说明

李思是南方一所工科大学的大四学生，学计算机专业的他一直心仪腾讯公司的技术岗位。大四一开始，腾讯公司就启动了校园招聘，他认真准备简历和求职资料，并且按照公司要求将自己的材料递给对方。两天后，李思很幸运地接到了腾讯公司 HR 打来的电话，通知他三天后去腾讯公司总部参加面试。

2.讨论与分享

如果你是李思，针对面试，你会着手做哪些准备呢？面试中，可能被问到的问题大概会有哪些？

拓展阅读：与上司沟通
的技巧

参考文献

［1］黄必义. 大学生职业发展与就业指导教程［M］. 2 版. 北京：高等教育出版社，2021.

［2］李建宁，邢敏. 大学生就业指导［M］. 北京：北京理工大学出版社，2017.

［3］陈玉民，吕清华，崔月娟. 职业生涯规划与就业指导［M］. 长春：吉林人民出版社，2016.

［4］吴国新，刘极霞. 大学生就业与创业指导［M］. 成都：电子科技大学出版社，2013.

［5］杨丽敏，吴宝善. 高职生职业生涯规划与就业创业指导［M］. 长沙：湖南大学出版社，2015.

［6］吴海江，梁琳，马莉. 大学生职业发展与就业指导［M］. 北京：中国人民大学出版社，2020.

［7］陶书中，徐耀生. 大学生就业指导案例教程［M］. 成都：电子科技大学出版社，2008.

［8］耿保荃，钱显毅. 大学生就业指导［M］. 修订版. 南京：东南大学出版社，2007.

［9］王瑛. 职业发展与就业指导［M］. 北京：对外经济贸易大学出版社，2014.

［10］王波. 大学生职业生涯与就业指导［M］. 成都：电子科技大学出版社，2016.

［11］吴红波. 大学生职业规划与就业实务［M］. 武汉：武汉大学出版社，2007.

［12］李景红. 浅谈商务礼仪对个人与企业的影响［J］. 中外企业家，2018（30）：208.